衣の科学シリーズ

衣服材料の科学〔第3版〕

編著▍島崎恒藏

共著▍團野哲也／林　正之／森　俊夫

建帛社
KENPAKUSHA

はじめに

　科学技術の進歩は，産業や経済を大きく発展させ，また私たちの生活を物質的に大変豊かなものにした。しかしその一方で，それに伴う大きなひずみや問題点がいろいろな形で表面化している。例えば資源問題や環境問題などは，その代表的なものといってよいであろう。

　技術の進展は，当然のことながら衣服材料の分野にも大きな影響をもたらした。人類が衣服材料として繊維を使いだしたのは，約1万年前と考えられているが，衣服材料の最近100年間の変化は，それ以前の変化と比較して，質的にも量的にも驚くほど急激であると言わざるを得ない。このような状況のもとで，これからの衣服材料としての学問を考えるとき，単に新しい製造技術や素材に目を向けるだけといった姿勢では明らかに不十分であり，もっとグローバルな視点が求められる情勢にある。

　一方，衣服学は自然科学のみならず人文科学，社会科学にまで及ぶ大変広範な学問分野である。そしてこれらの分野が有機的にかみ合って，はじめて大きな力を発揮する総合科学でもある。したがって将来，衣服学のどのような分野に重点的にアプローチするにしても，基本的に衣服材料に関する知識は必須であるといっても過言ではない。

　本書は，以上のような点を念頭におきつつ，家政系・生活系の大学，短期大学の教科書，参考書として企画されたものである。衣服材料関係科目の教科書としては4単位に相当する分量を十分に含んでおり，また内容を適当に取捨選択することにより2単位の概論的科目，衣服材料学関係の科目にも使えるように配慮されている。

　本書の特徴を具体的に挙げれば，次のようになる。
1. 基本的事項については，ていねいに説明するとともに，新しい素材や技術，それに伴う情報については，できる限り取り入れるように心がけた。また各章の巻末には，読者がさらに考究するために必要な文献なども示した。
2. 現在，衣服材料におけるニット（編物）の比重は極めて高い。しかし従来の材料学の書籍においては，ニットに関する記述が少ないものが多く見受けられる。本書においてはニットという材料が十分に理解できるようページ数をとって，詳細な説明を心がけた。例えばニットの組織を表示したり，理解したりする場合，編機に関する知識なども要求されるので，必要に応じて踏み込んだ記述もしている。以上のような配慮により，主要な衣服材料である「織物」と「ニット」のバランスが適切に保たれていると考える。
3. 消費者の立場で衣服材料の性質を考える場合，中心となるのは布の性質である。本書では，やや異例であるが，繊維，糸という段階で性質を論じるのは最小限にとどめ，布の性質を基準にして，そこから必要に応じて糸，繊維という材料の性質に遡って理解するという手法をとった。この方が布の性質

において，どのような因子がどのように関与してくるのかが，明確になって理解しやすいと考えたからである。

4. 冒頭でも触れたが，これからの衣服材料に関する学問は，単に衣服材料の構造や性質を学ぶだけでは不十分であろう。つまり繊維資源から，消費以降の材料のあり方を含めた閉じた体系を追求する必要がある。その意味で「リサイクル」は，重要なキーワードである。しかしながら，繊維製品のリサイクル技術そのものは，現時点において，まだ十分に完成されているとはいえない。これから解決しなければならない課題も多いのは事実であるが，将来的にさらに重要性を増す問題であることだけは確かである。以上のような理由から衣服材料の本としては，これも異例ではあるが，敢えて最終章にこの問題に関する現状と課題を述べることにした。

以上のような点に力点を置いて執筆されたのが本書である。この書において，これらの狙いが十分生かされているのかどうかは，読者の判断に待ちたいと考えている。したがって読者諸氏の忌憚のないご意見をいただければ，誠に幸いである。

1999年11月

編著者　島崎　恒藏

「衣の科学シリーズ」は最新の情報と資料をもとに，衣服学を総合科学の立場から解説し，新しい時代に対応する知識が習得できる，大学・短期大学の教科書として企画・編集されたシリーズです。

目次

序章 生活と衣服 …………………………………… *1*

1. 衣服とは ……………………………… *1*
2. 衣服の起源 …………………………… *1*
3. 衣服と繊維集合構造の特徴 ………… *3*
4. 繊維産業の変遷と衣生活の変化 …… *4*

第1章 繊維の種類と構造 …………………………… *7*

1. 繊維高分子の構造上の特徴 ………… *7*
   1.1 高分子 ……………………… *7*
   1.2 高分子の生成（重合）……… *8*
   1.3 高分子の形態 ……………… *8*
   1.4 繊維の性能と構造の関係 … *11*
2. 繊維の分類と特徴 …………………… *13*
   2.1 天然繊維 …………………… *13*
   2.2 化学繊維 …………………… *20*

第2章 糸の種類と構造 ……………………………… *37*

1. 糸の分類 ……………………………… *37*
   1.1 紡績糸 ……………………… *38*
   1.2 フィラメント糸 …………… *44*
   1.3 フィラメント・ステープルの複合糸 … *48*
2. 糸の番手 ……………………………… *49*
   2.1 恒重式番手 ………………… *50*
   2.2 恒長式番手 ………………… *50*
   2.3 番手間の換算 ……………… *50*
3. 糸とより ……………………………… *51*
   3.1 よりの役割 ………………… *51*
   3.2 より方向 …………………… *52*
   3.3 より係数 …………………… *52*

4. 単糸と合糸 …………………………………………………… *54*
　　5. 縫い糸の表示（呼び）………………………………………… *56*

第3章　布の種類と構造 ……………………………………… *59*

1. 布の分類 ……………………………………………………… *59*
2. 布の製造と構造 ……………………………………………… *60*
　2．1　織物 …………………………………………………… *60*
　2．2　編物（ニット）……………………………………… *70*
　2．3　不織布 ………………………………………………… *81*
　2．4　皮革 …………………………………………………… *84*
　2．5　レース ………………………………………………… *87*
　2．6　組物 …………………………………………………… *88*
　2．7　接着布 ………………………………………………… *88*
3. 布の構造的ファクター ……………………………………… *88*
　3．1　充填率と含気率 ……………………………………… *88*
　3．2　カバーファクター …………………………………… *89*

第4章　衣服材料の性質 ……………………………………… *93*

1. 耐久性 ………………………………………………………… *93*
　1．1　引張り強さ …………………………………………… *93*
　1．2　引き裂き強さ ………………………………………… *96*
　1．3　破裂強さ ……………………………………………… *98*
　1．4　摩耗強さ ……………………………………………… *98*
　1．5　耐光性（耐候性）…………………………………… *100*
　1．6　耐薬品性 ……………………………………………… *102*
2. 形態的性質 …………………………………………………… *105*
　2．1　弾性回復特性 ………………………………………… *105*
　2．2　せん断特性 …………………………………………… *108*
　2．3　剛軟性 ………………………………………………… *110*

- 2. 4　寸法安定性 ……………………………… *113*
- 2. 5　ヒートセット性（熱セット性）………… *115*
- 2. 6　製服性（テーララビリティ）…………… *117*
- 2. 7　防しわ性 ………………………………… *118*
- 2. 8　耐ピリング性 …………………………… *120*
- 2. 9　耐スナッグ性 …………………………… *122*
- 3. 快適性に関する性質 …………………………… *123*
  - 3. 1　吸湿性，吸水性 ………………………… *123*
  - 3. 2　透湿性 …………………………………… *127*
  - 3. 3　保温性 …………………………………… *128*
  - 3. 4　官能特性 ………………………………… *131*
- 4. 帯電性，燃焼性 ………………………………… *135*
  - 4. 1　帯電性 …………………………………… *135*
  - 4. 2　燃焼性 …………………………………… *136*

第5章　衣服材料の染色加工 …………………………… *139*

- 1. 染料と繊維製品の染色 ………………………… *139*
  - 1. 1　染料の種類 ……………………………… *139*
  - 1. 2　繊維と染色の機構 ……………………… *145*
- 2. 繊維製品の加工 ………………………………… *147*
  - 2. 1　物理的加工 ……………………………… *148*
  - 2. 2　化学的加工 ……………………………… *150*

第6章　繊維化技術の発展と新素材 …………………… *159*

- 1. 繊維化技術の新展開 …………………………… *159*
  - 1. 1　シルク感性への挑戦 …………………… *159*
  - 1. 2　新合繊と要素技術 ……………………… *160*
  - 1. 3　新合繊の今後 …………………………… *164*
- 2. バイオミメティクスと繊維 …………………… *164*

3. これからの繊維 ·· *165*
 3.1 21世紀の地球 ·· *165*
 3.2 インテリジェント繊維 ·· *166*
 3.3 超快適材料 ·· *167*

第7章 衣服と資源・環境問題 ···*169*

1. 繊維原料の現状 ·· *169*
2. 衣服リサイクルの必要性 ·· *171*
3. 衣服リサイクル技術 ·· *171*
 3.1 ケミカルリサイクル ·· *171*
 3.2 マテリアルリサイクル ·· *173*
 3.3 サーマルリサイクル ·· *173*
4. 衣服の利用と処分の現状 ·· *174*
5. 衣服リサイクルの課題 ·· *176*

資料編

1. SI単位記号について ·· *179*
2. 化学繊維,糸,織物,ニットの国内生産量 ·························· *180*
3. 布地の名称と特徴 ·· *181*
4. 繊維の性能表 ·· *184*
5. 繊維鑑別のための各種繊維の性質表 ································ *190*
6. 繊維の系統的鑑別法 ·· *192*

索　引 ···*193*

序章　生活と衣服

　私たちの生活において，衣服はその基盤をなすものの一つである。本書では衣服の材料に関して，種々の観点から明らかにしていくことになるが，序章ではその基本として，衣服そのものの意味や成り立ち，そして現在の私たちの衣生活の現状を概括的に説明しておこう。

1. 衣服とは

　私たちは，ふだんから「衣服」や「被服」以外にも，「衣料」，「アパレル」，「着物」，「衣裳（衣装）」，「服飾」など多くの言葉を使っている。これらの語は，よく吟味してみると，いくらかずつ意味やニュアンスが異なるようであるが，必ずしもそれが明確でないものもある。日本工業規格[*1]（JIS）のJIS用語[*2]によれば，上記のこれらの語のうち被服（clothing）については「人体を覆う目的の着装物の総称」とあり，衣服（clothes）については「かぶりもの，はきものなどを除いた被服」とあるから，用語の上では被服の方が衣服よりも範囲が広いことになる。しかし本書では，必ずしもそれらの語を厳密に区別して使うことはしない。このような衣服がどのようなものであるかについては，いろいろな視点から，以下の節以降で順次明らかにしていきたい。

JIS
Japanese Industrial Standard

2. 衣服の起源

　人間が他の高等動物とどこが異なるかということになると，まず根本的には，「知能が発達している」ということであろう。もっと具体的には，「火を使う」，「言葉を使う」，「高等な道具を使う」など，いろいろと指摘することはできるが，「衣服を着用する」ということも極めて大きな相違といえる。

　それでは人類が衣服を着るきっかけになったのはどのような理由で，いつ頃からであろうか。時代を遡ってみると，直接のきっかけは原人の人類化による体毛喪失と，その後の気候条件の変化（何度かの氷河期の来襲）のためであろう

[*1]　わが国の産業全般にわたる広範な規格で，工業標準化法に基づいて制定される。単位，用語など基本になる規格をはじめ，試験，分析・検査，取扱い，設計・製造などの方法の規格，種類，形状，寸法，性能などの製品の規格などが制定されている。国際標準化機構（ISO : International Organization for Standardization）による国際規格との整合性にも努力が払われている。

[*2]　JIS L 0212「繊維二次製品用語」，日本規格協会

と考えられている。

　私たちの直接的な祖先は，新人（現世人類，ホモサピエンス：Homo sapiens）と考えられるが，旧人（ネアンデルタール人）は，すでに衣類を着用していた痕跡をもっていたといわれる[1]。もっともこの頃の衣類は，図-1に示すように，獣皮とか植物の皮や葉などを利用した程度の簡単なものと想像される。このようなことから考えてみると，衣服の起源は今からざっと数十万年位前までは優に遡ることができそうである。また衣料に繊維が用いられるようになったのは，それよりもずっと後のことで約1万年前のことといわれる[1]。世界で最も古い織物の遺品は，エジプトの新石器時代のファイユムの遺跡[*1]から発見された麻の布といわれるが[2]，現在でも古代の遺跡から織物などが出土することも多く，いかに繊維製品が人間の生活にかかわりをもっていたものかがわかる。

図-1　被服の起源

　以上のように太古の時代から，人と衣服との関係は深く，現在の生活においても衣服のない私たちの生活は考えられない。まさに衣服は空気や水のような存在にも似ているのであるが，ここで人間が衣服を着用する理由を説明するものとして，いくつかの説を具体的に挙げてみよう。

① **身体保護説**　外部の生活環境における寒暖や物理的な障害・刺激・危険などから身体を保護するために衣服を着用するようになったというもの。

② **羞恥説**　人間は裸でいることに対し，誰もが羞恥心をもっているという心理的立場から衣服の着用を説明するもの。

③ **慣習説**　集団の中である種の衣服が着用されるのが慣習になり，それが基になって誰もが衣服を着用するという社会の決まりが生まれたというもの。

④ **装飾説**　人間の基本的欲求として美しいものを求める欲求があり，それが衣服と結びついたというもの。

　以上のうち身体保護説は，衣服の起源として先にも述べたように，衣服着用の最も基本をなすものと考えられる。しかし現在の私たちの生活に照らしていえば，衣服は「身体保護」といった生理的欲求だけに基づいて着用されるわけではない。上で示した身体保護説以外のものにも，各説にはそれなりの根拠を認めることができる。もっといろいろな視点から具体的に述べれば，現在の衣服はファッションを除外しては考えられないであろうし，制服や民族服なども，社会や地域（国）において大きな意味をもっていることは疑いのないことである。また衣服は文化の一表現といった見方もできるかも知れない。このように考えると，衣服というものが私たちにとって，極めて多くの側面と役割をもった存在であることが理解できるのである。

---

*1　カイロの西南80kmのナイル河の西側に位置する。

衣服 ➡	パーツ ➡	布 ➡	糸 ➡	繊維
衣服は、身頃、袖、衿などのパーツを縫製して作られている。	各パーツは、布からパターンに基づいて裁断して得られる。	布は糸を製織、製編することにより製造される。	糸は紡績などの手段により、繊維を集合することにより製造される。	

図-2　衣服を構成する材料の流れ

3. 衣服と繊維集合構造の特徴

　私たちは、外衣や下着、あるいは靴下などに至るまで、さまざまな衣服を着用している。このような衣服を細かく観察してみると、多くのものは図-2のように織物（woven fabric），編物（knitted fabric）などの布を接合（縫製）して、衣服が成り立っていることがわかる。この織物や編物は、糸（yarn）を織機にかけて製織したり、編機にかけて製編することによって製造される（⇨第3章）。そして、さらに布の構成材料である糸は、紡績などの手段により多数の繊維（fiber）を集束して、作られたものである（⇨第2章）。したがって衣服を構成する最も基本的な材料は「繊維」ということになる。言い方をかえれば、衣服は無数の繊維を集合して作られた製品ともいえる。

　それでは、ここで「繊維を集合する」という意味を考えてみることにしよう。図-3は、全体の繊維の太さは同一という条件のもとで、1本の太い繊維と多数本の細い繊維を集合させた場合のモデル図である。1本の太い繊維の場合と比較して、多数本の繊維の集合体の方は、その集合体の中に必ず微細な空隙部を含むことが分かる。したがって両者の繊維部分の全体的な太さは同一であっても、多数の繊維を集合したものは、見かけ

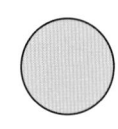 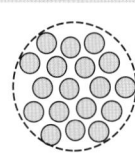

1本の太い繊維　　多数本の細い繊維の集合体

図-3　繊維集合体のモデル図

の太さがはるかに大きくなる。また集合した各繊維は、相互に完全に拘束されるわけではなく、ある程度の自由度をもっているのが一般的である。このような構造上の特性が、集合体としての新たな性質の発現に寄与してくるのである。例えば多数本の繊維の集合体（すなわち糸）を曲げる場合、詳細は第3章でも説明するように、構成繊維が細いことと、繊維相互間に曲げに伴う移動が起こることなどによって、1本の太い繊維の場合よりもはるかに曲げやすいものになる。つまり1本の太い繊維の場合よりも柔軟性が大きく向上するわけであるが、これは集合する繊維が細くて多数になるほど顕著に現れる。

　以上は繊維を集束した1次元の集合体、すなわち糸を考えた場合であるが、この糸を原料として製織や製編により2次元の構造体、すなわち布を形成するときには、糸中の繊維の拘束は多少増大するであろうが、布が織物、編物のい

表-1 被服に至るまでの材料形態と性質の変化

	被服材料の形態			
	1次元		2次元	3次元
	繊維	糸	布	被服
基本となる性質	繊維高分子のもつ固有な性質	繊維の総合的性質	糸の総合的性質	布の総合的性質
付加される性質	分子量や分子の凝集状態や配列などによって影響される性質。繊維の形状や太さ（寸法）によって影響される性質	糸の構成上の因子によって発現する性質	布の構成上の因子によって発現する性質	被服の構成上の因子によって発現する性質

ずれであっても，その組織においてさらに糸間に新たな空隙が形成され，また糸間は完全に固定化されず，自由度がある程度保持されるような構造体になる。このような布構造の特徴が織物や編物が衣服材料に適する性質を生み出すことになるのである（⇨詳細は第3章）。

表-1は，広く被服というものを考える場合に，その性能や機能にどのような因子が影響してくるかを示したものである。最終製品に近くなるほど，材料の構造上の因子がいろいろと複合して影響してくることがわかる。2次元の材料である布を3次元の立体形状をもつ被服に作り上げるのが被服構成（clothing construction）であるが，最終的な被服の機能や性能は，繊維そのものの性質をはじめ，糸さらにはそれによって構成される布の構造・性質，そして被服設計（デザイン）条件が総合されて発現するものである。以上のような被服の材料を基本とする製品の成り立ちは，私たちがよく認識しておかなければならない点といえよう。

4. 繊維産業の変遷と衣生活の変化

すでに見てきたように，衣服は人間生活において，なくてはならないものであり，極めて長い歴史を有するものである。しかし私たちが豊かな衣生活を送れるようになったのは，歴史的にみれば比較的最近のことといってよい。これには当然のことながら科学技術と経済の発展に負うところが大きい。

産業が技術的に大きく発展したのは，世界的にみれば18世紀のイギリスで勃興した産業革命（Industrial Revolution）である。この時代の産業の大きな柱は繊維産業で，繊維から糸を製造する紡績機械や糸から織物を製造する織機などの繊維機械による生産技術が大きく発展した。これにより質の高い繊維製品が多量にかつ安価に製造できるようになったのである。

わが国においては，明治時代に入り資本主義的生産方法を保護育成する，いわゆる殖産興業により，産業近代化が積極的に進められ，その一環として製糸工場や紡績工場などが建設され，繊維産業が発展した。それ以来，わが国にお

ける繊維産業は，第2次世界大戦後のわが国の復興が成し遂げられる段階までは，基幹産業としての位置を占めていたのである。

図-4は，戦後のわが国の繊維の自給比率（生産／内需）を示したものである。1950年代後半から60年頃までがピークで高い水準を維持しており，わが国の経済発展に大いに寄与したことが分かる。その後はほぼ単調に減少を続け，80年代後半にはついに100％を割り込み，2000年には50％を割り，その後も低下を続けている。これは，

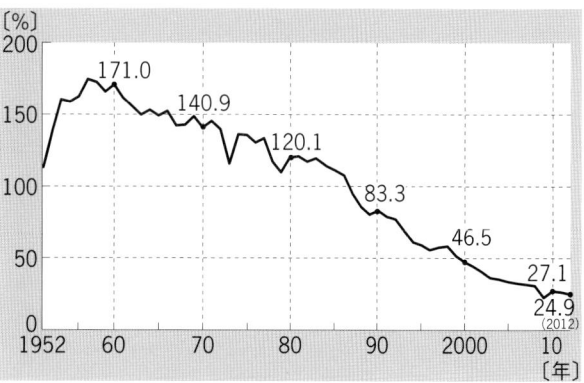

図-4　わが国の繊維の自給比率（％）の推移
資料）繊維需給表（経済産業省）

わが国の繊維産業の国際競争力が近年，急速に低下したことを意味している。

それではこの期間の繊維産業と繊維製品の消費動向はどのように変化してきたのであろうか。戦後から現在までの流れは，おおよそ次の4つの期間に区切ることができる[3,4]。

① 綿・スフ紡織の復興期（～1950年代）　綿紡績を中心とした繊維産業が経済復興の主導的役割を果たし，衣料の入手が困難な状態から急速に衣生活の水準が引き上げられた時期である。

② 合成繊維の発展期（1960年代）　綿製品，スフ製品が一応充足された頃，ウォッシュ アンド ウェア（W＆W）性など取扱いが容易な合成繊維が消費者に受け入れられ，繊維産業は紡績から資本集約型の合成繊維産業へ重点が移っていった時期である。

W＆W
wash and wear

③ アパレルの躍動期（1970年代）　ライフスタイルの中に余暇が取り入れられ，消費者はレジャー，スポーツなどの大衆化を謳歌するとともにファッション化が進み，アパレルメーカーが大きな成長を遂げた時期である。

④ 消費者重視，多様化の発展期（1980年代～）　消費者が「心の豊かさ」とか「生活のゆとり」を重視するようになり，繊維産業においては，消費者の嗜好を取り入れて供給する体制への変化の兆しがみられるようになり，また消費者の個性化，多様化が大きく進展した時期である。

戦後の流れをみると以上のようであるが，図-5は同時期の合成繊維比率の変化を示したものである。この図から，戦後のほぼゼロの水準から，様々な合成繊維が開発され，それが消費者に受け入れられて1970年

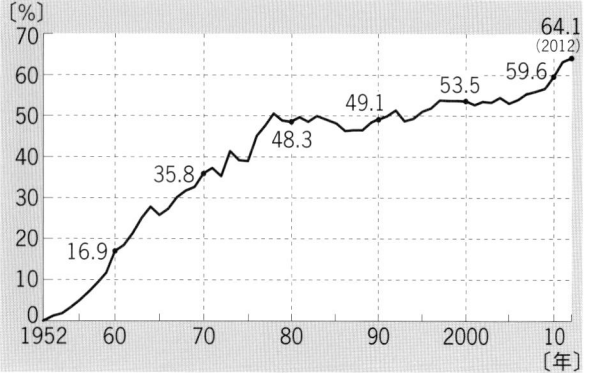

図-5　わが国における合成繊維比率（％）の推移
資料）繊維需給表（経済産業省）

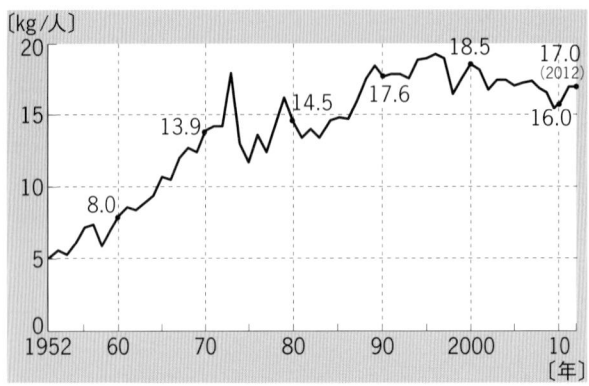

図-6 わが国の1人当たりの繊維消費量（kg/人）の推移
資料）繊維需給表（経済産業省）

代後半まで着実に合成繊維比率は増加してきたことが分かる。現在では合成繊維は繊維全体の60％を超える水準にあり，合成繊維を中心とする化学繊維が私たちの衣生活に大きな意味をもっていることが理解できる。

図-6はわが国の1人当たりの繊維消費量を示したものである。先にわが国の繊維自給比率は低下していることを示したが，これとは無関係に1人当たりの繊維消費量は増加しており，最近では17～18 kgの水準で飽和傾向が続いている。米国の繊維消費量は世界最大であり，頭抜けて大きい。また日本の繊維消費量レベルも欧州先進諸国，アジアでは韓国とともにトップレベルの水準にあり[5]，わが国の衣生活の現状は，量的にみて大変豊かな状態にあるといえる。

以上のことからわかるように，現在の私たちの衣生活は高水準にあり，製品は海外生産品にかなりの量を依存する態勢に移行しているが，その一方で国内生産品は高度な技術を駆使した付加価値の高い製品造りへと住み分けが進んでいるのである。

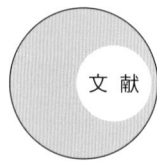

文献

1) 上出健二：『繊維産業発達史概論』，日本繊維機械学会，大阪，9-13（1993）
2) 遠藤元男：『織物の日本史』，日本放送出版協会，東京，16（1975）
3) 日本衣料管理協会編，大橋正男：『家庭用繊維製品の流通・消費と消費者問題』，日本衣料管理協会，東京，70-76（1998）
4) 日本家政学会編，島崎恒蔵：『日本人の生活』，建帛社，東京，247-248（1998）
5) 日本化学繊維協会編：『日本の化学繊維工業』，日本化学繊維協会，東京，24（1998）

第1章 繊維の種類と構造

私たちが日頃着用している衣服は，布（織物，編物）を裁断し縫い合せて3次元化したものである。布は織物を例とすれば，図1-1(a)のように，経糸と緯糸を交互に配置して，2次元の物体を構成している。糸（図1-1(b)）には，紡績糸とフィラメント糸があるが，衣服用の布に多く用いられている紡績糸は，針などでほぐしてみると，図1-1(c)のように，長さは数cm程度であるが，非常に細い材料をより合わせて成り立っていることが分かる。この細長い構成単位[*1]を繊維（fiber）[*2]とよぶ。本章では，衣服に用いられる繊維（衣料用繊維）を構成している材料（繊維高分子）の構造上の特徴を概説し，**衣料用繊維**[*3]の種類と特徴を述べる。

布 ⇨ 詳細は第3章
糸，紡績糸，フィラメント糸 ⇨ 詳細は第2章

1. 繊維高分子の構造上の特徴

1.1 高分子

繊維を構成している分子は，分子量が極めて大きい（通常数千以上）ので，**高分子**（polymer, macromolecule）またはポリマーとよばれる。また，特に繊維に用いられる高分子を**繊維高分子**とよぶ。

繊維高分子は，共有結合によって形成される特定の化学構造（繰返し単位，repeating unit）が1次元に結合してできる。このように，繰返し単位が隣接する繰返し単位と結合を繰り返して鎖を形成することを**重合**（polymerization）という。繰返し単位となる低分子化合物を**単量体**（monomer）またはモノマーという。また重合により生成した高分子を**重合体**（polymer）またはポリマーとよぶこともある。

(a) 布

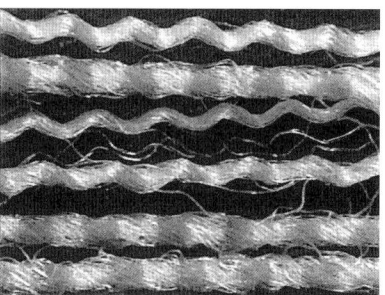
(b) 糸（よこ糸）

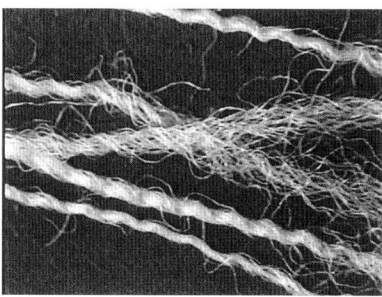
(c) 繊維
図1-1 布，糸，繊維

[*1] 細長いという概念を表す時に，物体の長さと直径との比（アスペクト比）がしばしば用いられる。衣料用繊維では，アスペクト比の目安はおおむね1,000である。
[*2] "繊"は尺貫法で一千万分の一を表す単位。"維"はロープや綱の意味である。
[*3] これに対し，ロープや空気清浄用のフィルターなどのように産業用途に用いられる繊維を産業資材用繊維という。

モノマー，ポリマー，重合の関係を次に示す。高分子の化学構造は，繰返し単位をもとに右下のように表記される。

$$\begin{matrix} & M & \\ M\ M\ M & & \\ & M\ M & \end{matrix} \xrightarrow{重合} -M-M-M-M-M-M- \equiv +M+_n$$

　　モノマー（単量体）　　　　　　ポリマー（重合体）　　化学構造の表し方

1.2　高分子の生成（重合）

モノマーからポリマーを生成する反応を一般に重合といい，重合は付加重合（addition polymerization）と重縮合（polycondensation）の2種類に大別される。

> **オレフィン**
> 炭素間に1個の二重結合を持った鎖状炭化水素で，一般式は C_nH_{2n} で表される。

① **付加重合**　オレフィン，ビニル化合物など，炭素・炭素間に二重結合をもつモノマー（単量体）が反応を繰り返してポリマーを生成する反応である。一般的な反応式では，次のように書かれる。

$$n\mathrm{CH_2=CHX} \longrightarrow +\mathrm{CH_2-CHX}+_n$$
$$\mathrm{X : -(CH_2)_m-CH_3, -Cl, -CN\ など}$$

付加重合では，モノマーの二重結合が開くようにして反応が進行するので，重合に際して副生成物は生じない。

> **ビニル化合物**
> ビニル基（$CH_2=CH-$）を有する化合物で，炭素間に二重結合を持っている。

② **重縮合**　ポリアミドやポリエステルなどの生成に用いられる重合方法で，モノマーがエステル化やアミド化できるような官能基を2個もっているのが特徴である。反応式は一般に次のように書かれる。

$$n\mathrm{HO-R-OH} + n\mathrm{HOOC-R'-COOH}$$
$$\longrightarrow +\mathrm{O-R-O-CO-R'-CO}+_n + 2n\mathrm{H_2O}$$
$$n\mathrm{H_2N-R-NH_2} + n\mathrm{HOOC-R'-COOH}$$
$$\longrightarrow +\mathrm{NH-R-NH-CO-R'-CO}+_n + 2n\mathrm{H_2O}$$

重縮合では，ポリマー生成の際，水などの低分子化合物が副生する。

1.3　高分子の形態

（1）高分子鎖1本の形態

衣料用繊維に用いられるポリマーは，ほぼ例外なく**鎖状高分子**からできている。鎖状高分子とは，重合により生成したポリマーが，分子間で橋かけを生じていない場合に特に使われる用語である。

高分子1本の大きさは主に**分子量**（molecular weight）（または**重合度**[*1]）で特徴づけられる。一般にポリマーを構成している繰返し単位の数は，1本1本の高分子鎖で異なっている（多分散性）。繰返し単位のつながり方（すなわち1本1本の高分子鎖の長さの分布）は，それぞれのポリマーの種類や重合方法によって異なるので，ポリマーの分子量はその平均値を用いて表す。

[*1]　高分子の分子量を繰返し単位の分子量で割った値を重合度という。

ある集団の平均値 $\overline{X}$ は次の式で表される。
$$\overline{X} = \Sigma P_i \cdot X_i$$

P_i はある規則に従って集団を分類した時の階層の分率で，$\Sigma P_i = 1$ である。ポリマーの場合，例えばある分子量をもっている"分子の数"を基準に分類すれば，P_i はモル分率となり，この時の分子量の平均値は，"数平均分子量 $\overline{M_n}$"とよばれる。また同様にして，相当する分子量を"重さ"で分類した場合には，平均値は"重量平均分子量 $\overline{M_w}$"とよばれる。ポリマーの場合には常に，$\overline{M_w} > \overline{M_n}$ が成り立つ。また，分子量の不均一性を表す目安として，$\dfrac{\overline{M_w}}{\overline{M_n}}$ が用いられる。これを分子量分布という。

　繊維の柔らかさ，たわみやすさなどの力学的性質は，繊維を構成している鎖状高分子の屈曲性に基づく。鎖状高分子の屈曲性は分子鎖の構造単位間の結合の回転性（内部回転）による。

（2）鎖状高分子の集合体としての繊維

　鎖状高分子を合成している原子の大きさから考えると，鎖1本の直径はおよそ1 nm となる。通常の繊維の直径は1～数十μm であるから，繊維は多数のポリマーが集まってできているのである。

　では，繊維中では鎖状高分子はどのように集合しているのだろうか。

1）鎖状高分子の結晶化

　2本以上の鎖状高分子がその分子間引力によって凝集してくると，ある場合には互いに規則正しい配列状態を形成する。このように複数のポリマーが規則正しい配列で相をなす場合に，これを結晶相といい，結晶相を生成する過程を**結晶化**（crystallization）という。

　金属や低分子化合物では液相を冷却すればほとんど結晶化するが，ポリマーでは温度や圧力の条件がそろっていても，結晶化しないものもある。また，結晶化するポリマーでも，すべてのポリマーが結晶化に関与することはない。このように一部が結晶化するポリマーを**結晶性高分子**（crystalline polymer）といい，結晶化しない高分子を**非晶性高分子**（noncrystalline polymer）または**無定形高分子**（amorphous polymer）という。また，結晶化しない部分は非晶領域とよばれる。衣料用繊維に用いられる鎖状高分子は，例外なく結晶性高分子である。

　結晶領域をもたない非晶性高分子（例えばゴム）でも，温度を十分に低くすると固い状態になる。これはゴムを構成している分子の運動性が凍結されて，いわゆるガラス状態になっているためである。そこで，この状態から温度を上げていくと，ある温度を境にして再びゴムは弾力をもつようになる。この温度を**ガラス転移温度**（glass transition temperature）または**ガラス転移点**（glass transition point）といい，ガラス転移点以上ではゴムは分子運動を起こす。

nm（ナノメートル）
1 nm = 10^{-9} m
1 μm = 10^{-6} m
1 Å = 10^{-10} m
　　 = 0.1 nm

結晶性高分子は結晶領域と非晶領域が共存した固体構造をとり，非晶領域の分子の運動性は，ガラス転移点を境に変化する。一方結晶領域は金属や低分子の結晶同様，融解して液体になる。この温度を融点（melting point）という。融点はガラス転移点より必ず高く，また，一般に融点の高いポリマーは，ガラス転移点も高い傾向にある。

融点はT_mと略すことが多い。

2) 結晶性高分子中の結晶領域と非晶領域の配列

繊維中の結晶領域と非晶領域の配列状態がどのようになっているかは，重要な問題である。すでに述べたように繊維はアスペクト比（⇨p.7）が約1,000の細長い材料で，それを構成する鎖状高分子も1次元的な特徴をもっている。このことは，私たちに，繊維中の高分子鎖は繊維の長さ方向に沿って配列していることを想像させ，また各種の構造解析の結果からも，繊維中の高分子鎖は繊維の長さ方向に配向していることが確かめられている。

通常の繊維は，繊維の長さ方向に配向した非晶領域と結晶領域が，ミクロフィブリル（microfibril）とよばれる直径数十nm以下の太さの微細な繊維束を形成し，これらのミクロフィブリルがさらに集束していると考えられている。したがって繊維の構造要素はこのミクロフィブリルである。

結晶領域，非晶領域，そしてミクロフィブリルを通じての**繊維構造**については，従来様々なモデルが提案され，多くの議論がなされてきた。現在では，天然セルロースについては，"ふさ状ミセルモデル"（図1-2）により表現でき，合成繊維の構造モデルの本質は"シシカバブモデル"（図1-3）が最も有力であると考えられている。

以上を総括すると，衣料用繊維は次の3点を主な構造上の特徴としている。

(1) 鎖状高分子である。
(2) 結晶性高分子である。
(3) ミクロフィブリルを基本単位としている。

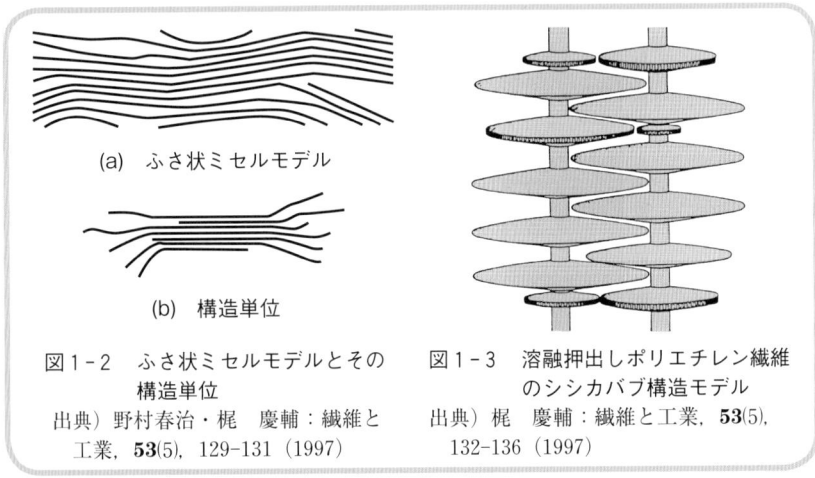

(a) ふさ状ミセルモデル

(b) 構造単位

図1-2　ふさ状ミセルモデルとその構造単位
出典) 野村春治・梶 慶輔：繊維と工業，**53**(5)，129-131（1997）

図1-3　溶融押出しポリエチレン繊維のシシカバブ構造モデル
出典) 梶 慶輔：繊維と工業，**53**(5)，132-136（1997）

1.4 繊維の性能と構造の関係

ここでは繊維のもつさまざまな性能のうち，特に重要な3つの性能—機械的性質，熱的性質，繊維と水とのかかわり—について述べる。

繊維の性能表
資料編(⇨p.184)

（1）機械的性質

衣服の着用，洗濯，保管などの過程で発生するしわ，形くずれ，損傷等は，布（織物，編物）あるいは糸の構造にも由来するが，これらを構成する繊維の機械的性質にも強く依存する。

繊維の両端をチャックでつかみ，一定速度で伸びを与えて，その時繊維の両端にかかる力を測定すると，図1-4のような伸びと荷重の関係が得られる。この図を荷重-伸長曲線（load-elongation curve）とよび，繊維の力学的性質を理解する上で重要である。伸びを元の繊維の長さで割った値をひずみ（strain）といい，荷重を繊維の太さ（断面積），簡便にはデニール数[*1]で割った値を応力（stress）という。ひずみと応力で表された曲線は，応力-ひずみ曲線（stress-strain curve）といい，試料繊維の長さや，太さに依存しない繊維高分子固有の値を示す。

クリンプ（捲縮）のない繊維では変形初期に，ひずみと応力が比例する領域があり，この範囲で応力を取り除くと，完全に元の長さに戻る。このような性質を弾性（elasticity）といい，この領域で，ひずみと応力の勾配から求めた値をヤング率（Young's modulus）とよぶ。主な繊維の引張り強さ（破断強度）と破断伸度，ヤング率を表1-1に示す。初期のヤング率には，結晶領域と非晶領域，特に非晶領域の弾性的性質が大きく寄与していると考えられている。また，図1-4のように繊維の力学的性質には，繊維を構成している結晶，ミクロフィブリルの性質が極めて密接に反映している。

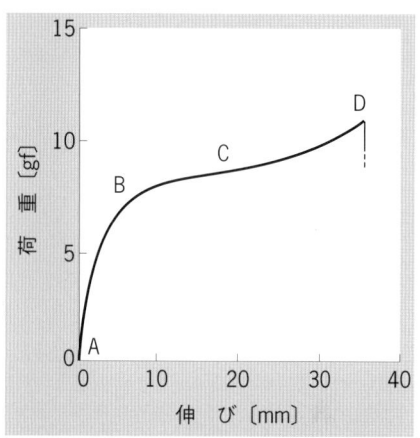

繊維はA→B→C→Dの曲線に沿って伸び，Dで切断する。B→Cにみられる比較的平坦な変化はミクロフィブリル間の滑り，あるいはミクロフィブリル内の結晶の特定な面での滑りによると考えられている。Dの破断点では，ミクロフィブリル同士の滑り抜け，あるいは分子そのものの切断と考えられている。

図1-4　繊維の荷重-伸長曲線

表1-1　主な繊維の引張り強さ，破断伸度とヤング率

	引張り強さ〔GPa〕	破断伸度〔％〕	ヤング率〔GPa〕
羊　　　毛	0.12〜0.20	25〜35	1.3〜 2.9
絹	0.35〜0.47	15〜25	5.9〜11.7
綿	0.41〜0.67	3〜 7	9.2〜12.6
ナイロン	0.47〜0.67	38〜50	1.0〜 2.5
ポリエステル	0.54〜0.67	40〜50	3.0〜 5.5
アクリル	0.25〜0.46	27〜48	2.5〜 6.3

GPa
Pa（パスカル）は応力や圧力の単位。
$1\,Pa = 1\,N/m^2$
G（ギガ）は10^9を表す接頭語。

[*1] 繊維の太さ（繊度）は普通$1\sim100\,\mu m$であるが，繊維の太さの表示法で最も多く用いられている単位はデニール（記号：D）で，9,000 mの長さの質量をg単位で表した数字をそのままデニール数とする。例えば，9,000 mで4 gの繊維は4 Dである。(⇨p.179)

1. 繊維高分子の構造上の特徴

（2）熱的性質

繊維は製造工程のさまざまな加工時や，またアパレル製品として使用される際にも，比較的高温に加熱されることが多いので，適度の耐熱性をもつことが必要である。

繊維の熱的性質は，構成する繊維高分子の分子運動性と融点によって決まる（⇨p.9）。すなわち非晶領域の分子運動性はガラス転移点により，融点は結晶領域の融点そのものである。ガラス転移点は，非晶領域の緊張状態や製造上の熱履歴などで大きく変化するが，融点はこれらからはあまり影響を受けない。このように繊維の熱的性質も，繊維の微細構造に起因している。

表1-2に主な繊維の融点とガラス転移点を示す。

表1-2 主な繊維の融点とガラス転移点

	融点〔℃〕	ガラス転移点〔℃〕
ナイロン6	228	37
ナイロン66	268	49
ポリエステル	264	70〜80
アクリル	317	105
ポリウレタン	175	−20
ポリプロピレン	176	−3

（3）繊維と水とのかかわり

繊維を構成する高分子に気体の水（水蒸気）が収着[*1]（sorption）することを吸湿，液体の水が浸入することを吸水という[1]。吸湿・吸水とも衣料用繊維にとって重要な性質である。繊維に吸湿（または吸水）された水の質量分率を，水分率（regain）[*2]という。

水分率は，繊維がおかれた周囲の湿度の増加に伴って上昇する。同じ相対湿度下の水分率を比較すると，天然繊維の方が，化学繊維よりも一般に大きな値を示す。特に羊毛は大きい水分率をもつ。これはポリペプチド分子が親水性であることと，17ページに示すような親水性のコルテックスとよばれる構造が羊毛繊維中に形成されているからである。

繊維の吸湿は，先に述べたように，おかれた場所の相対湿度により変化する。そこで，その場所の**標準状態**を温度20±2℃，相対湿度65±2％と定め，そのときの吸湿量を参考にして繊維の**公定水分率**（official regain）が決められている。公定水分率は繊維の公正な商取引に必要な数値である（⇨p.124）。

ウールの衣服は水をはじく。これは羊毛繊維表面のスケールが疎水性のためである。羊毛の高い吸湿性と，表面のはっ水性の妙はまさに羊毛の微細構造のなせる技である（⇨p.17）。繊維を染料で染めるときには，媒体として水を使う。染料分子は水中に分散して，繊維の内部まで拡散していく（⇨p.145）。染料分子は繊維の非晶領域には拡散保持されるが，結晶領域には入り込むことが難しい。ここにも繊維の微細構造が重要な役割を演じている。

[*1] 固体表面に吸着（absorption）した分子がさらに内部まで吸収されることがある。吸着と吸収とが同時に起こる現象を収着という。

[*2] 吸湿（または吸水）した繊維の質量をW，水分を含まない状態の繊維の質量をW_0とすると，水分率は

$$R = \frac{W - W_0}{W_0} \times 100\%$$

で表される。

2. 繊維の分類と特徴

繊維の分類図を図1-5に示した。図にも示すように，繊維は，天然繊維と化学繊維に大別され，化学繊維はさらに，再生繊維，半合成繊維，合成繊維，無機繊維に分類される。図の右欄の太字は，家庭用品品質表示法（繊維製品品質表示規程）による指定用語である。

2.1 天然繊維

2017年の統計によると，全世界の原料繊維生産高は，約9400万トンに達しており，そのうち29％（2678万トン）が天然繊維であった。天然繊維のうち2543万トンが綿花で，残り135万トンが羊毛，絹であった。綿花は天然原料において95％を占めており，その生産量は，単一種類の繊維としては，ポリエステル（5377万トン）に次いで多い。

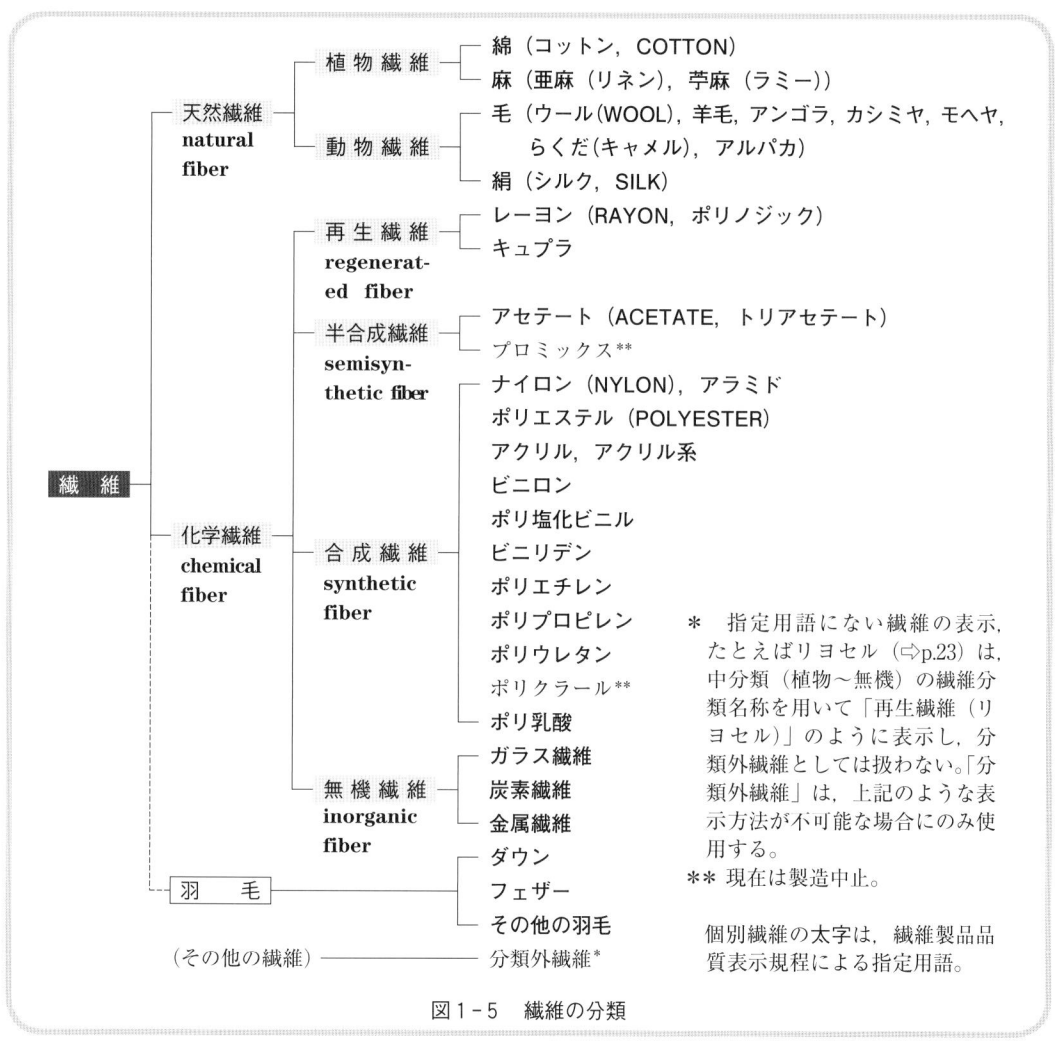

図1-5 繊維の分類

（1） 植物繊維

1） 綿（cotton）と麻（bast fiber）

綿と麻は古代から利用されてきた繊維である。綿は紀元前5,000年頃インド地方で，また麻は同時期にエジプト地方で衣料用として利用されていた。日本でも紀元前2,000～3,000年頃（縄文時代）に麻が栽培され，以来一般衣料として広く利用されていた。日本で綿が栽培されるようになったのは，かなり遅く16世紀末頃である。その後江戸時代中期以降には綿花の栽培が全国に普及したが，明治以降，海外からの安価な綿花の輸入に伴い，栽培は急速に減少し，現在国内では全く生産されていない。

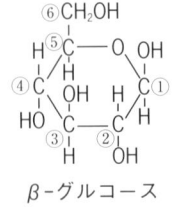
β-グルコース

綿，麻は共にセルロース（cellulose）を主成分とする繊維である。セルロースはβ-グルコピラノース（β-グルコース）がβ-1,4-結合した鎖状高分子である。重合度は綿では2,500～3,000，麻では2,000～3,500といわれている。

セルロースの構造

綿繊維は，図1-6に示すように，セルロースフィブリルが表面に沿って斜めに形成され，繊維により（天然より）が存在する[*1]。断面は図1-7に示すように，チューブを少しつぶしたようなルーメンとよばれる中空断面構造になっていて，ここに含まれる空気なども寄与して，綿の優れた保温機能が発現される。

一方，麻（ラミー）繊維はフィブリルが平行で，繊維によじれがなく，節くれ立っている（図1-8）。

綿繊維は繊維長が長いものほど細く，しなやかで，光沢のある布が出来る。綿繊維の繊維長や，太さ，より数等は種類（産地）によって異なり，それぞれ特徴をもっている（表1-3）[2-4]。

綿製品に関しても消費者の好みに合ったしなやかな素材の開発が進んでいる。特に長繊維原綿の増加と紡績技術の進歩により，250番手[*2]以上の極細糸も作

SEM
scanning electron microscope（走査型電子顕微鏡）

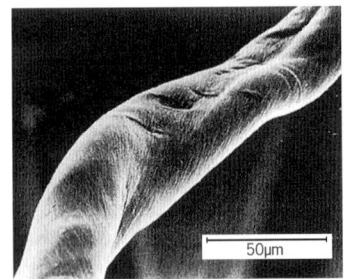

図1-6　綿繊維の表面SEM像
出典）繊維と工業，**35**(1)，4（1997）

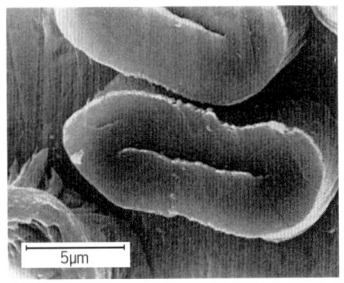

図1-7　綿繊維の断面SEM像
出典）繊維学会編：『図説繊維の形態』，朝倉書店，100（1982）

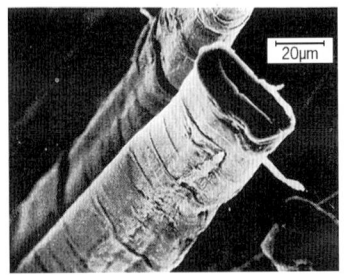

図1-8　麻（ラミー）繊維の表面SEM像
出典）図1-6の文献，6

＊1　羊毛，絹繊維の項でも述べるが，天然繊維の鑑別には，顕微鏡を用いた形態観察が有効である。

＊2　綿番手による糸の太さの表示。数字が大きいほど細くなる（⇨p.49）。

表1-3 綿繊維の種類別の特徴

種　類	平均繊維長〔mm〕	太　さ〔D〕	より数〔/cm〕	強　度〔GPa〕
海島綿（Sea Island）	46	0.97	94〜144	0.80
米綿（Upland）	25	2.07	56〜96	0.41
エジプト綿（Egyptian）	41	1.38	70〜112	0.67
インド綿（Indian）	23	2.30	48〜76	0.33

られるようになった。一般に綿は丈夫で，吸水性，耐熱性，耐洗濯性に優れ，実用的な素材と位置づけられている。しかし，綿製品は直接肌に触れるものが多く，洗濯頻度も高いので，摩擦による破れや擦り切れも多い。特に細番手海島綿のドレスシャツ，ローンのワンピース等の薄地の生地では，取扱いに注意が必要である。

　麻には亜麻（flax），苧麻（ramie：ラミー），大麻（hemp：ヘンプ），黄麻（jute：ジュート）等があるが，家庭用品品質表示法で定められている"麻"は亜麻と苧麻の2種類である。亜麻[*1]も苧麻も植物の茎の中に形成された靱皮（植物の外皮の下にある軟らかい内皮。あまかわ）繊維で，刈り取った原草から髄や葉を取り除き，さらに茎の中の木質を取り除き，残った筋状の繊維を精練して製品化する。

　麻には光沢があり，堅くしまって張りがあるので，以前は高級なテーブルクロスやナプキン等に多く用いられ，衣料用としては夏用の背広やシャツなどに限られていた。しかし最近では，婦人用スーツ，ワンピースなどにも用いられている。

2) その他の天然植物性繊維

　家庭用品品質表示法で指定用語に定められている繊維以外にも利用されている繊維がいくらかある。天然植物繊維では，パイナップル繊維，ロープーマー（羅布麻），芭蕉などが市販されている。

① パイナップル繊維

　パイナップルの葉から採った繊維で，単繊維が0.3Dと非常に細いため，しなやかで独特の光沢，清涼感がある。ポリエステルなどと混用してサマースーツなどに用いられている。

② ロープーマー（商品名）

　近年中国で開発された新しい繊維で，夾竹桃科の白麻から採った繊維である。シルクに似た光沢と麻と同じような吸水発散性があり，綿や絹などとの混紡で，衣料品，装寝具，インテリアなどに用いられている。

[*1] 本来は亜麻を原料とする製品をリネン（linen）と呼ぶが，繊維製品品質表示規程の改正（平成29年3月）により，リネンも指定用語に追加された。

（2） 動物繊維

動物繊維はタンパク繊維で，動物のからだから採った毛と，カイコの繭から採った絹とがある。

1） 毛

毛には羊から刈り取った羊毛と，羊毛以外の動物から刈り取った獣毛とがある。

① 羊　毛

羊は約3,000種類といわれるほど種類が多いが，刈り取れる繊維の長さで大別すると次のようになり，繊維長が大きいと，直径も大きい。

　短毛種　　メリノ，サウスダウン，ハンプシャー
　中毛種　　コートルド，ボーダレスター，ロムニーマーシュ
　長毛種　　リンカン，レスター

羊毛の外観的特徴は波状のちぢれをもつことで，このちぢれをクリンプ（crimp：捲縮）という。単位長さ当たりのクリンプ数は，繊維が微細になるほど多くなり，太くなるほど少なくなる。表1-4に羊毛の種類と，長さ，直径，クリンプ数を示す。

表1-4　羊毛の長さ，太さ，クリンプ数

	種　　類	長さ〔cm〕	直径〔μm〕	クリンプ数〔/2.54 cm〕
メリノ羊毛	エクストラスーパーファイン	7.5	8～11	32～34
	ファイン	8.5	16～19	28～30
イギリス羊毛	オックスフォードダウン	11	27～29	12～16
	レスター	20	40～44	3～4
	リンカン	30	44～54	1～2

スケール（クチクル）
　英語ではcuticular scale(s)と記述されている[2]。

羊毛のもう一つの外観的特徴は，表面がうろこ状のスケール（またはクチクル）で覆われていることである。スケールは屋根瓦のように重なり合って，その端は毛先に向かって突き出している（図1-9）。

スケールをさらに分析していくと，その中側は図1-10に示すような，非常に複雑な構造から成っている。そして最後には α-ヘリックスとよばれるらせん構造をもった，ポリアミノ酸分子へ行きつく。ポリアミノ酸は，α-アミノ酸がペプチド結合（-CO-NH-）によって多数つながった（縮重合）"鎖状高分子"である。

繊維の大部分（85％程度）は，コルテックスとよばれる皮質細胞から形成されている。コルテックスは，オルソコルテックス（ortho-cortex）とパラコルテックス（para-cortex）の化学構造の異なる2種類の細胞組織が貼り合わさったような構造をしている。このような構造をバイラテラル構造（bilateral structure）といい，羊毛のクリンプを発現している。

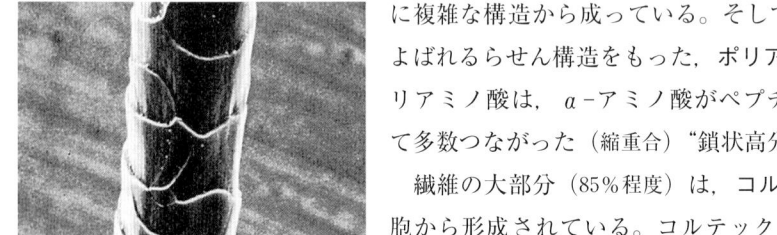

図1-9　64番手メリノ羊毛の表面SEM像
出典）図1-7の文献，123

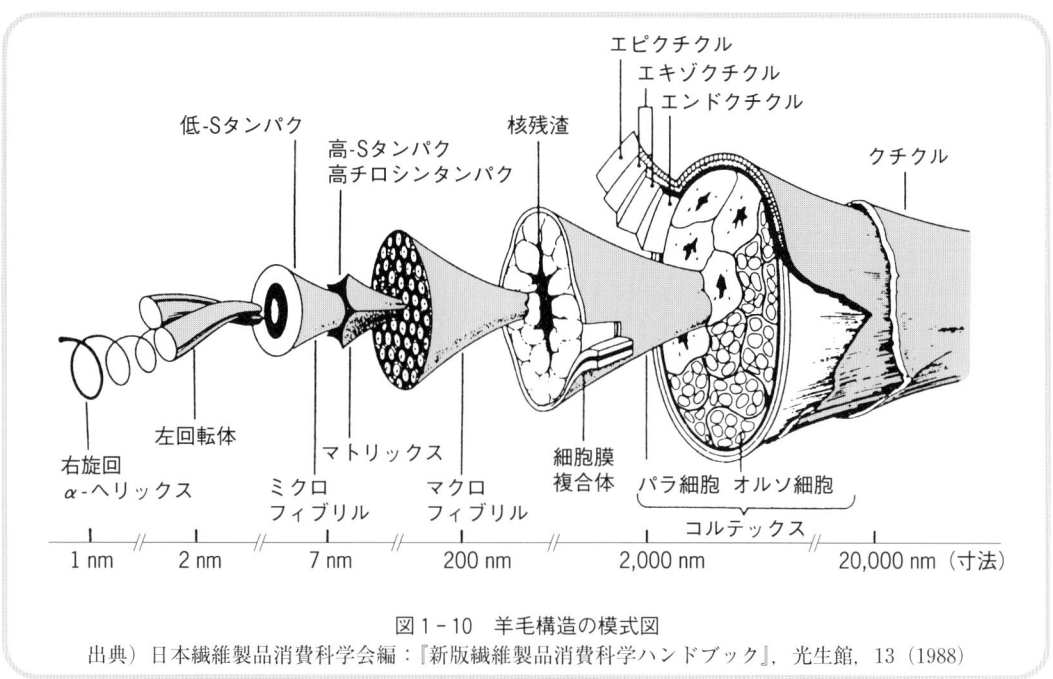

図1-10 羊毛構造の模式図
出典）日本繊維製品消費科学会編：『新版繊維製品消費科学ハンドブック』，光生館，13（1988）

コルテックスは，ミクロフィブリルとマトリックスの複合体から成るマクロフィブリルにより構成されている。ミクロフィブリル内の構造については未だ不明な点が多い。

羊毛の α-ヘリックスを構成しているポリアミノ酸中のアミノ酸単位の種類は，タンパク質を構成する20種の基本アミノ酸のうち，ヒドロキシプロリンを除く19種類である。これは絹中のポリアミノ酸の場合（⇨p.20）と対照的である。

α-アミノ酸より成るポリアミノ酸の鎖
R，R′，……は側鎖といい，アミノ酸の種類により異なる（⇨p.20）。

羊毛製品は保温性，吸湿性に富むが，繊維の表面ははっ水性である。これは表面のスケールは水をはじくが，スケールとスケールの隙間から水蒸気は繊維内に拡散して，親水性のコルテックス内に吸着できるためである。

また，スケールがうろこ状の形態をしているため，汚れにくいという利点がある反面，繊維の摩擦係数の異方性が生じて，特に吸水した状態では，スケールが乾燥状態より開くので，揉み作用によって縮充（フェルト化）を起こし手触りが硬くなったり，寸法が短くなるなどの原因にもなる（図1-11）。

② その他の獣毛

その他の獣毛素材として代表的なものには，カシミヤ（やぎ），キャメル（らくだ），アルパカ，モヘヤ（アンゴラやぎ），アンゴラ（アンゴラ兎），ビキューナなどがある。

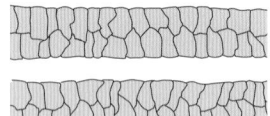 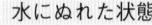 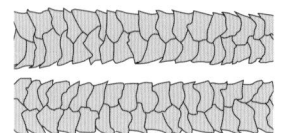 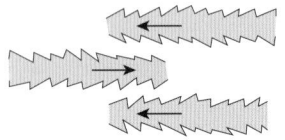 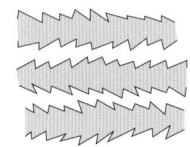

乾燥状態		水にぬれた状態
スケールは閉じた状態で，揉み作用が加わってもからみにくい。	湿気／水分 →	スケールが開いてからみやすくなる。
スケールは開いた状態で揉み作用が加わるとスケール同士のからみ合いがはじまる。スケールには方向性があるため繊維は矢印方向には進むが，逆方向はスケールが妨げ合って進むことができない。	揉み作用 →	繊維は一定の方向にしか進めず，繊維が密集するため，風合いの硬化と収縮が発生する。

図1-11　スケールによるフェルト化
出典）㈶環境衛生営業指導センター編：『クリーニング師研修用テキスト』，299（1998）

a. カシミヤ（やぎ）

　上部のまっすぐな長い剛いヘヤと，下部の肌毛である柔らかく細いウールが混ざって産出されるので，これらを分離してウールを用いる。ウールは光沢があり，長さ30〜90mm，直径10〜25μmで，スケールがよく発達している。可紡性に優れ，感触は極めて柔らかく，細く，光沢良く，軽くて保温性にも優れているが，産出量が少なく高価である。オーバー地，ショール，毛布，メリヤス，セーターなどに用いられる。

b. キャメル（らくだ）

　ふたこぶらくだの毛で，ウールとヘヤが混合して産出するので，分離してウールを用いる。ウールは長さ2〜13cm，直径15〜30μmである。らくだの毛の色素は漂白しにくいので，そのまま用いるか，濃色に染色して用いる。高級品はウールのみから作られるが，通常は羊毛と混合して用いられる。衣類，マフラー，オーバー地，セーターなどが主な衣料用用途である。またヘアは，強度が大きいので，ベルト，テント，ロープ，敷物，スリッパなどに用いられる。

c. アルパカ

　ラマ，アルパカの毛で，南米アンデス山脈の高原地帯に生息し，家畜として飼育されている。アルパカにもウールとヘアの区別があり，色は多彩であるが，赤褐色のものが優良品とされている。ウールは長さ10〜20cm，直径は10〜25μm，表面は滑らかでスケールはほとんど無く，太さは均一で縦線が入っている。耐久性に優れ，裏地，夏服地，オーバーなどに用いられる。

d． モヘヤ（アンゴラやぎ）

　毛は長く，表面は平滑で光沢は極めて良く，色もシルバー調の白である。キッド（子やぎ）とアダルト（成長やぎ）がある。毛の長さは15～20 cm，直径は25～45 μmである。表面が平滑で縮充性は低い。弾性，強度が大きく，耐久性もある。室内装飾，夏服地，特殊オーバー地，高級婦人服，セーターなどに用いられる。

e． アンゴラ（アンゴラ兎）

　ウールとヘアがあり，普通年4回の刈り取りで毛の長さは5～8 cmである。直径はウールでは12～14 μm，ヘアでは30～130 μmである。色は純白で極めて柔らかい。繊細で感触がよく，帽子，オーバー，セーター，婦人用服地として用いられる。

f． ビキューナ

　ラクダ科の動物で，アンデス山脈の4,000 m以上の高原に生息する。ウールは長さ5 cm程度，直径は均一で10～20 μm，ヘアでは75 μm程度である。赤褐色で，動物繊維中最も細く，柔らかいので，最高品位とされている。服地，オーバー，マフラー，ショール，セーターに用いられる。

2） 絹（silk）

　絹はカイコ蛾の幼虫が作る繭から得られる長繊維である。カイコは野蚕と家蚕に大別され，一般には家蚕をカイコとよんでいる。カイコの体内には絹を生成する絹糸腺が一対ある。絹糸腺のうち，後部絹糸腺で絹の主体となるフィブロイン（fibroin）が分泌され，徐々に中部絹糸腺に移行し貯蔵され，中部絹糸腺で分泌されたセリシン（sericin）で外部を包み，前部絹糸腺を経て吐糸口で一体化されて体外へ出る。カイコは頭部を大きくS字または∞字型に振り，吐糸口から吐かれた糸を強く緊張することにより，分子の配列度を高めながら繭を作る（図1-12）。

　繭糸の断面SEM像を図1-13に示す。内側に見える2本の三角断面状の繊維がフィブロインで，その外側をセリシンが覆っている。フィブロイン，セリシンはともにタンパク質（ポリアミノ酸）から成っているが，それぞれを構成しているアミノ酸の種類は表1-5に示すように異なっている。

　繭糸を何本か集束し，セリシンで接着抱合させたものを，生糸（raw silk）とよぶ。生糸を製造する工程を製糸という。

　繭糸や生糸から石鹸やアルカリを用いて，セリシンを除くと，フィブロイン繊維が得

繭糸
　一匹のカイコが吐出する糸の長さは，1,200～1,400 m程度である。

SEM
　scanning electron microscope（走査型電子顕微鏡）

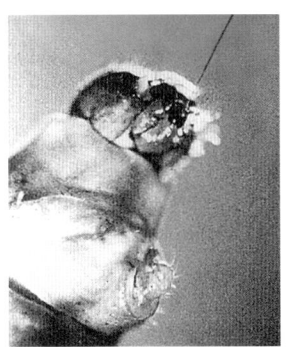

図1-12　カイコの吐く一筋の絹糸
出典）松沢秀二：『繊維の文化史』，高分子刊行会，137（1993）

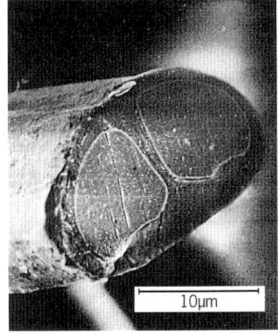

図1-13　繭糸の断面SEM像
出典）図1-7の文献，295

表1-5 絹タンパクのアミノ酸組成〔mol%〕

アミノ酸	アミノ酸の側鎖	フィブロイン	セリシン
グリシン	-H	43	8
アラニン	-CH$_3$	29	4
セリン	-CH$_2$OH	11	34
チロシン	-CH$_2$-C$_6$H$_4$-OH	5	4
アスパラギン酸	-CH$_2$-COOH	3	22
グルタミン酸	-CH$_2$CH$_2$-COOH		
リジン	-(CH$_2$)$_4$-NH$_2$	1	11
アルギニン	-(CH$_2$)$_3$-N-C-NH$_2$ (H, NH)		
ヒスチジン	(imidazole環)		
プロリン	(ピロリジン-COOH)	0.5	0.4
シスチン	-CH$_2$-S-S-CH$_2$-	0.03	0.3
その他		8	16

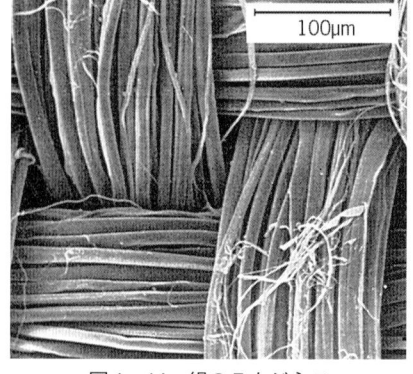

図1-14 絹のラウジネス
出典）図1-7の文献，121

られる。これを練糸とよぶ。セリシンの除去の仕方で，絹繊維の性質は大きく異なっている。

1本のフィブロイン繊維の太さは約1D（10μm）である。フィブロイン繊維は約1μmのフィブリル，さらにフィブリルは10nmのミクロフィブリルから構成されている。表1-5に示したように，フィブロインを構成するアミノ酸は，主にグリシン，アラニン，セリンの3種類で，羊毛が20種類近くのアミノ酸組成を有している（⇨p.17）のとは対照的である。

絹は古来から貴重品，高級品であった。その理由として，風合い，光沢，また絹鳴りとよばれる独特の音色などがあげられる。絹の光沢は，図1-13に見られるような，三角断面の形態に由来する。しかしながら一方で，絹製品は日光に弱く，しばしば黄変を起こす。黄変の原因はフィブロインを構成しているチロシン，セリンのような，ヒドロキシル基（-OH）をもつアミノ酸の光化学反応という説もあるが，未だ確定されていない。

フィブロインを包むセリシンをあまり強度に精練除去すると，繊維の表面に非常に細かいフィブリルが発生し，製品の光沢や染色性を著しく低下させる。この細かいフィブリルはラウジネスとよばれる（図1-14）。

絹は強度，伸度，弾性に優れ，比重が小さく表面が滑らかで，触感が柔軟で優美な光沢を有し，染色性も良い。このため装飾を目的とした衣料用素材として愛用されるが，高価なために実用性は低い。

強ねん糸[*1]を用いるものは，縮緬類，お召し類，無ねん糸のものは羽二重，コート地などに，また紡績糸としては，めいせん，富士絹，夜具地，丹前地，座ぶとん地をはじめ，和服地，帯地など幅広い用途がある。さらに，交織品，混紡品等も多く，繭屑から真綿も作られる。

2.2 化学繊維

化学繊維は人造繊維ともいう。天然繊維の中で最も高価な絹を人工的に作ることは，化学者にとって大きな魅力であった。人造繊維の始まりは，19世紀

[*1] 標準的なより数よりも強いよりをかけた糸のこと。（⇨p.51）。

後半の"硝化セルロース繊維"といわれているが，実用的な見地からはレーヨンの開発といえるだろう。

櫻田によれば，

「人造繊維とはその原料物質が我々の要求するような繊維の形態をもっていない場合に，その原形を一度消失せしめて，人工的に我々の要求する形態，性状を付与して得られた繊維であると定義することができる。」

と記されている[5]。この定義は，現在の多様な化学繊維にも全く同じく適用される。ここに述べられている，"その原形を一度消失せしめて，人工的に我々の要求する形態，性状を付与"する工程を一般に紡糸（spinning）とよんでいる。紡糸には，**湿式紡糸**（wet spinning），**乾式紡糸**（dry spinning），**溶融紡糸**（melt spinning）がある。

湿式紡糸 ⇨ 次項
乾式紡糸 ⇨ p. 24
溶融紡糸 ⇨ p. 26

また，各種紡糸法により得られた繊維は，フィラメント（長繊維）(filament) とよばれる形態である。フィラメントは後工程で適当な長さに切断され，ステープルファイバー（短繊維）(staple fiber) となり，さらに紡績工程を経て糸になる。目的によっては，フィラメントをそのまま用いて加ねんし，糸とすることもある。

(1) 再生繊維

再生繊維は天然に生成された高分子（天然高分子）をいったん溶解して紡糸し，繊維化したものである。現在製造されている再生繊維の大部分は，再生セルロース繊維である。

1) レーヨン，ポリノジック (rayon, polynosic rayon)

再生セルロースから得られる繊維をレーヨンとよぶ。

ビスコース法により製造されるビスコースレーヨンは，原木から精製したパルプをアルカリ処理してアルカリセルロースとし，これに二硫化炭素を反応させて，セルロースキサントゲン酸ナトリウムを生成させる。

$$Cell + NaOH \longrightarrow Cell-ONa + H_2O$$
$$Cell-ONa + CS_2 \longrightarrow Cell-O-CSSNa$$

これをアルカリ水溶液に溶解して紡糸原液（ビスコース）とする。硫酸を含む凝固浴にノズル（または口金，金・白金合金製，孔径0.06～0.2 mm，孔数25～1,000個）から押し出して繊維に再生する。

$$2Cell-O-CSSNa + H_2SO_4$$
$$\longrightarrow 2Cell-OH \cdot 2CS_2 + Na_2SO_4$$

凝固浴から出た繊維はローラーで延伸後，巻取り，水洗，脱硫，漂白仕上げ処理を施されてフィラメントとなる。湿式紡糸の模式図を図1-15に示す。

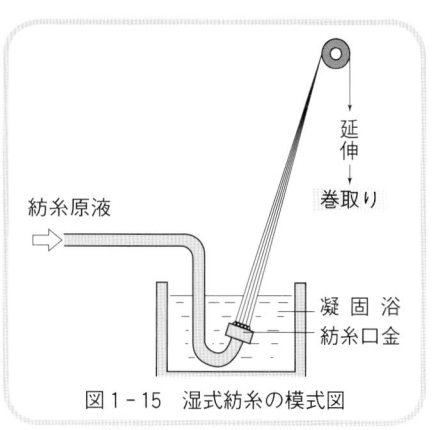

図1-15 湿式紡糸の模式図

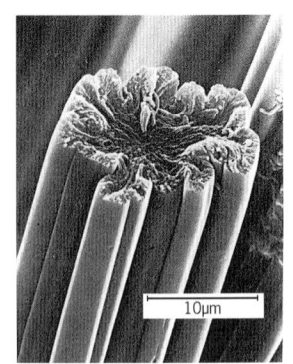

図 1-16 レーヨン繊維の断面SEM像

出典）図 1-7 の文献，149

レーヨン繊維のSEM像を図 1-16 に示す。レーヨンの断面は不規則に入り組んだ構造をしているが，これは鋸歯状のスキン層と，内部のコア層から成っている。スキン層は凝固再生時の組織形成に起因するといわれている。

レーヨン繊維は，吸湿性，染色性などに優れた特徴をもっているが，一方で，湿潤時の強度が極端に低下するという欠点がある（表 1-6）。

平均重合度が450以上のレーヨンをポリノジックとよぶ。ポリノジックは，ビスコースレーヨンに比べて，断面が円形で滑らかな表面を有している。ポリノジックでは，製造中に硫化を低温で行い，重合度の低下を抑えたり，凝固浴を2浴にして，分子配向と結晶性を高くしている。また得られた繊維はシルケット加工[*1]ができるので，布の型くずれが無く，光沢のある繊維ができる。またビスコースレーヨンに比べ，湿潤時の強度低下が抑えられている（表 1-6）。

レーヨンは最近ではポリエステルやナイロンなどとの混紡により，夏物を中心にアパレル素材として広く用いられている（表 1-7）。またポリノジックは，通常の衣料用素材の他に，抗アレルギー（抗菌，抗臭）用の素材としても開発が進められている。

2） キュプラ（cupra, cupro）

銅アンモニア法により製造される再生セルロース繊維を銅アンモニアレーヨン（cuprammonium rayon）といい，わが国ではキュプラという。

キュプラは，リンター[*2]や高純度木材パルプを原料としてつくられる。これを，酸化銅アンモニア溶液に溶解後，流下緊張紡糸法（湿式紡糸の一種）で再生繊維化する。生成した繊維は，延伸により分子配向され，硫酸処理により銅アンモニアを除去して，フィラメントとする。

キュプラの断面は円形に近く，均一で，スキン・コアの区別は明確でない。

表 1-6　各種繊維の乾燥時と湿潤時の強度

	繊度〔D〕	強度〔GPa〕	伸度〔%〕	湿潤強度〔GPa〕	湿潤伸度〔%〕	強度[†]〔GPa〕	水膨潤度〔体積%〕
綿	1.7	0.31-0.37	7〜9	0.39-0.46	12〜14	0.14	50
ビスコース	1.5	0.33-0.39	20〜25	0.15-0.23	25〜30	0.24	90
ポリノジック	1.5	0.51-0.55	13〜15	0.28-0.32	13〜15	0.35	75
リヨセル	1.5	0.52-0.57	13〜15	0.44-0.48	15〜17	0.53	65
ポリエステル	1.5	0.55-0.91	25〜30	0.52-0.90	25〜30	0.35	3

† 荷重-伸長曲線上で，10%のひずみが加えられた時に，繊維に生じる応力の値を示した。ただし，綿は，10%も伸びないので，5%時の値を示した。

---

*1 マーセル化ともいう。もともと綿繊維を緊張下で水酸化ナトリウム水溶液で膨潤処理し，断面をリボン状から円形に変えて，繊維に光沢を付与することを目的とした加工。

*2 綿の木から摘み取った綿花を実綿といい，実綿から繊維と種子を分離して，なお残った短い繊維をリンターという。繊維長9 mm以下のリンターを用いてキュプラ，アセテートなどを製造する。

表1-7 アパレルに用いられるレーヨンの例

素 材 名	原料繊維組成（％）
エムリビスコース	レーヨン100
ドビーチェック	レーヨン96，アセテート4
バックカットジャカードシフォン	レーヨン75，アセテート25
ピケワッシャー	レーヨン55，ポリエステル45
メッシュジョーゼット	ポリエステル50，レーヨン37，麻10，絹3
メランジ	麻85，レーヨン（ビスコース）15
ラッセルレース	レーヨン60，ナイロン40
リネンビスコース	麻60，レーヨン40
レーヨン楊柳	レーヨン75，ポリエステル25
強ねん糸SZドビー織り	レーヨン90，アセテート10
梨地ボーダー	レーヨン67，ナイロン21，ポリエステル12

強い延伸工程を経ているので繊維は0.4～1.3Dと細い。絹に似た光沢と風合いを有するので，薄地布，裏地，着尺地，クレープ・スカーフなどに用いられる他，最近では人工腎臓用中空糸として注目されている。

3） 繊維素系繊維

再生繊維の定義を"天然に生成された高分子（天然高分子）をいったん溶解して紡糸し，繊維化したもの"とすれば，**繊維素系繊維（リヨセル）**[*1]も再生繊維と考えられる。

リヨセルは，パルプを原料とし，これを溶媒（N-メチルモルフォリン-N-オキシド）に溶解[6, 7]し，乾湿式紡糸法[6, 8]により繊維化される。

リヨセルでは紡糸に用いられる溶媒系が完全に回収・リサイクルされるので，環境負荷を低減した製造法であるといわれている。また，繊維の特徴としてはレーヨンなどに比べ，湿潤強度が低下しない（表1-6）という大きな利点をもっているが，湿潤状態で極端に硬くなり，また繊維同士の摩擦により内部から表面に向かってフィブリルが発生する[9]。湿潤状態での硬化は，もみ・たたき・酵素加工により解決するなど，製品の品質開発も進められている。

リヨセルは，当初はインジゴ染めによるデニム商品が主であったが，最近はジャケット，シャツ，パンツ等のアウターだけでなく，インナー，装寝商品，資材用商品などにも用いられるようになっている。

（2） 半合成繊維

1） アセテート（acetate）

セルロースのβ-グルコース単位には3個のヒドロキシル基があり，酸とのエステル化反応が可能である。そこでセルロースを無水酢酸で酢化すると，三酢酸セルロースになる。

乾湿式紡糸
乾式紡糸のように最初は大気中に紡糸するが，引き続き紡糸浴を通す紡糸法。エアギャップを設ける湿式紡糸であるためエアギャップ紡糸（air-gap wet spinning）ともいう。

セルロースの構造

*1 わが国では「テンセル」（商標）として知られる。2017年に改正の家庭用品品質表示規程では，指定用語でないため，表示は「再生繊維（リヨセル）」となる。

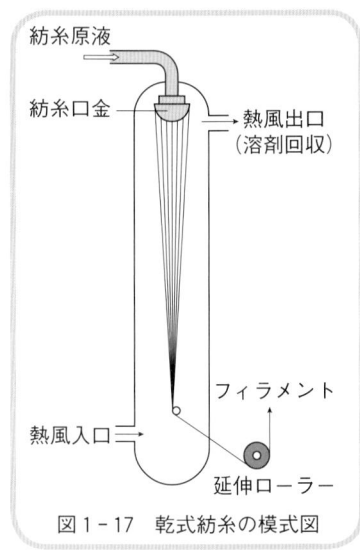

図1-17 乾式紡糸の模式図

$$Cell-(OH)_3 + 3(CH_3CO)_2O$$
　　セルロース　　　　無水酢酸

$$\longrightarrow Cell-(OCOCH_3)_3 + 3CH_3COOH$$
　　　　三酢酸セルロース　　　　酢　酸

　三酢酸セルロースを，塩化メチレン（CH_2Cl_2）とメタノールの混合溶媒（90/10）などに溶解して，乾式紡糸して繊維化したものがトリアセテート[*1]である。

　図1-17に乾式紡糸の模式図を示す。注入口より約25％濃度の紡糸原液を圧入し，紡糸口金の細孔から吐出される。下方からは熱風が送り込まれ，吐出原液流から溶媒を蒸発除去する。この時，延伸ローラーにより延伸が行われ，溶媒の蒸発と分子配向がほぼ同時に起こって繊維（フィラメント）が形成される。溶媒は，紡糸原液流の内部から表面に向かって拡散しながら表面から蒸発するので，繊維はスキン・コア構造を発現し，繊維の断面はいわゆるクローバー型の複雑な形となる。

　三酢酸セルロースに水を加えて加熱すると，けん化反応により第二次酢酸セルロース（通常アセテート，またはジアセテートという）を生じる。

$$Cell-(OCOCH_3)_3 + H_2O \longrightarrow Cell-(OCOCH_3)_2OH + CH_3COOH$$
　　三酢酸セルロース　　　　　　　二酢酸セルロース

　実際にはけん化は完全ではないので，セルロースに結合する酢酸の量はグルコース単位当たり2.5個程度になっている。第二次酢酸セルロースをアセトンに溶解して，乾式紡糸して得られた繊維がアセテートである。アセテートもトリアセテート同様，繊維の断面はクローバー型である。

　アセテート，トリアセテートフィラメントには絹のような光沢がある。比重は綿，レーヨン，キュプラなどより小さく，毛とほぼ同じでふっくらとした風合いと豊かな感触がある。わが国の生産量は多くはないが，アメリカでは衣料用として大量に使用されている。

　アセテートには適度な吸湿性，保温性，弾力性があり，婦人物として用いられることが多く，婦人フォーマルウェア，スーツ，コートあるいはニット製品としてその特徴が生かされている。熱可塑性があるのでプリーツスカートなどにも使用される。またタバコのフィルター（吸い口）にはアセテートのステープルトウが使用されている。トリアセテートは，アセテートよりも耐熱性に優れている。

　2）プロミックス

　わが国で工業化された繊維である。アクリル（⇒p.29）の原料であるアクリ

[*1] 繊維製品品質表示規程では，アセテートのうちヒドロキシル基の92％以上が酢酸化されているものと定義されている。

ロニトリルにミルクカゼインを混合して，アクリルにタンパク質がグラフト共重合[*1]したポリマーを合成する。得られたポリマーをアクリルと同様に湿式紡糸法で繊維化して，フィラメントを得る。

プロミックスは，合成繊維特有のぬめり感がなく，手触りは絹のような温かい感触としなやかさをもっている。また絹に似た光沢や，絹と同じく熱伝導性が低いので保温性にも優れている。さらに吸水拡散性により，ぬれた部分がいつまでもべとつかず，さらっとしている。特に発汗時はすばやく汗を吸収して乾燥が早いなどの特徴をもっている。

プロミックスは，高級婦人服，和服類などに用いられ，また一時期は"人体負荷軽減繊維"として，新用途の開発も行われたが，原料のコスト高や，同様の性能が新合繊（⇨p.160）においても達成されたことなどにより，2004年に製造中止となった。

（3） 合 成 繊 維

合成繊維は繊維形成能をもつ合成高分子を紡糸して製造する。合成高分子は，エチレン，プロピレン，BTX（ベンゼン，トルエン，キシレン）など，石油ナフサを熱分解してできる基礎原料から誘導された有機化合物をモノマーとしている。本節では，合成高分子の重合過程を概説する。

１） ナイロン（nylon），アラミド（aramid fiber）

ナイロンは"繰り返しているアミド結合の85％以上が，脂肪族または環状脂肪族単位と結合している直鎖状合成高分子から成る繊維"また，アラミド（aramid）は"2個のベンゼン環に直接結合しているアミド結合またはイミド結合が質量割合で85％以上で，イミド結合がある場合は，その数がアミド結合の数を超えない直鎖状合成高分子から成る繊維"と定義[*2]されている。

衣料用のナイロンには，ナイロン6とナイロン66の2種類がある。

① ナイロン6

ε-カプロラクタムを溶融し水を加えて余熱した後，常圧下で約250℃に昇温すると，重縮合して，重合度150〜200のポリマーが生成する。

アミド結合
$$-\underset{\underset{O}{\|}}{C}-\underset{\underset{H}{|}}{N}-$$
（－CO・NH－）

イミド結合
－CO・NH・CO－

[*1] 2種類以上のモノマーが重合して生成する高分子を共重合体とよぶ。例えばAとBの2種類のモノマーを共重合した場合に生成するポリマーを下に示した。

[*2] JIS L 0204-2「繊維用語（原料部門）－第2部：化学繊維」による。

－A－B－B－A－B－A－A－A－B－B－：ランダム共重合体
－A－B－A－B－A－B－A－B－A－B－：交互共重合体
－A－A－A－A－B－B－B－A－A－A－A－B－B－B－：ブロック共重合体
－A－A－A－A－A－A－A－A－A－A－A－A－A－A－A－A－：グラフト共重合体
　　　｜　　　　　　　｜
　　　B－B－B－B　　　B－B－B

$$n\ H_2C \begin{cases} CH_2CH_2-C=O \\ CH_2CH_2-N-H \end{cases} \longrightarrow nH_2N-(CH_2)_5-COOH$$

ε-カプロラクタム　　　　　　　ε-アミノカプロン酸

$$\longrightarrow \left[\underset{H}{N}-(CH_2)_5-\underset{O}{C} \right]_n$$

ナイロン6

生成したポリマーは，残留モノマーやオリゴマーを熱水で除去後，小片に切断して，チップとする。ナイロンチップを溶融紡糸法によって繊維化し，フィラメントを得る（図1-18）。乾燥されたチップは押し出し装置内で溶融され，吐出量を正確に制御するための定量ポンプを通過して，紡糸口金（ノズル）から吐出される。吐出された糸条は紡糸筒内で空気層流により冷却固化される。紡糸筒を出た繊維はオイリング後，巻取り機に巻き取られる。ナイロン6の巻取り速度は約1,500 m/minである。その後室温で冷延伸し，フィラメント，さらに切断してステープルファイバーとする。

最近では，高速で紡糸（約4,000 m/min），オイリング後，延伸・熱固定する"紡糸直結延伸法"による生産も行われている。

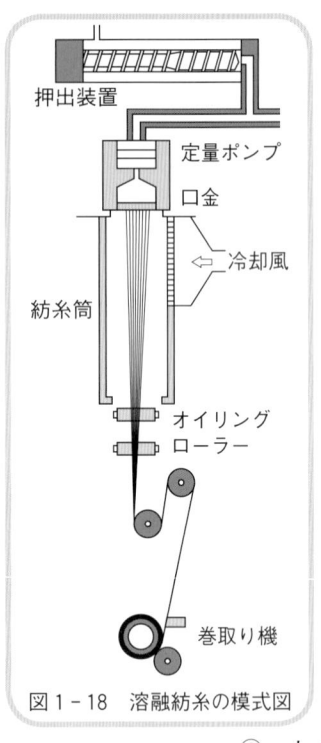

図1-18　溶融紡糸の模式図

② ナイロン66

ナイロン66は，デュポン社のカロザース（W. H. Carothers）により開発，1938年に工業化され，"石炭と空気から作られ，鋼鉄よりも強く，クモの糸よりも細く，絹糸よりも弾力性があり，光り輝く繊維"というコピーでデビューした"真の意味での合成繊維第1号"である。

ナイロン66はヘキサメチレンジアミンとアジピン酸を水中で等モル混合し，ナイロン66塩をつくる。

$$H_2N-(CH_2)_6-NH_2\ +\ HOC-(CH_2)_4-COH$$
$$\qquad\qquad\qquad\qquad\quad \underset{O}{\|}\qquad\qquad\ \underset{O}{\|}$$

ヘキサメチレンジアミン　　　アジピン酸

$$\longrightarrow \left[H_3N-(CH_2)_6-NH_3 \right]^{2+} \left[OOC-(CH_2)_4-COO \right]^{2-}$$

この液を濃縮し，不活性ガス下約18気圧で220～230℃に加熱すると，重縮合が進行し，ナイロン66が生成する。

$$n\left[H_3N-(CH_2)_6-NH_3 \right]^{2+}\left[OOC-(CH_2)_4-COO \right]^{2-}$$

$$\longrightarrow \left[\underset{H}{N}-(CH_2)_6-\underset{H}{N}-\underset{O}{C}-(CH_2)_4-\underset{O}{C} \right]_n$$

ナイロン66

表1-8 ナイロン6とナイロン66の比較

	融点* [℃]	結晶化温度* [℃]	密度 [g/cm³]	水分率** [%]
ナイロン6	222	173	1.14	4.0〜4.5
ナイロン66	262	218	1.14	3.5〜4.0

*DSC法
**20℃, 65%RH

DSC
示差走査熱量計
differential scanning calorimeter
RH
相対温度
relative humidity

生成したポリマーをナイロン6と同様に溶融紡糸により繊維化して，フィラメント，ステープルファイバーを得る。

ナイロン6，ナイロン66は共に軽く，天然繊維に比べると，吸湿性が低い。強力は高く，熱可塑性がある。融点はナイロン66の方が高く（表1-8），耐熱性はナイロン66の方がやや優れている。コスト的にはナイロン6の方が有利といわれている。風合いなどは絹に似ており，繊維の形状を異型断面にするなどの改良により，光沢も絹様にすることができる。ウォッシュ アンド ウェア（W＆W）性[*1]はポリエステル繊維より劣り，腰がない。耐光性も悪く，日光で容易に黄変するので，外衣用には用いられない。

異型断面
⇨第6章

柔らかい風合いが必要なパンティストッキングには，もっぱらナイロンが用いられるが，これはナイロンの熱可塑性を利用した加工糸（テクスチャードヤーン）が開発できたからである。その他，スポーツウェア，肌着，ランジェリー，靴下，毛布，中入れ綿などに用いられている。

加工糸
⇨p.46

③ アラミド

アラミドは，アミド結合（-CO-NH-）が，すべてベンゼン環に直接結合しているポリマー（全芳香族ポリアミド）から成る合成繊維[*2]である。アラミドにはメタ型とパラ型があり，両者は耐熱性などに共通点はあるが，機械的性質は著しく異なっている。

a. メタ型アラミド

メタフェニレンジアミンとイソフタル酸クロリドから合成する。イソフタル酸クロリドに約5％のテレフタル酸クロリドを添加することもある。

$$n\,H_2N\text{-}C_6H_4\text{-}NH_2 + n\,ClOC\text{-}C_6H_4\text{-}COCl \xrightarrow{-2nHCl} [-NH\text{-}C_6H_4\text{-}NH\text{-}CO\text{-}C_6H_4\text{-}CO-]_n$$

メタフェニレン　　　イソフタル酸　　　　　メタ型アラミド
ジアミン　　　　　　クロリド

重合はジメチルアセトアミド等のアミド溶媒中で行い，重合液をそのまま紡糸原液として湿式紡糸し，繊維を得る。

[*1] 洗濯後の乾燥が速く，しわができないので，アイロンがけがほとんど不要で，形くずれも起こらない布の性質。綿などの織布にはこのような性質が十分ではないが，樹脂加工を施すことである程度実現できる。合成繊維は基本的にW＆W性に優れている。

[*2] 以前の家庭用品品質表示法ではナイロンに含まれていたが，現在はISO（国際標準化機構：International Organization for Standardization）と同様にアラミドとして独立している。

b. パラ型アラミド

パラフェニレンジアミンとテレフタル酸クロリドから合成する。重合溶媒には5～10％の塩化カルシウムを加えたN-メチルピロリドンを用いる。生成したポリマーは，硫酸に溶解して**液晶状態**[*1]を形成するので，乾湿式紡糸法（液晶紡糸法）により繊維を得る。

パラ型アラミドは強力で弾性率が高く，引張り強度はナイロン（強力タイプ）の2.5倍ある。高強力や高弾性率を生かして各種の補強材に使われており，中でもプラスチックやコンクリートの補強用は軽くて丈夫なものが出来るので，重要な用途になっている。メタ型アラミドは耐熱性，難燃性に優れており，消防服，レーサー服，高温作業服などに使用されている。

2） ポリエステル繊維（polyester fiber）

ナイロンに引き続いて，ポリエチレンテレフタレートから成る繊維が1940年にイギリスで開発され，1950年代に世界中で工業化が始まった。ポリエステル繊維はその高い性能のため，生産量は増加の一途をたどっている。特に1980年代から日本で開発された革新的繊維化技術による**新合繊**の生産においては主役を演じている。

新合繊
⇨第6章

ポリエチレンテレフタレートは，テレフタル酸とエチレングリコール（EG）を原料に，重縮合により製造される。実際の反応は，まずテレフタル酸に過剰のEGを反応させ，両端にEGが結合したエステルを生成し，ついでこのエステルを触媒下で加熱するとEGが脱離して高分子が生成する。

EG
ethylene glycol

$$HO-\underset{O}{C}-\underset{}{\bigcirc}-\underset{O}{C}-OH + HO-CH_2CH_2-OH$$

テレフタル酸　　　　エチレングリコール

$$\longrightarrow HO-CH_2CH_2-O-\underset{O}{C}-\underset{}{\bigcirc}-\underset{O}{C}-O-CH_2CH_2-OH$$

$$\xrightarrow[280℃]{触媒} \left[\underset{O}{C}-\underset{}{\bigcirc}-\underset{O}{C}-O-CH_2CH_2-O \right]_n + HO-CH_2CH_2-OH$$

ポリエチレンテレフタレート

ポリエステル繊維はポリエチレンテレフタレートを溶融紡糸して得る。紡糸速度によって，未延伸糸（～2,000 m/min），**POY**（部分延伸糸，～3,500 m/min），高速紡糸（6,000～10,000 m/min）がある。未延伸糸は別工程または紡糸に直結した延伸-ヒートセット工程により，繊維素材としての性能が付与される。

POY
partially oriented yarn

＊1　結晶と液体の中間的な性質をもつ状態を**液晶状態**という。パラ型アラミドのように，溶媒を加えて適当な濃度の溶液にすることにより液晶になるものをリオトロピック液晶という。液晶状態では，分子は結晶ほどではないが，ある程度の規則性をもって配列している。

ポリエステル繊維の融点は260℃，引張り強度は0.5〜0.7 GPa（4〜10 gf/D），比重は1.37〜1.39，水分率は0.4%である。フィラメントとステープルファイバーはほぼ同量生産されている。フィラメントのうち，約50%はかさ高加工され，ジャージーや加工糸織物となる。ステープルファイバーは主に綿や毛と混紡して，糸として用いられる。ポリエステルはウォッシュ アンド ウェア性，耐熱性に優れているので，衣料用合成繊維素材の中で，最大のシェアを占めている。新素材分野での用途展開は，極細繊維化など，ポリエステル繊維化の技術開発の成果である（⇨ p.162）。

3）アクリル繊維（acrylic fiber）

アクリロニトリル単位 $-CH_2-CH(CN)-$ を主成分とする繊維をアクリル繊維という。わが国ではポリエステルと同時代，すなわち1950年代後半に工業化されたが，この繊維がニット素材として優れていることがわかるまでの数年間は，用途開発が難航した。

アクリル繊維には，アクリルとアクリル系の2種類がある。JISでは，

アクリル：アクリロニトリルの繰返し単位が，質量割合で85%以上含まれる直鎖状合成高分子から成る繊維

アクリル系：アクリロニトリルの繰返し単位が，質量割合で35%以上85%未満含まれる直鎖状合成高分子から成る繊維

と規程されている。他の合成繊維と異なって，アクリル繊維を構成する高分子の組成は，各社で幾分異なっている。これは主としてアクリロニトリルホモポリマーの溶媒への溶解性の問題から紡糸が難しいことや，染色性の改良といった観点からの要請である。

このような理由から，アクリロニトリルの重合にはコモノマーを加えて，共重合を行う。コモノマーの例としては右のようなビニル系化合物を用いる。また，アクリル系では，塩化ビニル $CH_2=CHCl$ を40〜60%共重合している。アクリル，アクリル系ともラジカル重合[*1]で合成するが，工業的には水系懸濁重合[*2]と，均一溶液重合[*3]が用いられている。

アクリルは湿式紡糸と乾式紡糸により繊維化される。湿式では，ロダン塩[*4]，$ZnCl_2$，硝酸などの無機系の溶媒と，DMSO，DMAc，DMFなどの有機系溶媒からの紡糸が行われている。

●熱可塑性の改善
　酢酸ビニル　　　　　$CH_2=CH$
　　　　　　　　　　　　　$OCOCH_3$
　アクリル酸アミド　　$CH_2=CH$
　　　　　　　　　　　　　$CONH_2$

●染色性の改善
　アクリル酸　　　　　$CH_2=CH$
　　　　　　　　　　　　　$COOH$
　ビニルスルホン酸塩　$CH_2=CH$
　　　　　　　　　　　　　SO_3Na

合成繊維の中で生産量の多いポリエステル，アクリル，ナイロンを三大合成繊維といい，衣料用繊維として重要な位置を占めている。
しかし2005年以降は，ポリプロピレンの生産量がナイロンよりも若干上回っている（巻末の資料参照）。

[*1] 付加重合法の一種。フリーラジカル（不対電子をもつ分子種または原子）になっているモノマーの付加を繰り返して重合させる方法。

[*2] 水中にモノマーを投入し，水溶性の開始剤を用いて重合を行う。モノマーは水には溶解しないので，重合中は激しくかき混ぜて，小さい粒子に分散しておく。大過剰の水が存在するので，重合熱の除去が容易であり，また生成したポリマーの分離も容易であるなど工業的に適した方法。

[*3] 各種の溶媒中で重合を行い，均一なポリマー溶液を得る方法。ポリマー溶液はそのまま紡糸原液として利用可能である。アクリル，アクリル系の合成に当たっては，ジメチルスルホキシド（DMSO），ジメチルアセトアミド（DMAc），ジメチルホルムアミド（DMF）などが溶媒として用いられている。

[*4] チオシアン酸カリウムなどチオシアン酸の塩。

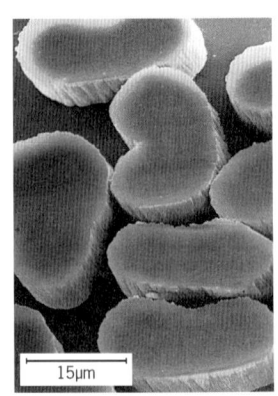

(a) 有機系溶媒　(b) 無機系溶媒
図 1-19　湿式紡糸法により生成したアクリル繊維の断面SEM像
出典）図 1-7 の文献，157，159

有機系と無機系の溶媒では，生成した繊維の断面形状が異なっている（図 1-19）など，繊維の性質に違いが生じる。アクリルの乾式紡糸はDMFを溶媒とし，紡糸速度200～300 m/minで行われる。繊維化したアクリル中には，DMFが残留しており，性能も低いので，脱溶媒工程，延伸処理などの後処理が必要である。

アクリル系は，アセトンあるいはアセトニトリルを溶媒として，湿式紡糸により繊維化される。

アクリル繊維の特徴を次に示す。

① 比重がセルロース，ポリエステルより小さい。
② 水分率は，ナイロンの約1/2である。
③ 軟化点が高く明瞭な融点を示さない。
④ ポリエステル，ナイロン，セルロースに比べ耐候性がよい。
⑤ 酸に対して安定であるが，アルカリに対しては不安定である。
⑥ イオン性のコモノマーの導入により，染色性に優れた繊維が製造できる。
⑦ 結晶性が低く，非晶領域の運動性が大きいので，特に湿熱処理による物性の変化が起こりやすく，加工効果が高い。

（アクリルと他の繊維との性能の比較は表 1-1（⇨p.11）を参照。）

一方，塩化ビニルを共重合したアクリル系は，アクリルに比べて比重が大きく，軟化点が低い。また，難燃性に優れているなどの特徴がある。

アクリル繊維の衣料用途は，ニットが圧倒的であって，織物向けの比率は小さい。衣料用以外では，毛布，カーペットなどが主な用途である。

これらの用途に共通するものは，アクリル繊維を用いたかさ高紡績糸（バルキーヤーン）の利用である。バルキーヤーンとは収縮繊維と非収縮繊維を混紡した後，湿熱処理により収縮繊維が縮んで非収縮繊維が外側に出て，空気を含んだ糸となった加工糸である（図 1-20）。これはアクリルの低結晶性を利用した結果であり，ナイロン，ポリエステルでは得られない特徴である。かさ高紡績糸が製品に羊毛に似たソフトで温かみのある風合いを与えているので，ニット分野では他の素材の追随を許さないのである。

4）ビニロン

櫻田は，"ビニロンは日本の技術によって育てられ，そして立派に成長した唯一の合成繊維であり，その原料はポリビニルアルコール（PVA，略称ポバール）である"と記している[5]。

PVA
polyvinyl alcohol

ビニルアルコールは安定には存在しない。したがって，ビニルアルコールからポリビニルアルコールを直接合成することは不可能である。ポリビニルアル

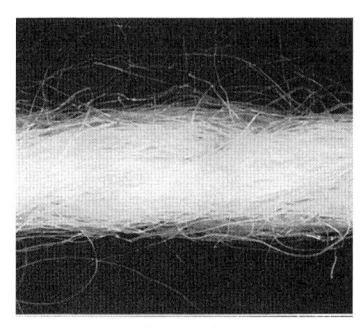

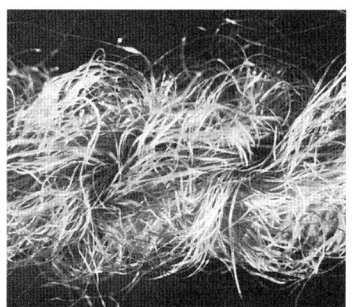

(a) 原糸　　　　　　　　　(b) 湿熱処理後　　　　　　　(c) 外観整形後

図 1-20　バルキーヤーンの出来るまで

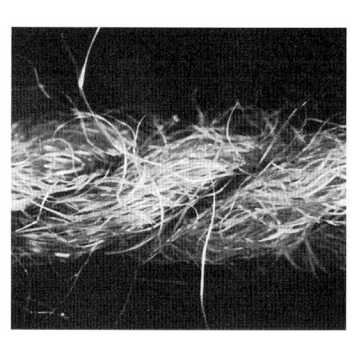

出典）図 1-7 の文献，245

コールは，まず酢酸ビニルを合成し，これをアルカリでけん化してつくる。

$$n H_2C=\overset{H}{\underset{OCOCH_3}{C}} \longrightarrow \left[CH_2-\overset{H}{\underset{OCOCH_3}{C}} \right]_n$$

酢酸ビニル　　　　　　　　ポリ酢酸ビニル

$$\xrightarrow[\text{メタノール}]{NaOH} \left[CH_2-\overset{H}{\underset{OH}{C}} \right]_n$$

ポリビニルアルコール

　水溶性のポリビニルアルコールを湿式紡糸により繊維化した後，ホルムアルデヒドでアセタール化処理して耐水性の繊維ビニロンを得る。

$$\left[CH_2-\overset{H}{\underset{OH}{C}} \right]_n \xrightarrow{HCHO} \left[CH_2-\overset{H}{\underset{O-CH_2-O}{C}}-CH_2-\overset{H}{C}-CH_2-\overset{H}{\underset{OH}{C}} \right]_n$$

ビニロン

　ビニロンは合成繊維の中では最も吸湿性が高い。比重は1.26～1.30でレーヨン，アセテート，毛，綿などよりも軽い。特に摩擦強度，耐候性にも優れており，工業用，農業用，漁業用など産業用途に広く用いられている。酸，アルカリに安定で，腐食，カビや虫の害を受けない。一方，ビニロン製品は湿っている時にアイロンをかけると，やや硬くなったり黄ばんだりすることがある。

　ビニロンの衣料用繊維としての使命は終焉したが，産業用途への展開や，特殊な使い方として，アセタール化していない繊維をケミカルレース[*1]の基布に使用するなど，わが国では今なお重要な高分子素材である。

---

*1　絹の基布に主に綿糸で連続した模様を刺繍した後，強いアルカリで絹を溶かして刺繍糸だけのレースにしたもの。絹の代わりに水溶性ビニロンを用い，刺繍糸もポリエステルなどを使って，コストを削減できるようになった。非常に優美な高級レースで，高級婦人服や高級装飾資材として用いられる。

PVC
polyvinyl chloride

5）ポリ塩化ビニル（PVC）

繊維用のポリマーは塩化ビニルを懸濁重合または乳化重合してポリマーを合成後，アセトンとベンゼンの混合溶媒に溶解して乾式紡糸し，3倍程度に延伸した後，緊張下で熱処理してフィラメントを得る。

ポリ塩化ビニル繊維は，堅牢で耐候性に優れ，酸やアルカリにも侵されず，保温性にも富んでいる。ポリ塩化ビニルは摩擦帯電列[*1]で最もマイナスに位置しており，他の繊維と摩擦することによって常にマイナスの静電気を帯電する性質があるため，この繊維の肌着を着るとリウマチなどに効果があるといわれ，健康肌着としても販売されている。しかしポリ塩化ビニル繊維は耐熱性が低く，フィラメントでは60℃位から，ステープルファイバーでは90～100℃位から収縮を始める。

6）ポリ塩化ビニリデン

繊維用のポリマーは，塩化ビニリデン（$CH_2=CCl_2$）に，塩化ビニル（$CH_2=CHCl$）（13%）とアクリロニトリル（$CH_2=CH(CN)$）（2%）を共重合して得る。塩化ビニリデンホモポリマーは高結晶性で加工しにくいので，共重合により加工性を改良している。ポリマーを溶融紡糸して繊維を得る。

耐薬品性に富み，難燃性である。吸水性・吸湿性は全くない。比重は合成繊維中で最も大きく（比重1.70），衣料用には用いられていない。ポリ塩化ビニリデンはガスバリヤー性[*2]が最も高いポリマーなので，食品包装フィルムや，家庭用のラップなどフィルム分野で広く用いられている。

PE
polyethylene

7）ポリエチレン（PE）

ポリマーはエチレンを重合して得られる。重合法には，高圧法と低圧法があり，高圧法では分岐の多い，低結晶性の材料が得られ，**低密度ポリエチレン（LDPE）**とよばれる。一方，低圧法はチーグラー・ナッタ触媒を用いて重合が行われ，分岐の少ない，高結晶性の材料が得られ，**高密度ポリエチレン（HDPE）**とよばれている。

ポリエチレンの用途はほとんどが産業用であり，衣料用繊維としては用いられていない。

PP
polypropylene

8）ポリプロピレン（PP）

プロピレン（プロペン）を重合して得られる熱可塑性高分子である。工業的には，**アイソタクチック（isotactic）**[*3]構造のポリプロピレンのみがチーグラー・ナッタ触媒を用いて製造されている。

＊1 2つの物質を接触して電荷を帯びさせ，正に帯電する物質の順に並べた列（⇨p.135）。

＊2 気体を透過させない性質をガスバリヤー性という。

＊3 ビニル化合物あるいは$α$－オレフィンのような非対称モノマーを重合すると，立体的構造の異なるポリマーが生成する。主鎖の炭素をジグザグに同一平面に並べた時，置換基（ポリプロピレンではメチル基）が平面の同じ側に結合している場合（⇨p.33上図）をアイソタクチック，交互に結合している場合をシンジオタクチック，両者が不規則に混じった場合をアタクチックという。アタクチックの場合は非晶性ポリマーとなる。

$n\mathrm{H_2C=C{-}CH_3\,|\,H}$ プロピレン（プロペン） →

　ポリプロピレン繊維は溶融紡糸により得られる。
　アイソタクチックポリプロピレン繊維の比重は合成繊維の中で最も小さく（比重0.9），水に浮く繊維である。酸やアルカリにも侵されず，汚れがつきにくいなどの特徴を生かして，カーペットや小形マットなどのインテリア分野，ロープなどの産業資材分野に使用されている。さらに，吸湿性や吸水性が全くないため保温性や速乾性に優れ，水着やソックス，肌着などに使用されている。最近では一部のアウトドア愛好家にも，防寒用肌着として用いられるようになった[10]。しかし反面，耐熱性が他の合成繊維に比べ劣っている。

9）ポリウレタン（polyurethane）

　ポリウレタンは分子内にウレタン結合をもつポリマーの総称で，特に繊維ではスパンデックスとよばれるポリウレタン弾性糸が製造されている。繊維自体がゴムのようによく伸び縮みし，ゴムより強く老化しにくい繊維である。また自由に染色でき，細い糸が製造可能である。
　ポリウレタンは，ジイソシアナートとグリコールの重付加反応により合成される。生成したポリウレタンをジメチルホルムアミド等の溶剤に溶解し，乾式紡糸するか，ジメチルスルホキシドに溶解して水中に湿式紡糸するなどして繊維化する。
　ポリウレタンは，分子量数千までの低融点のソフトセグメントと，剛直性で凝集力が強く結晶性のハードセグメントから構成されるセグメント化ブロック共重合体を基本構造としている。繊維の性質は両セグメントの化学組成や分子量分布などの高分子の1次構造と，繊維化条件の違いなどの2次構造に伴って，多様に変化する。
　ポリウレタンはその性質上単一で使用することはなく，他の繊維と混ぜて利用される。ナイロンやポリエステルと一緒にポリウレタンを編み込んだツーウェイトリコットとよばれる布地は，たて，よこ両方向によく伸び，水着，レオタード，肌着などに使用される。
　またポリウレタンを芯にしてナイロンなど他の繊維で巻きつけた糸はカバードヤーンとよばれ，パンティストッキングやファンデーションに使用される。さらに綿などの紡績工程でポリウレタンを芯に挿入した糸はコアスパンヤーンとよばれ，タイツ，トレーナーなどに使用されている。

10）ポリクラール

　ポリクラールはポリビニルアルコールに塩化ビニルをグラフト共重合（⇨p.25）させ，さらに同時に重合したポリ塩化ビニルとのエマルジョンを押

ウレタン結合
$-\mathrm{O-C-N-}\,|\,\mathrm{O\ H}$
$(-\mathrm{O-CO-NH-})$

重付加反応
重縮合では簡単な化合物（水など）を脱して高分子を生成するが，重付加は何も脱離せずに高分子を生成する反応。

セグメント
鎖状高分子の特性（変形や特性）を表すときに使われる高分子鎖中の最小単位。

し出して湿式紡糸して繊維化したものである。この後160～180℃で5倍に延伸し，さらに220℃で熱処理する。次にポリビニルアルコールをビニロンと同様にアセタール化処理して，フィラメントを得る。わが国で工業化された繊維で，比重，吸湿性，強さ，熱に対する性質などがビニロンとポリ塩化ビニルとの中間にあり，また難燃性であるので，カーテンなどのインテリア製品によく使用された。1997年にポリクラールは製造中止となったが，難燃性という特徴を生かして，在庫分が防災用品などとして市場に出回っている。

11）ポリ乳酸

合成繊維の原料はすべて石油であるが，ポリ乳酸に関してはトウモロコシ殿粉などが原料である。殿粉を発酵過程により乳酸（$CH_3CH(OH)COOH$）とし，ラクチド（乳酸2分子が脱水結合した環状化合物）を経由してポリ乳酸（ポリマー）を製造する。現在は米国のNature Works社（Cargill-Dow社より社名変更）が大規模商業プラントを稼動させており，わが国の繊維メーカーは，このポリ乳酸を購入し，「ラクトロン」，「テラマック」などの商標で用途展開を図っている。

ポリ乳酸は，主鎖にエステル結合を持つ脂肪族ポリエステルで，合成繊維でありながら原料が再生可能な植物原料であることと，綿や羊毛には及ばないが生物分解性を持っているため，資源問題や環境問題の視点から注目されている[11]〜[13]（171頁参照）。

> ラクチド（lactide）

（4）無機繊維

1）ガラス繊維（glass fiber）

ガラス繊維はその形状から，フィラメントとステープルファイバーに大別される。フィラメントはアルカリ成分が1％以下の無アルカリガラスを原料とし，ステープルファイバーはアルカリ成分が8～14％の含アルカリガラスを原料としている。ガラス繊維は，ガラスの粘度の温度変化を巧みに利用して得られる。

ガラス繊維は引張り強さが大きく，耐熱性にも優れており，不燃性である。また熱や電気の絶縁性に優れ，さらに酸，その他の薬品に対しても著しく強く，カビや虫の害を全く受けない。吸湿性はない。

このような特徴を利用して，ガラス繊維は，電灯シェード，カーテン，家電製品などの絶縁・断熱材，繊維強化プラスチック（FRP）（パイプ，スポーツカー，モーターボート，スキー，釣ざお，浴槽，浄化槽など），建材，産業資材などに幅広く用いられている。

2）炭素繊維（carbon fiber）

炭素繊維は通常，有機繊維を高温で炭素化して製造される。原料繊維の種類により，ポリアクリロニトリル（PAN）系，レーヨン系，ピッチ系に大別される。このうち現在ではPAN系の炭素繊維が最も多く生産されている。

炭素化の条件により，炭素繊維の性質は大きく異なり，また用途も類別され

FRP
fiber reinforced plastics
強化繊維としては炭素繊維も用いられる。

PAN
polyacrylonitrile

表1-9 炭素繊維の種類と機械的性質,用途

分類	原料	機械特性			用途
		強度〔GPa〕	弾性率〔GPa〕	伸度〔%〕	
低弾性率繊維	レーヨンおよび等質ピッチ	0.5	40	2.0	主として耐熱材料や摺動材料,コンクリート補強用
高強度繊維	ポリアクリロニトリル	3.0〜7.0	200〜300	1.0〜2.0	主として機械特性を生かした先端構造材料,スポーツ用,工業材料
高弾性率繊維	液晶ピッチおよびポリアクリロニトリル	2.0〜5.5	350〜850	0.4〜1.3	構造材料の弾性率補強および耐熱構造材料,航空・宇宙用,スポーツ用,釣ざお,ゴルフ用品など
活性炭素繊維	ポリアクリロニトリルレーヨンフェノール樹脂	—	—	—	溶剤回収用吸着剤および電池用電極材料

出典)宮本武明,本宮達也:『新繊維材料入門』,日刊工業新聞社,88(1992)

る。表1-9に炭素繊維の種類と機械的性質,用途を示す。

3) 金属繊維

金属は金属結合より成り立っているので,共有結合でできている天然繊維や合成繊維とは,繊維化の方法が異なっている。金属繊維の製造法には,ダイスを用いた引き抜き(伸線)法,溶融紡糸法,エマルジョン法などがある[14]。

用途は金属の種類により異なるが,衣料用では帯電防止用繊維として,作業服などに織り込まれている。

(5) 羽 毛

羽毛はカモ,アヒル,ガン,ガチョウなどの水鳥の羽の総称である。羽毛はその性質によって,ダウン,フェザー,ファイバーに分類される。生産地から送られた羽毛(原毛)は,除塵・洗浄後,バッフル型の連続分離装置で,ダウン(約15%)とフェザー(85%)に分けられる(図1-21)。

1) ダウン(down)

水鳥の胸の辺りに密生する綿状の羽をダウンという。タンポポの綿毛のようにふわふわしていて,丸く放射状に出ている柔らかな羽枝にさらに細かい羽枝をつけているので,その間に多量の空気を含んで熱が逃げるのを防いでいる。また高い圧縮回復力をもっている。

図1-21 ダウン(左)とフェザー(右)

ダウンの品質については,日本ではJIS L 1903(羽毛試験方法)に定められた,かさ高性測定の結果をもとに,業界がフィリングパワーで表示してランク付けを行っている。かさ高性の測定は,内径29 cm,高さ50 cmのシリンダーに,羽毛30 gを入れ,120 gの重りを2分間乗せた後,重りを取り除いて復元した

羽毛の高さを，容器の3個所に付いた目盛りで1mm単位まで読み取って，その平均値を求める。フィリングパワー値の高いダウンほど良品とされ，業界では16.5 cm以上の品質を最上位ランクとしている。

一方アメリカでは，Fill Powerを用いて品質が表示されている。Fill Powerは1オンスのダウンを所定の容器に入れた時に，容器内でダウンが占める体積を，立方インチで表した時の数値をいう。Fill Power値の高いダウンほど良品とされており，最高値は約750である。

2） フェザー（feather）

一般に翼の部分に生えている羽毛をフェザーという。細かい羽枝が少ないためダウンに比べると保温性が低く，硬い羽軸があるためにややガサツキ感がある。腹部の周辺にある小さなフェザーをスモールフェザーといい，主に羽根まくらなどに使われるほか，弾力性を高めるため羽毛ふとんにも使用される。

3） その他の羽毛

ダウンやフェザーの羽軸から離れて（ちぎれて）1本の状態になった羽枝を，それぞれダウンファイバー，フェザーファイバーという。

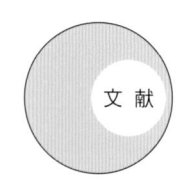

文献

1） 高分子学会編：『高分子と水』，共立出版，東京，102（1995）
2） 繊維学会編：『繊維便覧 第2版』，丸善，東京，84（1994）
3） 石川欣造監修：『繊維 三訂版』，東京電機大学出版局，東京，47（1993）
4） 宮本武明，本宮達也：『新産業科学シリーズ 新繊維材料入門』（日本化学会編），日刊工業新聞社，東京，22（1992）
5） 櫻田一郎，谷口政勝：『繊維の科学＜新新増補＞』，三共出版，東京，47（1972）
6） Seongho Cho，蒲田昌美，早水 朗，柴山充弘，野村春治：有機溶媒を用いた再生セルロース繊維の紡糸とその特性解析，繊維学会誌，**51**(9)，422（1995）
7） http://www.unitika.co.jp/textiles/lyocell/home.html
8） 上記4）の文献，36
9） 園部 茂：テンセル商品の取り扱いについて，洗濯の科学，**42**(3)，2（1997）
10） 椎名 誠：『あやしい探検隊焚火酔虎伝』，山と渓谷社，東京，第5章（1995）
11） 改森道信：新しい素材「ラクトロン」（ポリ乳酸）について，繊維製品消費科学，**43**(1)，26（2002）
12） 望月政嗣：ポリ乳酸繊維の現状と将来展望，繊維機械学会誌，**56**(3)，133（2003）
13） 望月政嗣：ポリ乳酸繊維の特徴と応用，繊維製品消費科学，**47**(3)，148（2006）
14） 繊維学会編：『おもしろい繊維のはなし』，日刊工業新聞社，東京，113（1989）

第2章 糸の種類と構造

一般に糸は繊維を集束することにより構成されている。しかし糸の原料になる繊維は種類・性状がさまざまであり，そのため糸の種類も多く，用途なども多岐にわたっている。この章では，このような糸の種類と構造に関する基礎的事項について学ぶことにしよう。

1. 糸の分類

糸（yarn）にはいろいろな種類があり，また多くの分類の仕方が考えられる。例えば，綿糸，麻糸，毛糸，レーヨン糸，ポリエステル糸などは，糸を構成する繊維素材に着目した名称（分類）で，シルケット糸，ガス糸，さらし糸などは糸に施した加工に着目した名称である。また強ねん糸，甘より糸，あるいは単糸，双糸，諸より糸，引き揃え糸などは，糸にかけられるよりの程度や合糸状態に着目した名称であり，縫糸，編糸，レース糸などは，用途による名称である。

一方，糸は大きく紡績糸（スパン糸：spun yarn）とフィラメント糸（filament yarn）に分類することができる。紡績糸は，後述（⇨ p.38）の紡績（spinning）という手段により短繊維をそろえて集束し，よりをかけて糸としたものである。これに対し，フィラメント糸はフィラメント，すなわち「連続した繊維」から成る糸をいい，特に1本のフィラメントから成る糸をモノフィラメント糸（monofilament yarn），多数のフィラメントを集束した糸をマルチフィラメント糸（multifilament yarn）という。また製造技術の多様化により，フィラメントとステープル繊維（短繊維）から成る複合的な糸もある。

表2-1にこれらの糸の分類の一例を示す。

モノ（mono）
　"単一"という意味の接頭語。
マルチ（multi）
　"多数"という意味の接頭語。

表2-1　糸の分類

糸の分類	対象となる繊維	具体的な糸の例
紡績糸	綿，毛，麻，絹（副蚕糸） 各種化学繊維（ステープル繊維）	リング糸，オープンエンド糸，トウ紡績糸，セルフツイスト糸，サイロスパン糸など
フィラメント糸	絹 各種化学繊維（フィラメント）	解舒糸，モノフィラメント糸，マルチフィラメント糸，テクスチャード加工糸など
複合糸	上記のステープル繊維とフィラメントの組合せ	コアスパン糸，サイロフィル糸など

1.1 紡　績　糸

　綿，麻，毛などの天然繊維は，長さの程度の相違はあるものの，基本的に繊維が不連続的な状態で採取される。糸は繊維を連続化したものであるから，このような短繊維から糸を作るためには，繊維をきれいにそろえて連続化し，太さを整えて，さらに**より**（twist）を加えて糸の状態を固定化する必要がある。このような方法により糸を製造する工程を**紡績**（spinning）という。

　したがって紡績糸の特徴は，糸が短繊維を集束することにより作られるために，糸表面に繊維の末端（毛羽）が存在し，また糸中における繊維配列は程度の差はあるが，乱れを含んだものになるので，空隙を多く含んだ（含気率が高い）構造となる。そして繊維相互間の滑りを防止するためによりが必ずかけられている[*1]。

　紡績は，実際には単一の方法によるのではなく，繊維原料により，適切な方法が存在する。例えば，綿の繊維長は一般に短い部類に属するのに対し，麻，羊毛の繊維長は長い。このような相違のある原料をすべて同一の方法で紡績することは不可能である。

　ここでは天然繊維のうち重要な位置を占める綿糸，毛糸を中心に，もう少し紡績法を含めて詳細に説明することにしよう。

（1）綿　　糸

　綿紡績工程の概略を図2-1に示す。綿繊維は繊維長が短く，綿紡績工程は，このような繊維に適する紡績法である。

　以下簡単に各工程について説明しよう。

① **混打綿**（mixing and blowing）　製造する糸の品質，作柄などに応じて原料綿を適切に調合する。綿の調合は，糸の品質だけでなく，経済性とも関連する大切な作業である。この段階の原料は，塊状になっており，また不純物も含んでいる状態なので，引き裂き，打撃などの物理的作用を与えたり，空気流の作用を利用して，開繊，不純物・短繊維除去を行い，厚いシート状の

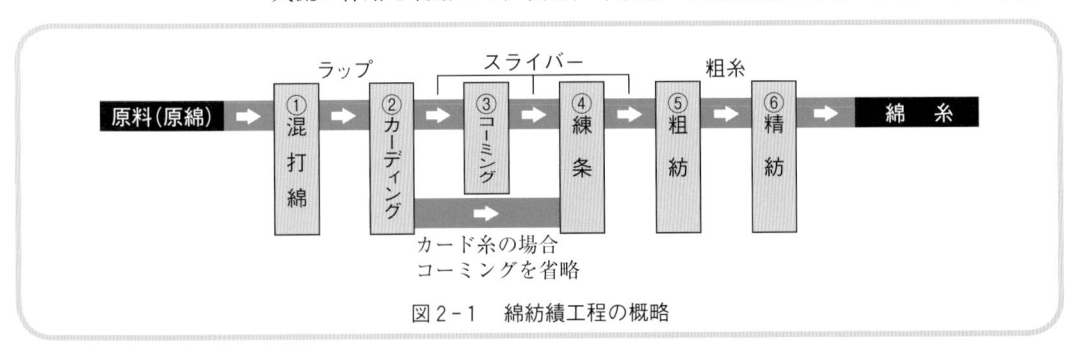

図2-1　綿紡績工程の概略

原料（原綿）→①混打綿→②カーディング→③コーミング→④練条→⑤粗紡→⑥精紡→綿糸

ラップ／スライバー／粗糸

カード糸の場合コーミングを省略

[*1] 無ねん糸も作られているが，これは例外である。無ねん糸は繊維間の滑りを防ぐためにバインダー（たとえば糊）を使うなど特別な工夫が必要になる。

ラップ（lap）とよばれるものを作る。

② カーディング（carding）　この工程は梳綿*¹ともいわれる。ラップをカード機に投入し，針布*²のカーディング作用により原料をさらに開繊し，ネップ（繊維の強固なもつれ）や不純物除去を行い，繊維配列を向上させて，ラップからウェブ*³（web）を経て紐状のスライバー（篠：sliver）とよばれるものを作り上げる。

③ コーミング（combing）　この工程は精梳綿ともいわれる。コーマ（comber）とよばれる機械のくしけずり作用によって，スライバーに含まれている短繊維を除去し，繊維配列を向上させる工程である。製造する糸によっては，この工程を省略することがあり，省略して作られた綿糸をカード糸（carded yarn），コーミング工程を通して作られた綿糸をコーマ糸（combed yarn）という。当然ながらコーマ糸は，カード糸よりも高級な糸である*⁴。

④ 練条（drawing）　スライバーには太さむらが存在するので，均整な糸を作るためには，このむらを除去する必要がある。これを行うために練条機においてスライバーを合わせ，図2-2に示すようにローラーにより牽伸（ドラフト：draft）することを繰り返す。例えば，スライバー6本を合わせ，これを6倍ドラフトすることを3回ほど繰り返す。練条を終えたスライバーは，繊維配列の整った太さむらの少ない均整なスライバーに仕上がる。

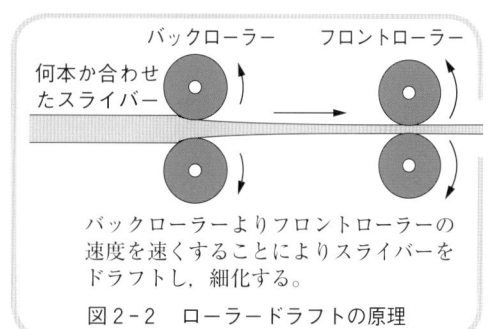

バックローラーよりフロントローラーの速度を速くすることによりスライバーをドラフトし，細化する。

図2-2　ローラードラフトの原理

⑤ 粗紡（roving）　スライバーはかなりの太さなので，精紡工程にかける前に粗紡工程において，ある程度ドラフトをかけて細くし，軽くよりをかけて粗糸（roving）というものを作る。ただし高生産性のオープンエンド精紡機が次の工程で使用される場合は，この粗紡工程は省略される。

⑥ 精紡（spinning）　粗糸を精紡機にかけて，さらに所定の太さまでドラフトし，糸として十分なよりを加えて目的の糸とする。

　精紡機の種類は多いが，従来からリング精紡機*⁵がよく用いられている。

---

*1　「梳綿」のことを，工場現場では"りゅうめん"とよぶことがある。しかし本来は"そめん"である。
*2　曲がった針金を基布に植えた弾性針布またはメタリックワイヤー（ノコ歯状ワイヤー）の金属針布によりカーディング作用を与える[1]。現在は，主として後者が使われる。
*3　薄い膜状の繊維集合体のこと。
*4　細番手の糸を作る場合や強度の高い糸を作る場合には，コーミング工程は必須である。コーマ糸は縫糸や高級綿布の原料として用いられるのに対し，カード糸は中級綿布などの原料となる。
*5　ローラードラフトにより，粗糸を細くして，リング上のトラベラーを通し，スピンドルを回して加ねんする方式の精紡機である。（右図参照）

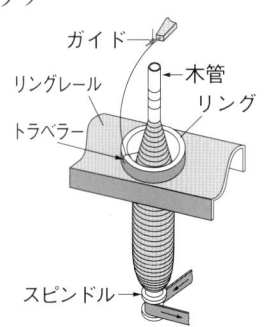

リング精紡機
出典）*Textile Terms and Definition* (8th Ed.), The Textile Institute, Manchester, 206（1986）

1.　糸の分類

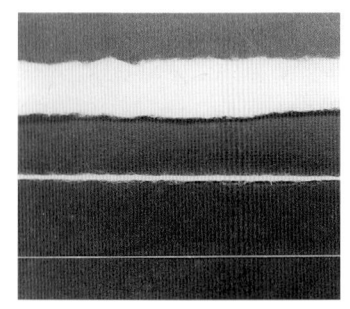

これ以外では，上述の生産性が高いオープンエンド精紡機[*1]が実用化されている。OE糸（オープンエンド糸）は，リング糸とは糸構造が異なったものになる。

図2-3にカードスライバー，粗糸，精紡上がりの綿糸の外観を示す。糸はスライバーから最終の精紡に至るまでにずいぶんドラフトが加えられていることが分かる。

紡績工程は精紡で終了するが，この後，必要に応じて合ねん糸などを行ったり，毛焼きやシルケット加工などを行ったりする。

綿は衣料用の繊維としては重要な位置を占め，ブロード（broad cloth），ポプリン（poplin），ローン（lawn），デニム（denim）などは，綿織物としてよく見かける織物である。また綿糸を原料としてTシャツや下着などに用いられる丸編の生産量も多い。

（上）カードスライバー
（中）粗糸
（下）精紡上がりの綿糸
図2-3　綿糸ができるまでの外観変化

OE
open-end

（2）毛　糸

毛糸とは，羊毛を紡績した糸を指すことが大部分である。その他の獣毛[*2]の糸もありうるが，量的にはごくわずかであり，その場合でも混用されることが多い。

毛糸は，原料の使い分け，紡績工程の違いにより，梳毛糸（そもうし）（worsted yarn）と紡毛糸（ぼうもうし）（woolen yarn）とに分けられる。梳毛糸は羊毛繊維が細くて長い良質な部分を原料とするのに対し，紡毛糸は梳毛原料には使えない部分を用いて，繊維配列や太さの均整化などは余り重要視せずに製造する毛糸である。

1）梳　毛　糸

梳毛紡績は，図2-4に示すように，選別，洗毛，カーディング，コーミング，前紡，精紡の各工程から成る。梳毛紡績には，英式と仏式（大陸式）があり，工程の細部において，あるいは製造される糸においても異なる点がある。ここでは詳しくは説明しないが，英式の梳毛糸は英国羊毛を用いて，よりをしっかりかけた硬い仕上がりであるのに対し，仏式の梳毛糸はメリノ羊毛などを用い，よりをやや抑えた柔軟な仕上がりとなっている。日本では仏式梳毛が基本である。

以下に各工程を簡単に説明しよう。

① 選別（sorting）　羊1頭分から刈り取ったままのシート状の毛をフリース（fleece）という。フリースは繊維長や太さなどいろい

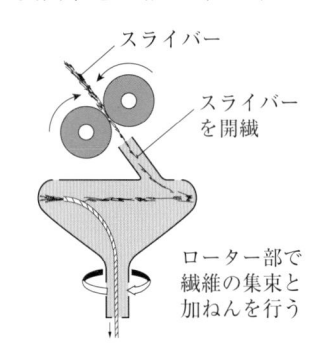

[*1] スライバーを一度開繊して，これを再び集束し，加ねんする方式の精紡機。右図のようなローター型がよく用いられている。
[*2] カシミヤ，モヘア，アンゴラなど（⇨p.17）。

スライバー
スライバーを開繊
ローター部で繊維の集束と加ねんを行う

ローター型オープンエンド精紡機
出典）*TEXTILES Fiber to Fabric* (6th. Ed), McGraw-Hill, 34 (1985)

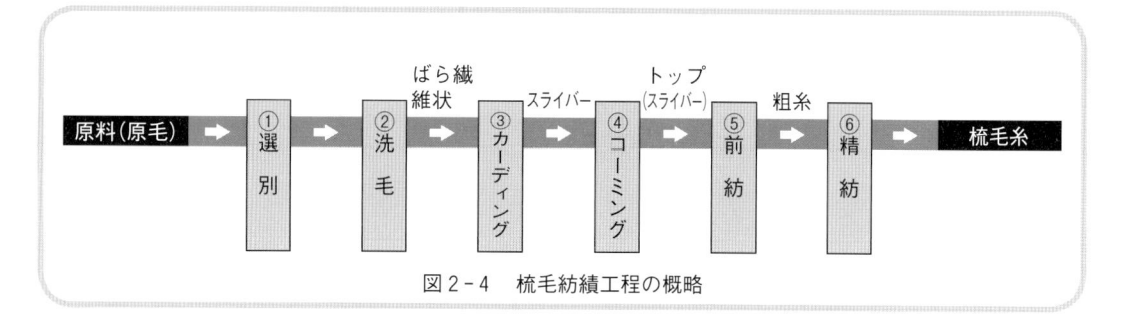

図2-4 梳毛紡績工程の概略

原料（原毛）→①選別→②洗毛〔ばら繊維状〕→③カーディング〔スライバー〕→④コーミング〔トップ（スライバー）〕→⑤前紡〔粗糸〕→⑥精紡→梳毛糸

ろなものを含んでいる。選別工程は，このフリースから梳毛紡績の原料に適する部分を選別する工程で，熟練者の手作業によってなされる。梳毛原料は，一般に繊維が長く，また細くて捲縮の多いものがよいとされるが，最も良質なのは，フリースのうち羊の肩部にあたる部分である。

② 洗毛（scouring）　選別した状態の原料には，羊が分泌する油脂や糞，土砂汚れ，種子のような植物性不純物などが付着している。植物性不純物以外の汚れは，この工程で洗剤を用いて洗い上げる。

③ カーディング　この工程は綿紡績の梳綿工程に相当し，梳毛カード機に原料を投入し，スライバーを作る工程である。綿紡績では短繊維用のフラットカードが用いられるのに対して，毛糸紡績に使われるカード機は，ローラーカードとよばれるもので，長繊維原料に適したものである。

④ コーミング　ギルボックス[*1]，コーマなどの機械にかけて，スライバーのダブリングと牽伸，短繊維や植物性不純物（植物の種）の除去などを行い，太さが均整で繊維配列も整ったスライバーを製造する。この工程を終了したスライバーは，軸棒にコマのように巻き上げられるので，トップ（top）とよばれているが，最終的には軸棒を取り除いて右図のような形態になる。

梳毛紡績においてトップは半製品の状態といえ，この状態で取り引きされることも多い。わが国においては，最近ではトップから輸入して製品化するケースが大変多くなっている。また梳毛紡績ではトップの状態で染色することが多く，これをトップ染め（top dyeing）とよんでいる。

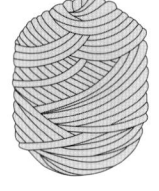

トップの外観

異なる色でトップ染めをしたものを次の前紡工程で混合すれば，梳毛糸独特の霜降り調（ミックス調）の糸を作ることができる。

⑤ 前紡（fore-spinning）　ギルボックス，ポーキュパインとよばれる機械にかけてトップをドラフトし，粗糸を製造する工程である。粗糸はそのままでは切断しやすいので，仮より（⇨p.46）をかけてもみ固める作用を与えて仕上げる。英式の場合は軽く加ねんして仕上げる。

⑥ 精紡　精紡機に粗糸を投入し，所定の太さまでドラフトし，さらによりをかけて糸に仕上げる工程である。通常は，リング精紡機が使用されること

---

*1　ギルフォーラー（gill faller）とよばれる「くし」をもつ。これでくしけずり作用を与える。

1. 糸の分類

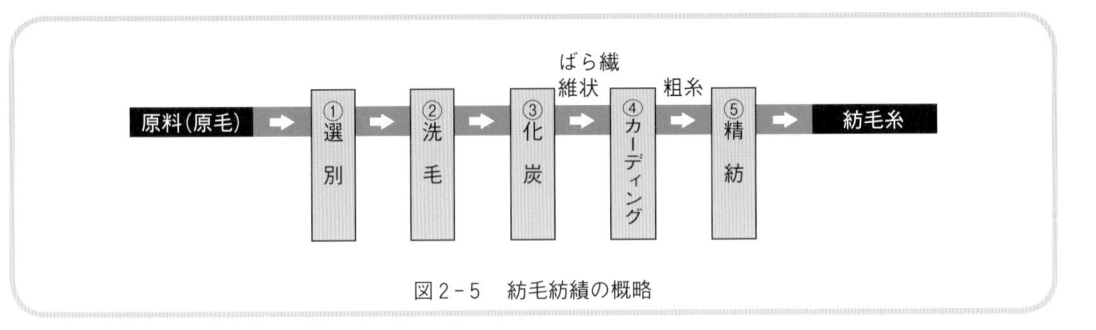

図2-5 紡毛紡績の概略

原料（原毛）→ ①選別 → ②洗毛 → ③化炭 → ④カーディング（ばら繊維状）→ ⑤精紡（粗糸）→ 紡毛糸

が多い。なお新しい方法としては，セルフツイスト（self-twist）方式*1，サイロスパン（Siro spun）方式*2 という双糸に似た糸を一挙に作る方法もある[2]。

紡績工程は以上であるが，必要に応じて合ねん糸したり，毛羽焼きなどの加工や，糸染めのものは，ここで染色をする。

2）紡毛糸

紡毛紡績は，図2-5に示すように，選別，洗毛，化炭処理，カーディング，精紡の各工程から成る。梳毛紡績に比べて，極めてプロセスが簡単なことが特徴である。紡毛糸は原料に多様性があり，選別工程で紡毛用に仕分けられた原料が中心であるが，梳毛糸屑やボロ（梳毛織物の廃棄品）などを一旦，繊維状にして原料とすることがある。これを反毛（recovered wool）という。

①選別，②洗毛の各工程は梳毛紡績で説明したので，ここではそれ以降の工程を簡単に説明しよう。

③ 化炭処理（carbonizing） この工程は，紡毛紡績に特有な工程である。図2-5から分かるように，梳毛紡績にあるコーミング工程は存在しないため，植物性不純物などは除去できない。そこで，植物質は酸に弱く，毛はある程度の抵抗性があることを利用して，硫酸で処理し植物性不純物を炭化して粉砕し，除去する工程である。

④ カーディング 梳毛紡績と同様のローラーカードを使うが，梳毛紡績ではウェブから1本の太いスライバーを製造したのに対し，紡毛カード機ではウェブを分割して何本もの細い粗糸を一気に製造するのが特徴である。

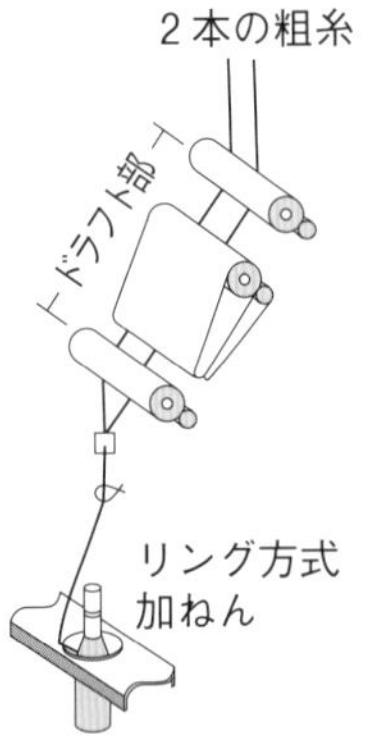

*1 2本の粗糸をローラードラフトし，下図のような特殊な動きをするローラーにより，加ねん・合糸をする方式。ローラーの反転部でよりのない部分を生じる。

*2 原理はリング精紡機と同様であるが，右図に示すように2本の粗糸をドラフトし，その後2本を合わせてトラベラーを使い加ねんする。

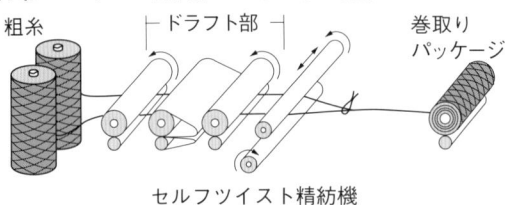

セルフツイスト精紡機

サイロスパン精紡機

出典）前掲（p.40）の文献，218

⑤ 精紡　粗糸にドラフトをかけて必要な程度まで細くし，これによりをかけて紡毛糸として仕上げる工程である。紡毛糸の精紡では，一般に梳毛糸よりもドラフトは小さく，場合によってはノンドラフトのこともある。リング精紡機やミュール精紡機が用いられる。

3）梳毛糸と紡毛糸の相違

以上述べてきたように，同じ毛糸であっても梳毛糸と紡毛糸とでは，原料，製造プロセスなど極めて大きな相違がある。この相違は，糸の性状にも現れる。典型的な梳毛糸と紡毛糸の外観を図2-6に示す。大まかな相違を対比して述べると次のようになろう。

原料，工程　梳毛糸は毛繊維の細くて長い良質な部分を原料とし，多くの工程を経て繊維配列を向上させ，太さむらの少ない糸として仕上げるのに対し，紡毛糸は梳毛紡績に使用されない部分を原料とし，少ない工程で一挙に糸に仕上げる。

繊維配列，含気率　したがって梳毛糸は糸中の繊維配列がよく，太さも均整な糸であり，表面は滑らかで毛羽が少なく，含気率は紡毛糸より一般的に小さい。これに対して紡毛糸は糸中の繊維配列はかなり乱れており，糸表面の毛羽は多くてかつ糸の太さむらが大きく，含気率は高い（⇨p.88）。

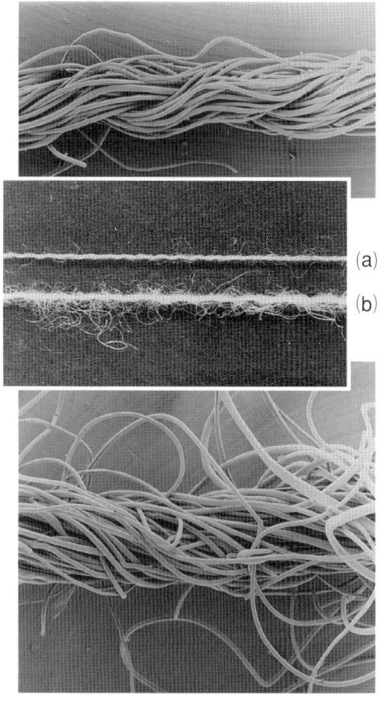

太さ（番手）　梳毛糸は細いものから太いものまで作ることができるが，紡毛糸は原料，工程から細いものは製造が困難である。しかし紡毛糸といってもかなり幅があり，梳毛糸と区別し難いようなものもある。

以上のような両者の相違は，毛織物に仕上げた場合にも梳毛織物，紡毛織物における大きな相違となって現れる。例えば，ドスキン（doeskin），トロピカル（tropical suiting）などは典型的な梳毛織物であり，サージ（serge）も梳毛織物が多い。一方，ツィード（tweed），フラノ[*1]（flano），メルトン（melton）などは紡毛織物で，両者の糸の特徴がよく生かされている（⇨p.181～183）。

（a）梳毛糸，（b）紡毛糸
上は(a)の，下は(b)の電子顕微鏡写真
図2-6　梳毛糸と紡毛糸

(3) その他の紡績糸

1) 化繊紡績糸

化学繊維（人造繊維）は，一般的に切れ目のない連続した繊維，すなわちフィラメントとしてまず製造される。それを次節で述べるように，そのまま糸として使用することもあるが，フィラメントから紡績糸を製造することも多い。この場合，フィラメントをカットし，捲縮を与え，従来の紡績工程にかけて紡

---

*1　本来は紡毛織物であるが，梳毛糸使いの製品もある。

績糸とすることもあるが，トウ（tow）とよばれる太いフィラメント束を原料として紡績糸を作ることも行われる。この方式をトウ紡績という。トウ紡績は，トウから一工程で糸を作り上げるダイレクトスピニング方式と，トウからスライバーを作り，後は従来の工程を利用するコンバータ方式とに分かれる。いずれにしても，それぞれの工程において，フィラメントをカッティングする何らかの方法が存在する。

2）絹紡糸

絹も次の節で述べるように，基本的には解舒糸（かいじょし）としてフィラメントの状態で使用されるが，副蚕糸（ふくさんし）（絹くず）は紡績糸として利用される。繊維長が比較的長い（80 mm以上）原料からは，良質の絹紡糸を作ることができる。さらに質のいくぶん落ちる原料からは中級の絹紡糸が，以上のいずれにも適さないブーレット（bourett）とよばれるくずの絹繊維原料からは，ちゅう糸が製造される。絹紡ちゅう糸は，簡単な工程（紡毛式絹紡）で作られる。

絹紡糸から作られる織物には，絹小倉，富士絹，ノイル織などがある。

3）麻糸

麻の種類は多いが，いずれも原料を製繊工程で繊維状にしたものを最終的に精紡機にかけて麻糸とする。亜麻紡績の場合には，精紡において湿紡法と乾紡法とがあり，前者は細・中番手の糸で採用される方法で，糸質がよく平滑な糸ができる。後者は太い番手の場合で，毛羽があり粗剛な仕上がりになる。

1.2　フィラメント糸（filament yarn）

天然繊維で，フィラメントとして採取される唯一の繊維は絹繊維である。一方，化学繊維は製造される段階では基本的にフィラメントの状態であるので，一般にフィラメント糸としては化学繊維素材のものが大部分である。フィラメント糸には1本のフィラメントのみから成るモノフィラメント糸と多数の繊維を合わせて糸にしたマルチフィラメント糸とがある。マルチフィラメント糸には，一般に次のような特徴がある。

(1) フィラメントを集束して作るので，紡績糸と異なり，糸の構成上必ずしもよりを必要としない。しかし糸のまとまりをよくするため，軽く施ねんされることが多い。

(2) 糸表面には毛羽がなく，平滑度が極めて高い。

(3) 糸中の繊維の配列は，フィラメントから構成されるために極めてよく，したがって糸の充填率[*1]が高い。

以上のような特徴をもつため，フィラメント糸は独特な性状を有しており，

[*1]　「充填率が高い」ということは「含気率が低い」ことを意味する。糸の充填率とは，糸においてどの程度，繊維部分が占めているかを示す比率であり，含気率はどの程度，空隙部があるかを示したものである（⇒p.88）。

含気率 ＝ 1 － 充填率

そのような特徴を生かした用途に使用されることになるが，すでに述べたように紡績糸として加工されるものも多い．また加工糸（テクスチャードヤーン）のように，新たな特性を加工により付与して使用されるものもある．以下，フィラメント糸について主要なものを具体的に説明しよう．

（1） 生　　糸（raw silk）

　絹繊維は繭を解舒*¹して利用されるため，**解舒糸**とよぶことがある．家蚕の繭は1個が1,200～1,500 mほどの繊維長があるので，繊維はフィラメントとみなされるが，フィラメントとして利用できない繭は真綿として利用されたり，前述のように紡績糸（絹紡糸）の原料にもなる．

　繭は，煮繭することによりフィブロインを包むセリシンが容易に軟化するので，繰糸機により絹繊維を解舒しながら何本かを合わせていく．このようにして作られたものを**生糸**といい，生糸を作る工程を**製糸***²（silk reeling）という．

　解舒された1本の絹繊維は，3デニール程度であるが，全長にわたって必ずしも均一ではないので，複数本合わせた生糸においても多少の幅をもつことになる．「21中」などという表示は，解舒した絹繊維を7本合わせた生糸が，21デニールを中心としていることを意味したものである．

　生糸を精練してセリシンを除去すれば，絹独特の光沢と滑らかな手触りに一変する．これを**練糸**という．生糸のまま製織し，織物の状態で精練するものもある．織物の状態では，特有な摩擦音（きしみ感）を発生するが，これを絹鳴りという．

　絹糸からは羽二重，お召し，縮緬，琥珀，綸子など，多くの絹和服地が製造されている．

（2） 化繊フィラメント糸

1） 普通タイプのフィラメント糸

　化学繊維の場合，紡糸により製造された多数のフィラメントをそのまま糸にしたものが，普通タイプのマルチフィラメント糸である．したがって紡績糸のように複雑な製造工程を通過することなく，糸を製造できる．

　フィラメント糸は，44ページで述べたような独特の性状をしており，これから布を製造した場合でも，その糸の特徴が大きく現れてくる．フィラメント布では，布に発生する光沢効果が利用されたり，表面の平滑さから裏地用途に利用されたりする．

---

*1　解舒という語には，繭から生糸を解離するという意味が含まれている．

*2　繊維工場などの現場では，化学繊維の紡糸工程や紡績の精紡工程を製糸工程とよんでいることがあるが，本来はここで述べた意味である．

2) フィラメント加工糸

普通のフィラメント糸は，その特徴から実際の用途は，ある程度，限定されたものになる。そこでフィラメント糸特有の繊維配列および充填率の高さを改質し，新たな機能を付与することが行われている。この加工をテクスチャード加工（textured finish）とよび，その加工を施した糸を加工糸（filament textured yarn）という。

テクスチャード加工には多くの種類があり，次にそれらをまとめて示す。

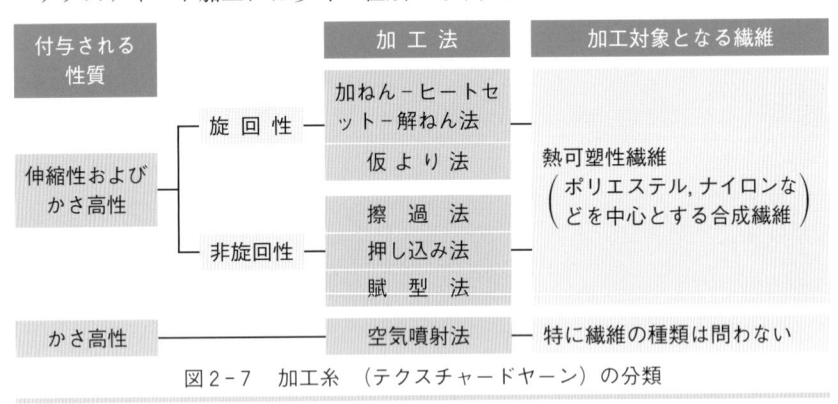

付与される性質		加工法	加工対象となる繊維
伸縮性およびかさ高性	旋回性	加ねん－ヒートセット－解ねん法	熱可塑性繊維（ポリエステル，ナイロンなどを中心とする合成繊維）
		仮より法	
	非旋回性	擦過法	
		押し込み法	
		賦型法	
かさ高性		空気噴射法	特に繊維の種類は問わない

図2-7　加工糸（テクスチャードヤーン）の分類

加工糸には，一般に次のような特徴がある。

(1) 加工糸は，糸中における整然とした繊維配列を乱し，糸としての含気率を向上させた糸である。したがって糸は一般にかさ高になる。かさ高糸とかバルキーヤーン（bulky yarn）などとよばれることがある。

(2) 大部分の加工糸においては，かさ高性とともに伸縮性が付与される。

(3) 大部分の加工糸においては，繊維がもつ熱可塑性を利用して加工が行われる。したがって加工糸の多くは，ポリエステル，ナイロンなどの合成繊維が対象となっている。

次に，図2-7に示された加工法について簡単に説明しておこう。

① **加ねん－ヒートセット－解ねん法**　熱可塑性フィラメント糸に対して行われる。図2-8に示すように強ねんをかけてボビンに巻き取り，ヒートセットし，その後に解ねんを行うことにより，かさ高性とストレッチ性が付与される。しかし工程が不連続なため能率が悪く，製品のむらが出やすい。

② **仮より法**　熱可塑性フィラメント糸に対して行われ，加工糸ではこの方法が中心になっている。原理的には上記の方法と同じであり，糸にはかさ高性とストレッチ性が付与される。連続的な一工程で製造するため，生産性が非常に高く，均質なものが製造できる。

いま図2-9(a)に示すように糸の両端を固定した状態で中央を指でつまんで加ねんすると，その上下ではそれぞれ逆向きのよりが

図2-8　加ねん－ヒートセット－解ねん法の原理

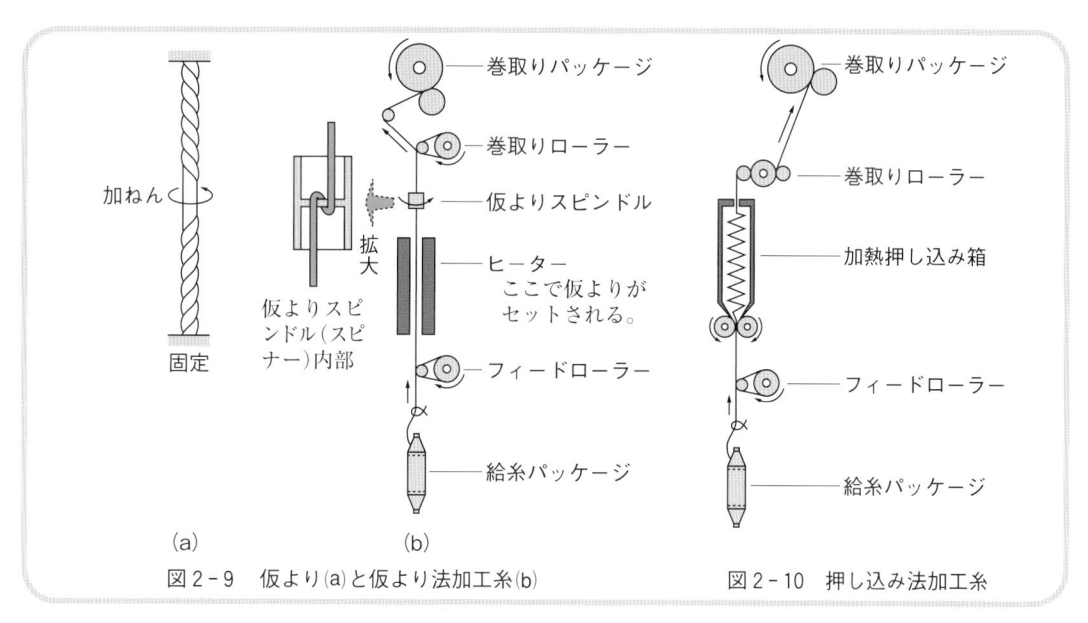

図2-9 仮より(a)と仮より法加工糸(b)　　図2-10 押し込み法加工糸

かかることになるが，指を離してしまえば全体的によりは無くなり，実質的なよりはかかっていないことになる。このようなよりを仮より（false twist）とよんでいる。仮より法の加工糸は，図2-9(b)のような仮よりスピンドル（スピナー）を使って，工程の中で走行している糸に仮よりをかけ，それをヒーターによりヒートセットするものである。この場合，よりが仮よりであり，またスピンドルの回転を高速化できるために，加ねん，解ねんが連続工程の中で行われ，安定した品質で高生産性が実現できるのである[*1]。

③　**押し込み法**　熱可塑性フィラメント糸に対して行われ，付与される捲縮形状が非旋回性である。糸には，かさ高性とストレッチ性が付与される。

図2-10のように加熱押し込み箱（スタッファーボックス：stuffer box）にフィラメント糸を過剰に押し込んで座屈させ，その形状をヒートセットして捲縮を与える方法である。

④　**賦型法**　熱可塑性フィラメントが対象で，ギア法や編地法（ニット-デニット法）がある。

ギア法は，糸を加熱した歯車の間を通し，歯形をヒートセットする方法，編地法は編地を編成し，これをヒートセットし，再び糸にほぐす方法である。いずれも規則的なクリンプが付与される。

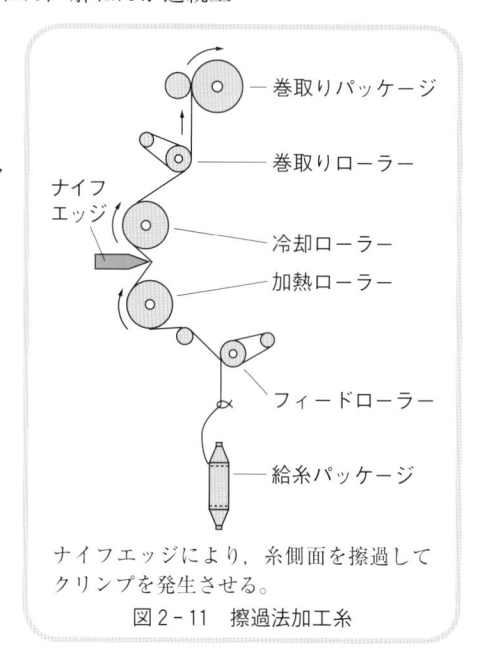

ナイフエッジにより，糸側面を擦過してクリンプを発生させる。
図2-11 擦過法加工糸

[*1]　現在では，スピンドルやスピナーを用いる方法に代わり，高速化を目的として，フリクション方式などの方法が採用されるようになっている。また主としてPOY（⇨p.28）を延伸しながら同時に仮より加工を行うことがある。このような加工糸をDTY（draw textured yarn）という。

1. 糸の分類

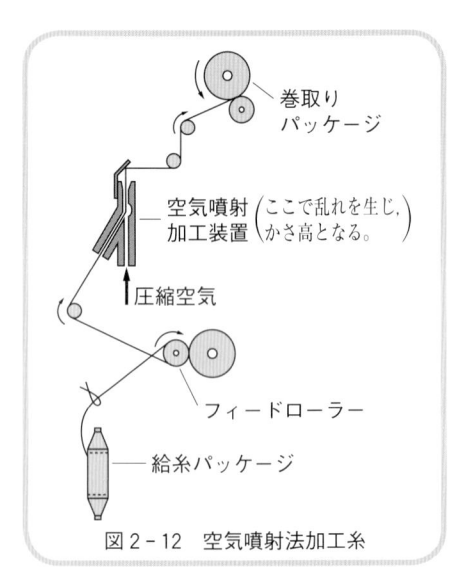

⑤ 擦過法（さっかほう）　熱可塑性フィラメントが対象である。図2-11のようにフィラメントの側面をナイフエッジでこすり，フィラメントを不均一構造とすることにより，コイル状のクリンプを発生させる方法である。

⑥ 空気噴射法　今まで述べた方法は，いずれも熱可塑性フィラメント糸が対象で，かさ高性とストレッチ性が付与されたが，空気噴射法は熱可塑性のない繊維にも適用でき，加工された糸にはかさ高性は与えられるが，ストレッチ性は特に付与されないのが特徴である。したがって紡績糸のような仕上がりの糸になる。

図2-12に示すように，フィラメント糸を過剰に供給しながら，高速空気流により繊維間に不規則な乱れやループを発生させる方法である。

図2-12　空気噴射法加工糸

以上，各種の加工法について述べてきたが，化学繊維を製造する段階で，繊維に捲縮やバルキー性を付与することもできる。例えば，コンジュゲート繊維では2成分の不均一構造によりクリンプを発生させることができるし，化学繊維の紡糸時に凝固液や冷却風を工夫して不均一構造を発生させてクリンプを発生させることも可能である。その他，合成繊維の特化技術と関連して，異収縮混繊や複合仮より加工などが駆使されてさまざまな製品が生み出されている。

1.3　フィラメント・ステープルの複合糸

フィラメントとステープル繊維（短繊維）を複合した糸は，それぞれの特徴が融合された特徴をもつ。以下，具体的に説明を加えよう。

(1)　コアスパンヤーン（core spun yarn）

コアスパンヤーンは，コアヤーンともよばれ，フィラメント糸をコア（芯）にして綿などの短繊維を周囲にからめることにより被覆した糸である。製造法としては，リング精紡機に短繊維とフィラメント糸を一緒に投入する方法が一般的である。

コアスパンヤーンは，外見や風合いは紡績糸に近いが，引張り試験をすると芯糸を構成するフィラメント糸の特性が強く現れる。この糸を織物，編物などに用いると，紡績糸使いのような外観の製品になる。またこの糸には，ミシンの針温との関係[*1]からミシン縫糸としての用途もある。図2-13にミシン縫糸用のコアスパンヤーン

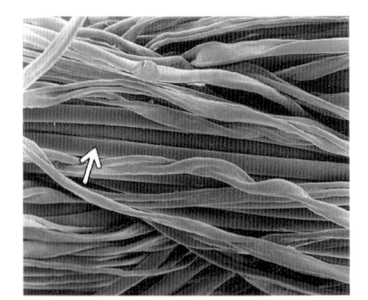

ポリエステルフィラメント（矢印）を囲むように綿繊維が配置している。
図2-13　コアスパンヤーン

*1　工業用ミシンにおいては，縫製速度が高いために針が摩擦熱で高温に達する。合成繊維に綿を被覆した糸は，その点で有利である。

の顕微鏡写真を示す。

一方，コアのフィラメントにポリウレタンを使用すると，ストレッチ性のある糸ができる。ストレッチデニムは，このような糸を用いて作られたものである。

なおコアスパンヤーンではないが，これによく似たものにカバードヤーン（covered yarn）がある。この糸はポリウレタンの芯糸を伸長した状態のもとで紡績糸やフィラメント糸を巻き付けたものであり，ストレッチ性が大きく，ファンデーション，水着などの素材に用いられている。

(2) その他

すでに説明したサイロスパン精紡において，2本の粗糸のうちの一方を化学繊維フィラメントにして，より合わせた糸をサイロフィル糸（Sirofil yarn）という。またセルフツイスト精紡において，一方をフィラメント糸にすると，そのフィラメント糸はもう一方の糸を結束したような糸となる。このような糸をセルフィル糸（Selfil yarn）という。

1.4 飾り糸 (fancy yarn)

飾り糸は，特殊な形状や配色の効果を強調した糸であり，多くの種類がある。飾り糸には，スラブヤーンのように紡績工程を工夫して作られるものもあるが，ねん糸加工によって製造される飾り糸が多く，これを意匠ねん糸，飾りねん糸などと呼んでいる。図2-14に飾り糸の例を示す。これらの糸を，例えば布に使用することにより，特別な装飾効果が得られる。

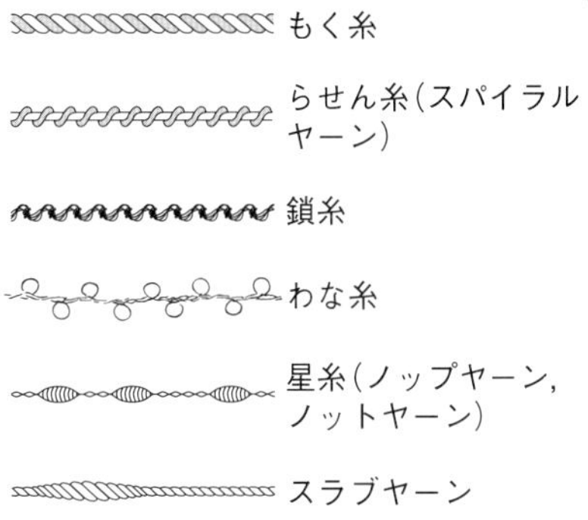

図2-14 飾り糸の種類
- もく糸
- らせん糸（スパイラルヤーン）
- 鎖糸
- わな糸
- 星糸（ノップヤーン，ノットヤーン）
- スラブヤーン

2. 糸の番手

糸は，一般に繊維を集合して形成するので，糸の太さを見かけの太さで表すのは，いろいろ不都合な点がある。そこで糸の太さの表示は，基準の長さと質量を定めておき，このどちらかを基準とした番手制によって行われている。番手には，どちらを基準にとるかによって，**恒重式番手**と**恒長式番手**があり，慣習的に複雑な使い分けがあるので，注意しなければならない。

表2-2に各種の番手をまとめて示した。

表2-2 糸の番手

番手方式		表示の対象	基準の質量 W [g]	基準の長さ L [m]	番手常数
恒重式	綿番手	綿糸，絹紡糸，化繊紡糸など	453.6 (1lb†)	768.1 (840yd††)	$\frac{W}{L}$: 0.591
	麻番手	麻糸	453.6	274.3 (300yd)	$\frac{W}{L}$: 1.654
	梳毛番手	梳毛糸	453.6	512.1 (560yd)	$\frac{W}{L}$: 0.886
	メートル番手	共通（紡績糸）	1000	1000	$\frac{W}{L}$: 1.0
恒長式	デニール	フィラメント糸，単繊維	1	9000	$\frac{L}{W}$: 9000
	テックス	共通（あらゆる糸，繊維）	1	1000	$\frac{L}{W}$: 1000

† lbはポンド（pound）のこと。　†† ydはヤード（yard）のこと。1 yd = 0.914 m

2.1 恒重式番手

一般に紡績糸の太さは，恒重式番手によって表示されてきた。ただし，ジュート番手（黄麻）だけは恒長式であり，例外である。表2-2から分かるように，恒重式番手は，綿，麻，毛などのように繊維の種類（糸の製造法）によって，いくつかの種類に分かれる。恒重式番手は，糸が基準質量だけあった場合，その長さが基準長さの何倍になるかで表す方法で，糸が細くなるほど番手の数値が大きくなる。

いま，基準質量をW，基準長さをLとし，表示しようとする糸の長さがℓ，質量がwとすれば，恒重式番手Nは次の式で計算される。

$$N = \frac{W}{L} \cdot \frac{\ell}{w}$$

$$= K_N \cdot \frac{\ell}{w} \qquad \cdots\cdots\cdots\cdots (2 \cdot 1)$$

ここでK_Nを**番手常数**とよぶ。表2-2に示すように，恒重式番手の種類によって，基準質量，基準長さの値は異なるから，番手の種類が異なれば同じ数値でも太さは異なることになる。

2.2 恒長式番手

表2-2に示すように恒長式番手には，デニールとテックスがある。基本的にデニール（denier）は，フィラメント糸に適用されるが，ステープル繊維であっても1本の繊維（単繊維）が対象であれば使うことがある。テックス（tex）は，一切の使い分けをせずに，すべての糸や繊維に適用されるもので，従来の番手制の煩雑さを排除する目的で，国際標準化機構（ISO）により使用が推奨されているものである。今後は計量法の実施状況とも関連して，急速にテックス制への移行が進むものと思われる（⇨p.179）。

ISO
International Organization for Standardization

恒長式番手は，糸が基準長さだけあった場合，その質量が基準質量の何倍になるかを表す方法で，糸が太くなるほど番手の数値は大きくなる。

いま，番手の基準質量をW，基準長さをLとし，表示しようとする糸の長さがℓ，質量がwとすれば，恒長式番手Dは次の式で計算される。

$$D = \frac{L}{W} \cdot \frac{w}{\ell}$$

$$= K_D \cdot \frac{w}{\ell} \qquad \cdots\cdots\cdots\cdots (2 \cdot 2)$$

なお，K_Dを**番手常数**とよぶ。また，テックスについては，d（デシ：10^{-1}），k（キロ：10^3）といった補助単位を併用できることになっている。

2.3 番手間の換算

表2-2に示された各種の番手は，相互に換算が可能である。恒重式番手間

で換算する場合には，2つの番手をN_1，N_2，番手常数をK_{N1}，K_{N2}とおいて(2・1)式から，次式が得られる。

$$\frac{N_1}{N_2} = \frac{K_{N1}}{K_{N2}} \qquad \cdots\cdots\cdots\cdots (2\cdot 3)$$

恒長式番手間では，2つの番手をD_1，D_2，番手常数をK_{D1}，K_{D2}とおいて(2・2)式から，次式が得られる。

$$\frac{D_1}{D_2} = \frac{K_{D1}}{K_{D2}} \qquad \cdots\cdots\cdots\cdots (2\cdot 4)$$

恒重式番手と恒長式番手間で換算する場合には，(2・1)式，(2・2)式から，次式が得られる。

$$N \cdot D = K_N \cdot K_D \qquad \cdots\cdots\cdots\cdots (2\cdot 5)$$

表2-3に，各番手からテックス，あるいはテックスから各番手に換算する場合の係数を示す。

表2-3 テックスと他の番手間の換算

番手	テックスからの換算	テックスへの換算
綿番手	590.5／テックス	590.5／綿番手
麻番手	1653／テックス	1653／麻番手
梳毛番手	885.8／テックス	885.8／梳毛番手
メートル番手	1000／テックス	1000／メートル番手
デニール	9×テックス	0.1111×デニール

3. 糸とより

3.1 よりの役割

大部分の糸には，よりがかけられている。糸によりをかける目的としては，次のようなものがある。

① 繊維間の滑脱防止，強さ付与　　フィラメント糸では繊維が連続しているのでこの限りではないが，紡績糸では繊維間に摩擦力を作用させて，糸形状を保持し，強さを付与するするために，加ねんが必要になる。紡績糸の場合，指で糸を解ねんして引っ張ってみると，簡単に繊維が抜けるから，加ねんによって付与される摩擦力はずいぶん大きいことがわかる。加ねんの程度は，紡績糸の強さと大きな関係がある（⇨p.53）。

② 適当な形状の付与　　フィラメント糸では糸の構成上，よりは不要であるが，よりを全くかけないと繊維が個々に分離してしまい，まとまりが悪い。したがってフィラメント糸でも若干のよりをかけて適当な形状の付与を行うが，糸が紡績糸，フィラメント糸のいずれであっても，加ねんするにしたがって糸の断面形状は丸くなってまとまりはよくなり，充填率が増加して，しまった構造の糸になる。

③ **外観や風合いの変化の効果**　前項の内容とも関連するが，糸によりをかけると糸は太さが減少し，しまって硬くなる。紡績糸であれば，表面に存在する毛羽の量も減少するなどの変化を起こす。これに伴い糸の表面や外観，風合いも大きく変化する。ジョーゼットや和服地のお召，縮緬（ちりめん）[*1]には独特の表面効果（しぼ）があるが，これなども糸の強ねんの効果を応用したものである。

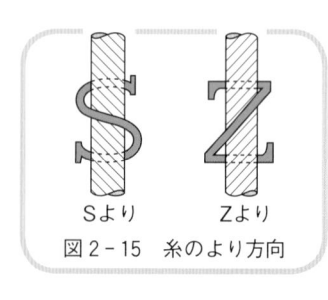

3.2　より方向

糸によりを加える場合，図2-15に示すように2つの方向が考えられる。よりの方向がアルファベットのSまたはZのいずれの方向に一致するかで，Sより（S twist）またはZより（Z twist）という[*2]。絶対的ではないが，一般に単糸はZよりが多い。合糸した場合のより方向については，54ページを参照されたい。

図2-15　糸のより方向

3.3　より係数

糸にかけたよりの量は，通常，2.54 cm（＝1インチ）とか1 mなどの単位長さ当たりのより回数で表す。したがってこの数値が大きければ，よりは強いことになるが，もし糸の太さが異なれば，この影響を考えなければならない。

図2-16(a)は，糸を円筒形と考え，単位長さ当たりのより数（Zより）が同一で，糸の太さが異なる場合をモデル的に示したものである。この図から，同じより数ならば，糸が太い方が強ねんの状態になっていることになる。つまりよりの強弱は，図中の θ（より角）に反映されることがわかる。

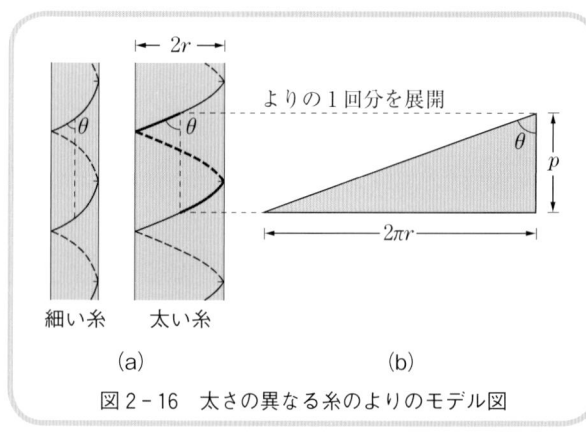

図の(b)は，糸表面のよりの1回転分を切り出して展開した図である。p をよりのピッチ（より1回転分の糸軸方向の長さ），r を糸の半径とすると，次式が成り立つ。

$$p = \frac{2\pi r}{\tan \theta} \qquad \cdots\cdots\cdots\cdots(2\cdot6)$$

単位長さ当たりのより数 T は，(2・6)式を用いて，

$$T = \frac{1}{p} = \frac{\tan \theta}{2\pi r} \qquad \cdots\cdots\cdots\cdots(2\cdot7)$$

図2-16　太さの異なる糸のよりのモデル図

[*1]　たとえば縮緬では，生糸のよこ糸に強撚糸を使用し，精練（減量）することにより「しぼ」を現す。
[*2]　以前は，Sよりを右より，Zよりを左よりなどと表現することも多かったが，誤解を招くことが少なくなかったため，最近ではほとんど用いられない傾向にある。

加ねんによる糸の密度変化などが無視できるものとすると，恒重式番手N，恒長式番手Dにおいて，$r \propto \dfrac{1}{\sqrt{N}}$，$r \propto \sqrt{D}$ が成り立つ。これを用いると，(2・7) 式は次のようになる。

$\propto$
"～に比例する"
ことを意味する。

$$T = k_N \sqrt{N}$$
$$= \dfrac{k_D}{\sqrt{D}} \qquad \cdots\cdots\cdots(2\cdot 8)$$

(2・8) 式におけるk_Nまたはk_Dは，$\tan\theta$を含む係数であり，よりの強弱を反映しているので，より係数またはより定数 (twist multiplier) とよばれている。したがってk_Nとk_D，すなわち$T/\sqrt{N}$と$T\sqrt{D}$は，よりの程度を表す尺度として用いられる。

「よりの役割」の項 (⇨p.51) で述べたように，よりの程度は糸の性質に大きな影響を与える。図2-17は，同じ繊維原料を用いた場合の，紡績糸の強さとより数との関係を示したものである。一般に加ねんすることにより紡績糸の強さは増大する。これは繊維間の摩擦力が増加すると，繊維間の滑脱が起こりにくくなるためである。しかし，この強さの増加はやがて頭打ちし，減少するようになる。この時の最大強さを示すより数（より状態）を飽和よりといい，紡績糸に最大限の強さを付与するためには，この飽和よりをかける必要がある。

表2-4は綿糸の各種の用途における標準より係数の一例である。この表のより係数は，綿番手を使い，2.54 cm（1インチ）当たりのより数を用いて算出されたものである。織物用のたて糸や縫糸は，強さが要求されるため，よりがしっかりとかけられた糸であるのに対し，メリヤス糸では甘よりの柔軟でふっくらした糸が使用されることが分かる。なお，より係数は番手とより数の単位長さのとり方によって大きく異なってくるから，よりの強弱を判定する場合には，この点に注意しなければならない。表2-4中にdtexとm当たりのより数を用いた場合のより係数も示しておくので，参考にされたい。

図2-18は，マルチフィラメント糸によりをかけたときの荷重−伸長曲線への影響を示したものである。よりがかけられていない場合には，単繊維の性質が，ほぼそのままマルチフィラメント糸の性質として反映されると考えられる。グラフから，加ねんすることによりヤング率（傾き）は単調な減

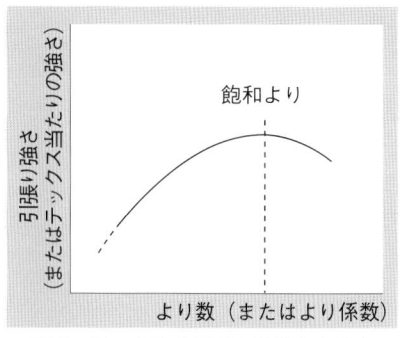

図2-17 よりの程度と紡績糸の強さ

表2-4 綿糸の用途と標準より係数
綿番手を用い，より数の単位長さは
2.54 cm（1インチ）で算出

用 途	より係数[†]
たて糸用	3.75～4.00（1134～1210）
よこ糸用	3.20～3.50（ 968～1059）
メリヤス用	2.75～3.25（ 832～ 983）
縫糸用	4.00～4.25（1210～1286）

[†]（ ）内の数値は番手にdtexを，より数の単位長さにmを使った場合のより係数。
出典）浦野幸夫他：『基礎繊維工学』，日本繊維機械学会，346（1965）

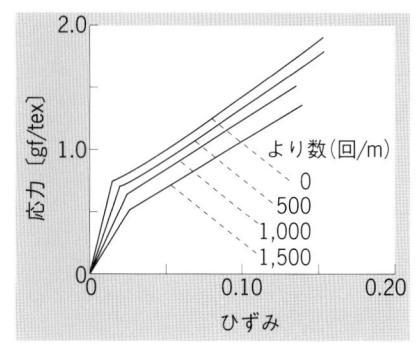

図2-18 フィラメント糸の伸長特性に与えるよりの影響
出典）表2-4の文献

少傾向をもつことがわかる。この理由は，糸の加ねんにより，結果として糸中の各フィラメントにアンバランスな荷重の負担を発生させるためと考えられ，ヤング率の減少だけでなく，同時に引張り強さも低下させることが示されている。

4. 単糸と合糸

糸は精紡上がりの糸をそのまま用いることもあれば，さらに合糸して利用することもある。いま糸の両端を指でつまみ，よりを人差し指と親指を使って解ねんしたときに，その糸が繊維状に分離すれば，それは単糸（single yarn）である。フィラメント糸であれば，片より糸ということがある。もし解ねんにより複数本の単糸に分離すれば，その糸は諸より糸（ply yarn）である。2本の単糸から成る諸より糸を，2本諸より糸（2-ply yarn）とか双糸または二子糸ともいう。3本の単糸から成れば，3本諸より糸または三子糸とよぶ。複数の単糸を合わせただけでよりをかけない糸は，引き揃え糸（parallel yarn）である。また異種繊維のフィラメント糸を混合した糸のことを混繊糸（combined filament yarn）といっている。

上述のように諸より糸は，単糸を引き揃え，これによりをかけた糸であるが，一般に，単糸のより方向とは逆方向のよりをかけるのが原則である。この場合，単糸にかかっているよりを下より，諸より糸を作るためにかけるよりを上よりという。したがって，もし下よりがZよりであれば，上よりはSよりになる。このように合糸において逆方向のよりをかけるのは，その方が糸が安定化するためである。しかしごく例外的には，下よりと上よりの方向を一致させて特殊なよりの効果をねらった糸もある。

一方，糸を合糸すれば，当然のことながら太い糸になる。加ねんに伴う縮み分を無視すれば，(2・1)，(2・2) 式を用いて，合糸した糸の太さ N，D は次のようになる。

恒重式番手の場合

$$N = \frac{1}{\frac{1}{N_1} + \frac{1}{N_2} + \cdots}$$

恒長式番手の場合

$$D = D_1 + D_2 + \cdots\cdots$$

ただし N_1, N_2, $\cdots$, D_1, D_2, $\cdots$, は合糸する個々の糸の番手である。

以上のような糸の合糸数やよりに関する情報を表示する方法が，JISで定められているので，簡単に紹介しておこう。

<番手を合糸数と併せて表示する方法>[3]
① 英式綿番手を用いる場合(紡績糸)
 20番手単糸 20^s
 20番手2子(双糸) $20/2^s$
 20番手5子の3本より $20/5/3^s$
 20番手2本引き揃え $20//2^s$
② メートル番手を使用する場合(紡績糸)
 20番手単糸   1/20
 20番手2子   2/20
 20番手5子の3本より   3/5/20
 20番手2本引き揃え   2//20
③ デニールを使用する場合(フィラメント糸)
 100デニール単糸   100 D
 100デニール2子   100 D×2
 100デニール2本引き揃え   100 D//2
(注) テックス方式(紡績糸,フィラメント糸)による場合は,デニールの表示に準じる。例えば,20テックス単糸であれば,20 tex とする。

<より数とより方向を併せて表示する方法>[3]
① 糸の太さに英式綿番手を使用する場合
 2.54 cm 当たり18回のZよりを加えた単糸   Z 18/2.54 cm
 Z 18/2.54 cm の単糸を2本以上引き揃え,12回のSよりをかけた糸
                Z 18/S 12/2.54 cm
② 糸の太さにメートル番手を使用する場合
 1 m 当たり480回のZよりを加えた糸   Z 480/m
 Z 500/m の単糸を2本以上引き揃え,480回のSよりをかけた糸
                S 480/Z 500/m

<テックス方式による表示>[4]
 テックス方式の場合,糸の太さ,合糸数,より数をまとめて詳細に表示する方法が定められている。以下にその例を示す。
① 40本のフィラメントから構成される133 dtex のマルチフィラメント糸に,1 m 当たり1000回のSよりをかけた結果,最終的に136 dtex になった糸
 133 dtex f 40 S 1000;R 136 dtex
 (R 136 dtex f 40 S 1000;133 dtex)………仕上がり糸に基づいて表示する場合
② 1 m 当たり660回のZよりをかけた40 tex の単糸(紡績糸)
 40 tex Z 660

この表示法はISOによる国際規格(ISO 1139)がJIS化されたもの。

③ 40 tex S 155 の単糸 2 本の引き揃え
　　40 tex S 155 × 2 t 0
④ 34 tex S 600 の単糸 2 本を引き揃え，1 m 当たり 400 回の Z よりをかけた結果，最終的に 69.3 tex となった糸
　　34 tex S 600 × 2 Z 400；R 69.3
　　（R 69.3 tex Z 400/2 S 600；34 tex）………仕上がり糸に基づいて表示する場合

5. 縫い糸の表示（呼び）

縫い糸には「呼び」という独特な表示が導入されている。この縫い糸の呼びは，基本的にはその糸の恒重式番手（綿番手）や恒長式番手（テックス，デニール）をもとにして決められている。縫い糸の場合には，一般に三子糸（3 本諸より糸）の構成が基本になっている。

① 紡績糸の場合[5), 6)]

原糸繊度を a，合糸数を b としたとき，呼びは次式によって計算した N を丸めた値として得られる[*1]。

$$N = \frac{18000}{ab} \quad\quad\quad\quad\quad\quad\quad\quad (2\cdot 9)$$

綿ミシン糸の構成と呼びについては表 2-5 に，ポリエステル紡績糸ミシン糸および手縫い糸の場合を表 2-6 に示した。いずれの場合にも三子糸から構

表 2-5　綿ミシン糸の構成

呼び	原糸繊度 dtex {原糸番手 S}	合糸数
＃ 50（2 コード）	200 {30}	2
＃ 60（2 コード）	145 {40}	
＃ 70（2 コード）	135 {44}	
＃ 80（2 コード）	120 {50}	
＃ 8（3 コード）	370 {16}	3
＃ 20（3 コード）	300 {20}	
＃ 30（3 コード）	200 {30}	
＃ 40（3 コード）	145 {40}	
＃ 50（3 コード）	120 {50}	
＃ 60（3 コード）	100 {60}	
＃ 70（3 コード）	84 {70}	
＃ 80（3 コード）	74 {80}	
＃100（3 コード）	59 {100}	
＃ 20（6 コード）	145 {40}	2×3
＃ 30（6 コード）	100 {60}	
＃ 40（6 コード）	74 {80}	
＃ 50（6 コード）	59 {100}	

表 2-6　ポリエステル紡績糸ミシン糸および手縫い糸の構成

呼び	原糸繊度 dtex {原糸番手 S}	合糸数
＃ 8（4 コード）	300 {20}	4
＃ 20（3 コード）		3
＃ 30（2 コード）		2
＃ 30（3 コード）	200 {30}	3
＃ 40（3 コード）	145 {40}	
＃ 50（2 コード）	200 {30}	2
＃ 50（3 コード）	120 {50}	3
＃ 60（2 コード）	145 {40}	2
＃ 60（3 コード）	100 {60}	3
＃ 80（2 コード）	120 {50}	2
＃ 80（3 コード）	74 {80}	3
＃ 90（2 コード）	100 {60}	2
＃100（2 コード）	92 {64}	
＃100（3 コード）	59 {100}	3
＃120（2 コード）	74 {80}	2

＊1　丸め方については，当該の JIS の解説[5), 6)] を参照。

成される場合には，原糸（単糸）の綿番手が20番手以上では，その番手の数値がそのまま呼びの数値となることが分かる。

ただし綿の手縫い糸の場合には，綿番手に沿った方法で呼びが決められる。例えば30番手単糸の3本の諸より糸は，30/3，40番手単糸2本の諸より糸は，40/2のようになる。

② 化繊フィラメント糸の場合[6]

ポリエステルフィラメント縫い糸の場合を表2-7に示す。この場合には，糸の総繊度によって呼びが決められる。この表から，フィラメント糸であっても呼びの数値が大きくなるほど，糸は細くなることが分かる。

表2-7　ポリエステルフィラメントミシン糸および手縫い糸の構成

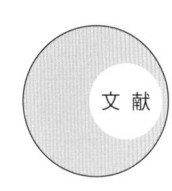

呼び	糸の総繊度 dtex {D}	原糸繊度 dtex {D}	合糸数
＃ 5（3コード）	1400〜1700 {1260〜1500}	560 {500}	3
＃ 5（6コード）		280 {250}	2×3
＃ 8（6コード）	978〜1100 { 880〜1000}	167 {150}	2×3
＃ 10（3コード）	822〜 955 { 740〜 860}	280 {250}	3
＃ 20（3コード）	660〜 801 { 600〜 720}	220 {200}	3
＃ 20（6コード）		110 {100}	2×3
＃ 30（3コード）	440〜 534 { 400〜 480}	167 {150}	3
＃ 30（6コード）		78 {70}	2×3
＃ 40（3コード）	300〜 370 { 270〜 330}	110 {100}	3
＃ 40（4コード）		78 {70}	2×2
＃ 50（3コード）	220〜 267 { 200〜 240}		3
＃ 60（3コード）	155〜 190 { 140〜 170}	56 {50}	3
＃ 80（3コード）	117〜 150 { 105〜 135}	44 {40}	3
＃100（3コード）	99〜 112 { 90〜 100}	33 {30}	3

文献

1) 日本繊維工業教育研究会：『繊維工学I　紡績』，実教出版，東京，70（1973）
2) 日本衣料管理協会編：『基礎知識シリーズ　第1部　繊維に関する一般知識』，日本衣料管理協会，東京，54（1998）
3) JIS L 1095「一般紡績糸試験方法」，日本規格協会，東京（1990）
4) JIS L 0104「テックス方式による糸の表示」，日本規格協会，東京（1988）
5) JIS L 2101「綿縫糸」，日本規格協会，東京（1994）
6) JIS L 2511「ポリエステル縫糸」，日本規格協会，東京（1994）

第3章 布の種類と構造

　布は，繊維が集合した2次元の構造体であるが，中心となるのは糸を製織，製編して製造される**織物**と**編物**（ニット，メリヤス）である。この両者は衣服材料として，極めて重要であるが，この他に生産量の大きなものとしては，繊維から直接的に布を形成する**不織布**がある。これ以外にも布に分類されるものは多いが，いずれにしてもそれぞれに大きな特徴の相違がある。第3章においては，これらの布の種類と構造について述べることにする。

1. 布の分類

　布を何が集合した構造体かという視点から分類すると，図3-1のようになる。これらの布について，以下に簡単な説明を加えてみよう。

```
        ┌─ 糸の集合組織   …… 織物，編物，レース，組物，網
        ├─ 繊維の集合組織 …… 不織布，人工皮革(一部)
布 ─────┤
        ├─ 複合組織       …… 接着布，合成皮革，人工皮革(一部)
        └─ その他         …… 天然皮革
```

図3-1　布の分類

① 織　　　物

　織物（woven fabric）は，平行に並べた多数のたて糸（経糸：warp yarn）によこ糸（緯糸：weft yarn）を直角に交錯（interlace）させて，平面状に構成した構造物をいう。

　織物は，衣服の材料として最もよく使用される。

② 編　　　物（ニット）

　編物（knitted fabric）は，糸をループにして，このループに他のループを連結させて平面状に作った布である。編成方法により，たて編（warp knitting）とよこ編（weft knitting）に分類される。

　編物は，織物に次ぐ主要な衣服材料であるが，よこ編地の方が衣服には多量に用いられており，中でも丸編地（⇨p.72）の利用が多い。

③ 不　織　布

　不織布（nonwoven fabric）は，織物や編物とは異なり，糸の段階を経ずに，直接的に繊維から布を構成したものである。一般的に繊維を集合したシート状のウェブ（web）を作り，これを固定化することにより製造される。

　衣服関係では，主として副資材として用いられるが，不織布全体の生産量からみれば，衣服関連用途は多くない。

④ 皮　　革

　皮革（leather）には，天然皮革と人造皮革（合成皮革，人工皮革など）がある。天然皮革の場合，基本的に原皮になめし（tannage）という処理を行っている。毛をつけたままなめした毛皮もある。

　人造皮革は，織物，編物，不織布などを基布として作られる人造の皮革で，種類により構造，性能に大きな違いがある。

⑤ レ　ー　ス

　糸を用いて，より合せ，組合せなどの操作により作られた透かし模様のある布を本来はレース（lace）といい，手工レースが起源である。しかし現在はもっと広義に，透かし目のある布を広くレースとよんでいる。

⑥ 組　　物

　糸を用いて布を作るには，「織る」「編む」以外に，「組む」ことによっても可能であり，このように組んで作られる布を，組物（braid）という。組物は，一般に構成糸が斜めに走り，布幅が狭いので，組ひもとよばれることが多い。

⑦ 接　着　布

　ウレタンフォーム*1 や不織布，織物，編物，プラスチックフィルムなどを貼り合わせたものを接着布といい，先に述べた合成皮革や人工皮革も広義の接着布といえる。布に薄層の発泡体を接着したフォームラミネート（foam laminate）は，軽くて保温性に優れているので，防寒衣料などに用いられる。

⑧ 網

　網（net）は，一般に糸の結節により布形状を構成するものであるが，他に無結節網もある。日用品などに用いられこともあるが，漁網をはじめとする産業用途が主要なものである。

2. 布の製造と構造

　上述のように布には多くの種類があるが，ここではその中から主要な布の製造プロセスの概略と構造について述べることにしよう。

2.1 織　　物

（1）製　　織

　織機（loom）には手機（てばた）もあるが，工業的には，動力を投入して駆動する力織機（power loom）が中心である。織機には開口方式によりタペット（tappet）織機，ドビー（dobby）織機，ジャカード（jacquard）織機がある。

　図3-2に織機の原理図を示す。織物は，織機の基本的な5つの運動，すなわち開口運動，よこ入れ運動（杼（ひ）投げ運動），筬（おさ）打ち運動，送り出し運動，巻取り運

---

*1　合成樹脂を発泡状態で固化したシートをフォームという。ポリウレタン樹脂を用いたウレタンフォームが代表的であるが，他にフォームラバーやビニルフォームもある。

動がタイミングよく行われ，織り上げられる。

① **開口運動**（shedding motion）

綜絖を上下することにより，よこ糸を挿入する隙間（杼口）を形成する運動をいう。組織が複雑になるほど綜絖枠（ヘルドフレーム）の数（枚数）が必要になり，開口方式としては基本組織を中心とする単純な組織はタペット[*1]，やや複雑な組織はドビー[*2]，極めて複雑な組織（紋織組織）にはジャカード[*3]が用いられる。

② **よこ入れ運動**（picking motion）

開口運動で形成した杼口によこ糸を通す運動である。従来は，中によこ糸を納めた杼（シャットル：shuttle）を打ち込む方式をとっていたが，現在ではレピア（rapier）織機[*4]，グリッパー（gripper）織機[*5]，ウォータージェット（water jet）織機[*6]，エアージェット（air jet）織機[*7]などがよく用いられるようになっている。これらの織機は，いずれもシャットル織機に比較して，低騒音で，高生産性を実現できるのが特徴である。

③ **筬打ち運動**（beating-up motion）

筬（reed）を用いて，よこ入れが完了したよこ糸を織前（すでに織物が織り上がっている部分）まで詰める運動である。

④ **送り出し運動**（let-off motion）

たて糸が整然と巻かれているたて糸ビーム（warp beam）から，たて糸を送り出す運動である。積極的送り出しと消極的送り出しがある[*8]。

⑤ **巻取り運動**（take-up motion）

織り上がった織物をクロスビーム（cloth beam）に巻き取る運動である。この巻取り方式にも，積極的巻取りと消極的巻取りがある。積極的巻取り方式は，常に一定量の巻取りを行うので，よこ糸密度が一定になり，色糸で縞柄をだす場合などに適する。一方，消極的巻取り方式は，紡毛織物の製造などに用いれば，織り上がり量に応じた巻取りがなされるので，比較的厚さの均一な織物を作ることができる。

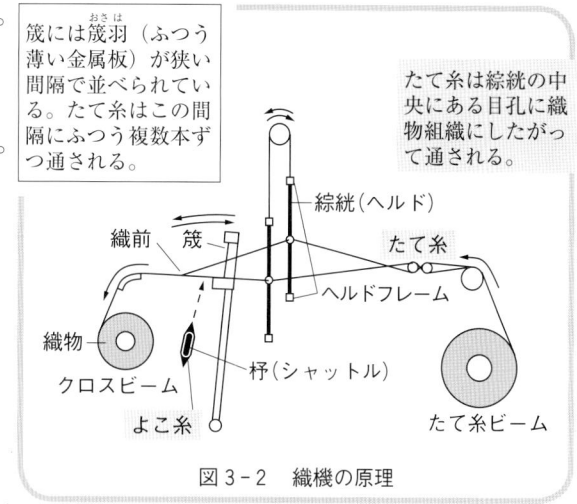

筬には筬羽（ふつう薄い金属板）が狭い間隔で並べられている。たて糸はこの間隔にふつう複数本ずつ通される。

たて糸は綜絖の中央にある目孔に織物組織にしたがって通される。

図3-2　織機の原理

綜絖枠（ヘルドフレーム）

ジャカード以外の織機では，多数の綜絖（目孔をもつ針金）は，綜絖枠に付属され，綜絖枠を上下することにより，綜絖（すなわち，たて糸）が一斉に動き，開口運動となる。

---

*1　カムという装置を用いて，綜絖枠の制御をする方式。綜絖枠が6枚程度まで。

*2　紋板に紋栓（ペグ：peg）を植えて，その情報により制御する方式。綜絖枠が30枚程度まで可能。

*3　紋紙を穿孔し，その情報でたて糸を1本ずつ制御する方式（⇒p.69）。

*4　レピアという棒状の挿入装置に糸を把持させて，よこ入れする方式。

*5　グリッパーシャットルに糸を把持させ，これを飛ばしてよこ入れする方式で，この織機をプロジェクタイル織機ともいう。

*6　水のジェット流によって，よこ入れする方式。合繊フィラメント糸専用。

*7　空気のジェット流によって，よこ入れする方式。

*8　積極的送り出しは，織機の動きによって糸を一定量ずつ送り出す方式，消極的送り出しは，製織中のたて糸張力の増加に応じて送り出す方式である。

2.　布の製造と構造

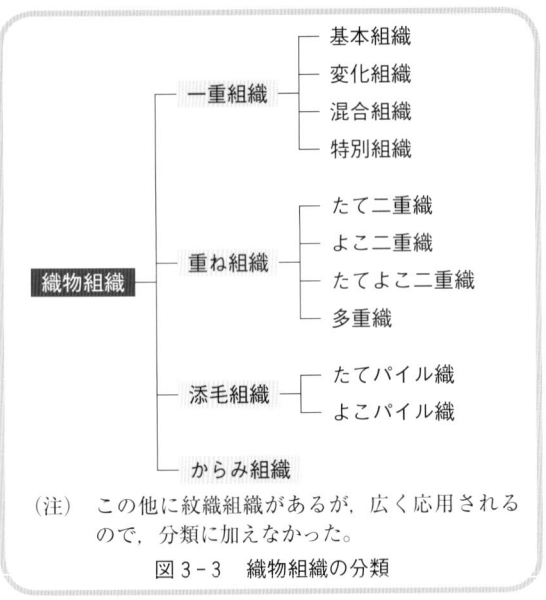

（2） 織物組織

織物を組織という点から分類すると図3-3のようになる。このうち最も基本になり、広く用いられるのは、一重組織である。

織物組織を表すには、一般に組織図を用いる。組織図は**意匠紙**（design paper）と称する方眼紙上に表す。組織を表すのに必要な最小単位を**完全組織**という。組織図は次のようなルールに基づき、完全組織について表す。

(1) 意匠紙の上下方向を織物のたて糸方向、左右方向をよこ糸方向に対応させる。方眼紙の上下、左右の行、列はそれぞれが1本の糸に対応する。

(2) 表組織について、たて糸がよこ糸の上になった方形の箇所を塗りつぶしたり、×や○などの印をつける。したがってマークのない箇所は、たて糸がよこ糸の下になっていることを意味する（図3-4参照）。

1） 基本組織 （三原組織）

織物の基本組織は、平織、斜文織または綾織、朱子織の3種類であり、三原組織ともいわれる。

① 平　　織（plain weave）

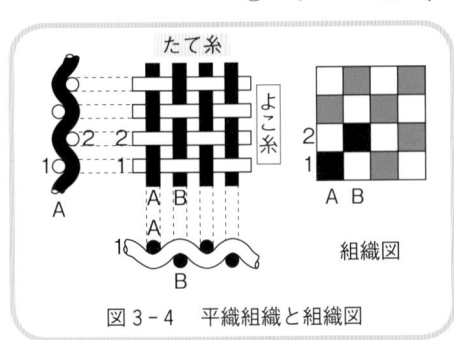

図3-4に示すように、たて糸、よこ糸が1本ごとに上下に位置を変えて交錯する組織である。組織として最も簡単で、原理的には二枚の綜絖枠（heald frame）の動きで製織可能である[*1]。糸の浮きが最小で組織点が均等に分布しているため、地合がしまり、丈夫で実用的な組織である。

平織組織の織物には、天竺（sheeting）、金巾（shirting）、ギンガム（gingham）、トロピカル（tropical suiting）、羽二重[*2]、モスリン（muslin）[*3]、細布、オーガンジー（organdy）などがある。

② 斜文織（綾織）（twill weave）

斜文織で最も簡単な組織は、三つ綾（三枚斜文[*4]）である。斜文織は、織物の表面に斜めの線が現れるのが特徴で、これを斜文線とか綾すじなどとよんでいる。

図3-3 織物組織の分類

- 織物組織
  - 一重組織
    - 基本組織
    - 変化組織
    - 混合組織
    - 特別組織
  - 重ね組織
    - たて二重織
    - よこ二重織
    - たてよこ二重織
    - 多重織
  - 添毛組織
    - たてパイル織
    - よこパイル織
  - からみ組織

（注）この他に紋織組織があるが、広く応用されるので、分類に加えなかった。

図3-4　平織組織と組織図

[*1] 実際には綜絖枠への負担を減らすために、複数枚に分散するのが普通。
[*2] 綾織組織のものもある。
[*3] 綾織組織のものもある。
[*4] 綜絖枠が原理的に3枚必要なことから、この名称がある。

たて糸の浮き，沈みによって三つ綾の場合でも，図3-5(a)，(b)のように複数の組織が作れる[*1]。組織図に付けられた矢印は斜文線の方向を示し，右上がり，左上がりのいずれかとなるが，通常は織物表面において右上がりのものが多い。(c)は4枚斜文の一例である。

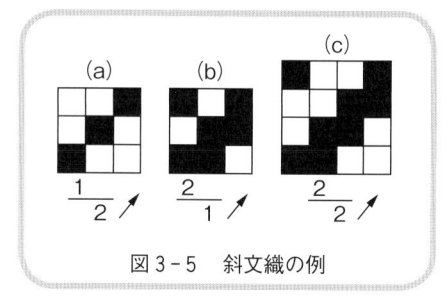

斜文織は，平織よりも単位長さ当たりの糸の本数（これを織密度，または糸密度という）を多く入れることができる。これは糸の浮きが長くなり，糸間隔が小さくできるからである。平織よりも組織の地合はゆるみ，感触が柔らかく，しなやかになる。

斜文織の織物には，サージ（serge），ギャバジン（gaberdine），デニム（denim）などがある。

③ 朱 子 織（satin weave, sateen[*2] weave）

完全組織の中で組織点を1箇所だけ，一定の間隔に配置した組織で，三原組織の中では糸の浮きが最も長い組織である。朱子織は，枚数と飛び数が組織を決めるポイントになる。枚数は，製織に必要とされる綜絖枠の枚数を意味するが，最も簡単な朱子組織は，5枚朱子である。図3-6は，5枚朱子を示したものであるが，組織点の配置の仕方により3飛びと2飛びがある。なお織物表面において，たて糸が大部分をカバーする組織をたて朱子（warp satin），よこ糸がカバーする組織をよこ朱子（weft satin）とよんでいる。一般的にはたて朱子が多い。なお飛び数が1の組織は，朱子織には含めず，斜文織とする[*3]。

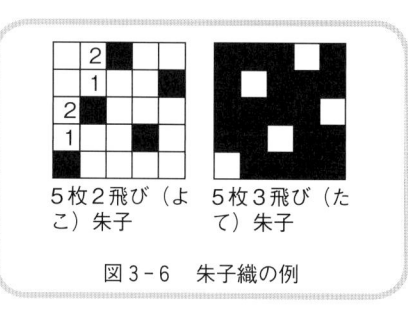

朱子織は，糸の浮きが長いために，糸密度が大きくなり，糸の浮き方向に光沢が出て，かつ滑りもよくなる。特にフィラメント織物の場合は，この傾向が強調される。地合は組織点が少ないために，大きなゆるみをもつ。このような朱子組織の特徴は，枚数が多くなるほど顕著になってくるが，余りに枚数が多いものは耐久性能などの点で実用的でない。よく用いられるのは，5〜12枚程度である。

この組織の織物には，イタリアンクロス（italian cloth），ドスキン（doeskin），ベネシャン[*4]（venetian）などがある。

2） 変 化 組 織（誘導組織）

基本組織を基にして誘導される組織である。実際には，無数の組織が考えられるが，ここでは比較的よく用いられる組織について具体的に説明する。

[*1] 1/2, 2/1などは，たて方向にみていったときに，たて糸の規則的な上下関係から付けられる。よこ方向にみていった場合も同様である。

[*2] sateenは，よこ朱子のこと。あるいはよこ朱子織物，または綿朱子織物を意味することもある。

[*3] 例えば4枚1飛び朱子織は存在しない。この場合は3/1または1/3斜文織。

[*4] 綾織組織の場合もある。

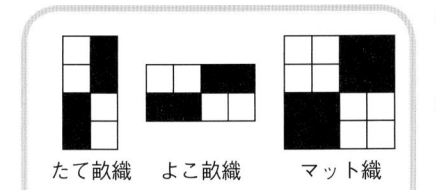

図3-7 平織の変化組織
（たて畝織　よこ畝織　マット織）

① 平織からの変化組織

図3-7に示した組織は，平織からの変化組織である。平織をたてまたはよこに拡大した畝織（rib weave）は，その代表的な組織といえる。平織をたてに拡大したのがたて畝織（warp rib weave）で，よこに拡大したのがよこ畝織（weft rib weave）である。これらの組織には，それぞれよこ方向，たて方向に畝が現れるのが特徴である。

一方，平織をたて，よこ，両方向に拡大すると，マット織（mat weave）が誘導される。マット織は，斜子織とかバスケット織ともよばれることがある。マット織は，ざっくりとした感じの織物となり，この組織をもつ代表的なものにオックスフォード（oxford），ホップサック（hopsak），ポンジー（pongee）などがある。

その他，斜子織，平織，畝織を組み合わせて模様を表した変化斜子織（fancy and figured mat weave）などもある[*1]。

② 斜文織からの変化組織

斜文織は組織図の上からは，斜文線が45°の角度をもっている[*2]。図3-8に示すように斜文線の角度を正則斜文の斜文線よりも急角度にしたり，緩やかにすることにより，(a)の急斜文織（steep twill）や(b)の緩斜文織（reclined twill）が誘導される。

斜文線の方向を変化させて，誘導される組織もある。図3-8(c)に示される山形斜文織（pointed twill）は，斜文線を山形になるように配置した変化組織である。また破れ斜文織（broken twill）は，ある数ずつ反対の方向に斜文線を表したものであるが，杉綾（herringbone twill）もこれと同種の組織で，斜文線により杉の木状のたて縞が現れる。この他に斜文線が菱形になるダイヤモンド斜文織などもある。

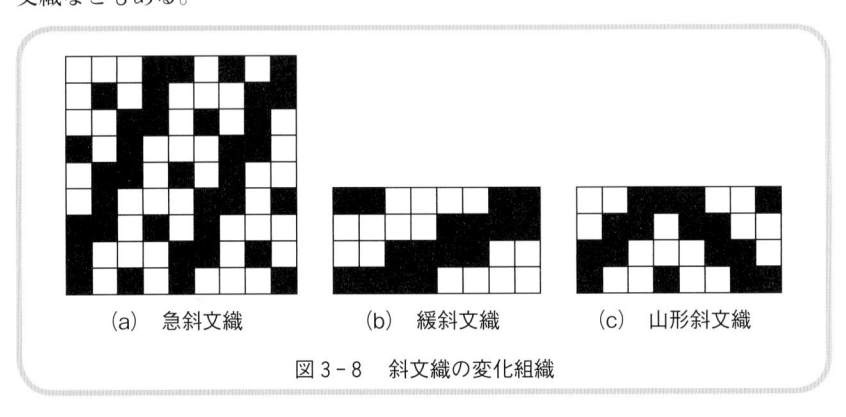

(a) 急斜文織　　(b) 緩斜文織　　(c) 山形斜文織

図3-8　斜文織の変化組織

*1 図3-3に示された混合組織に属する。
*2 必ずしも織物において，45°の角度をもっているという意味ではない。

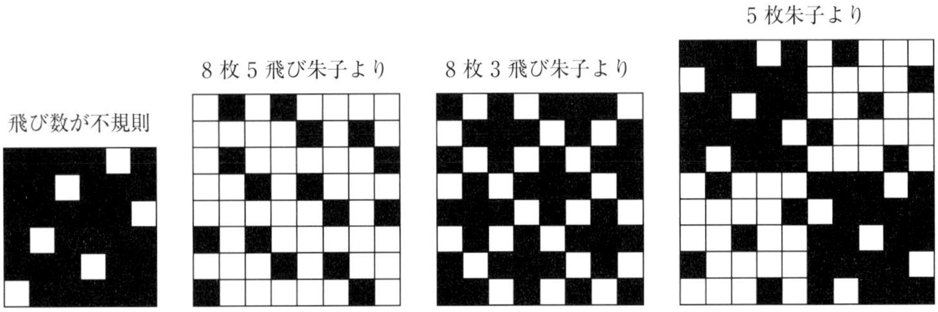

	8枚5飛び朱子より	8枚3飛び朱子より	5枚朱子より
飛び数が不規則			

(a) 不規則朱子織　　(b) 重ね朱子織　　(c) 花崗織　　(d) 昼夜朱子織

図3-9　朱子織の変化組織

③ 朱子織からの変化組織

朱子織から誘導される組織には，不規則朱子，重ね朱子，花崗織（御影織）などがある。6枚の正則朱子[*1]（規則朱子：regular satin）は存在しないが，図3-9(a)に示すように，飛び数を規則的にしなければ，朱子織に類似した組織を作ることができる。このような朱子を不規則朱子（irregular satin）という。

また朱子織は，すでに述べたように組織点が少なく，浮き糸が長いために丈夫な組織ではない。そこで図3-9(b)のように正則朱子に組織点を追加する場合がある。このような変化組織を重ね朱子織という。(c)の花崗織（granite weave）も重ね朱子織の一種で，正則朱子織に組織点を追加して，花崗岩のような表面を現したものである。この系統の組織に梨地織（crepe weave）がある。

その他に図3-9(d)のように，たて朱子とよこ朱子を市松模様に配置した昼夜朱子織[*2]（satin check）もある。

④ 特別組織

特別組織は基本組織から単純に誘導されたとは考えられない組織で，特殊な効果を出すために工夫された組織である。ここでは代表的な組織を挙げておく。

a．模紗織

紗（もじり組織 ⇒p.69）の組織を用いずに，紗に似た外観を出すように工夫された組織である。模紗織（mock leno）の一例を図3-10(a)に示す。

b．蜂巣織（honeycomb weave）

蜂巣織は，ます織ともいわれる組織で，起伏の差が大きく，立体的な構造をもっている。一般に浮き糸が集まると盛り上がる傾向にあるので，これを利用して織物表面に凹凸を付けている。蜂巣織の一例を図3-10(b)に示

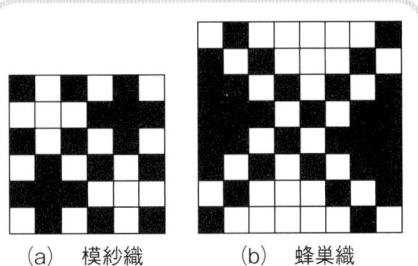

(a) 模紗織　　(b) 蜂巣織

模紗織は織糸数本ごとにすきまをあけて織られる。図の組織の場合は3本ごとに間隔をあける。

図3-10　特別組織の例

[*1] 飛び数が規則的な朱子のこと。
[*2] 昼夜組織は，変化組織を作る手法の一つで，昼夜斜文織もある。

す。夏用のシーツの組織によく用いられる。

3) 重ね組織

一重組織の織物は，一種類ずつのたて糸とよこ糸の組合せから成るが，重ね組織（combination weave）は，たて糸とよこ糸，あるいはどちらか一方が二重以上になっている組織である。二重組織にする利点としては，細い糸で厚地の織物を作ったり，強さを付与したり，色糸を使うことにより表と裏の模様を変えることができる点などを指摘できる。重ね組織としては，たて二重織，よこ二重織，（たてよこ）二重織，あるいはそれ以上の多重織もある。

① たて二重織（warp backed weave）

よこ糸は1種類で，たて糸に表たて糸と裏たて糸の2種類を用いた織物である。色糸を用い，表たて糸は主に表に出て，裏たて糸は主に裏に出るような織り方をすると，表裏の色違いの効果を得ることができる。

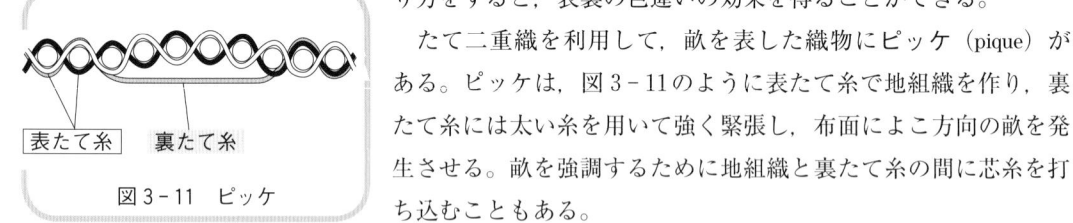

たて二重織を利用して，畝を表した織物にピッケ（pique）がある。ピッケは，図3-11のように表たて糸で地組織を作り，裏たて糸には太い糸を用いて強く緊張し，布面によこ方向の畝を発生させる。畝を強調するために地組織と裏たて糸の間に芯糸を打ち込むこともある。

図3-11 ピッケ

② よこ二重織（weft backed weave）

上記のたて二重織のたて糸とよこ糸を入れ替えた組織に相当する。よこ二重織の例としては，たて方向に畝が現れるベッドフォードコード（bedford cord）が挙げられる。

③ 二　重　織（double weave）

たて糸とよこ糸にそれぞれ2種類（表と裏）の糸を用いた織物で，ちょうど2枚の織物を重ねたような布になる。二重織は，織物間を接結する必要があるが，図3-12(a)に示すように表裏いずれかの織糸で接結する場合と，それとは別種の糸で接結する場合がある。一方，二重織において2枚の織物を接結せずに同じよこ糸で織り込んだものは，袋織（hollow weave）といって，両端が閉じた筒状の織物が製造できる。

二重織の例としては，ここで風通織とふくれ織を挙げておこう。

図3-12(b)は，風通織（reversible figured）を示したもので，色糸を用いて接結点を入れずに二重組織の表裏を入れ替えて，表裏に反転模様を出す組織である。

また，ふくれ織は，マトラッセ（matelasse）ともよばれ，表面に盛り上がりを付けて模様を表した組織である。基本的には，裏地を縮めるために強ねん糸を用いたり，熱収縮性の合繊糸を用いるなどの工夫をしている。

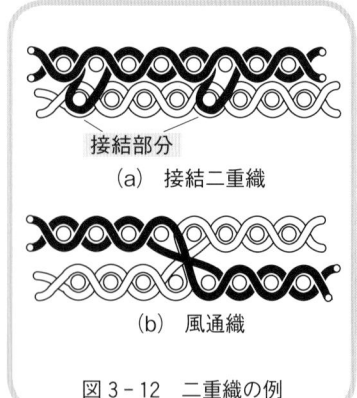

(a) 接結二重織
(b) 風通織

図3-12 二重織の例

4）添毛組織（パイル組織：pile fabric）

添毛組織は，織物表面に毛房や輪奈（ループ）といった，いわゆるパイルをもつ組織である。織物構造という観点からいえば，先に述べた重ね組織に分類されるものであるが，表面にパイルがあり独特な表面効果をもつ点が異なっている。

添毛組織は，パイルをたて糸，よこ糸のどちらで出すかによって，たてパイル組織とよこパイル組織に分類できる。たてパイル組織には，ビロード，タオル，モケット[*1]が，よこパイル組織には，別珍，コール天が典型的なものとして挙げられる。

① たてパイル組織

たてパイル組織は，基本的にたて二重織の応用と考えることができ，よこ糸は地よこ糸のみ，たて糸はパイルたて糸と地たて糸を使う組織である。

a．ビロード（velvet）

地たて糸とパイルたて糸のビームが別々にあり，図 3-13 のようにパイルたて糸に関しては，よこ糸の代わりに針金を打ち込んでおき，針金を引き抜くときに針金の先端にある刃によってパイルを切断するか，針金にある溝に沿ってループを切断する。パイルを切らずに針金をそのまま抜けばパイルがループ状のままとなり，これを**輪奈天**（輪奈ビロード）という。

一方，ビロードには，たてよこ二重織から製造するものもあり，この場合には，図 3-14 のように 2 枚の地組織を接結しているパイルたて糸を切断して，織物を分離し，2 枚のビロードが作られる。

b．タ オ ル（terry towel）

2種のたて糸と1種のよこ糸でタオル組織は作られるが，地たて糸とパイルたて糸は別々にビームに巻かれ，特にパイルたて糸の方は張力が弱く，糸の送り出し量が大きくなるよう設定されている。

タオル織機は，独特な筬打ちをするよう設計されており，この様子は図 3-15 に示す通りである。すなわちタオル織機は，筬打ちのストロークが一定で

図 3-13 ビロード組織のパイルの構成

図 3-14 たてよこ二重織からのビロード組織

図 3-15 タオル組織のパイルの出し方

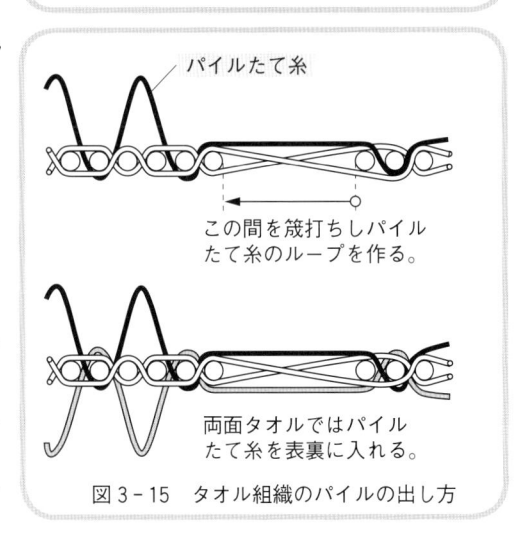

*1 電車の座席などに使用されている組織。

はなく,ストロークの短い筬打ち（loose reed）とストロークの長い筬打ち（fast reed）を行うことができる。図3-15では2度,筬打ちのストロークを短くし,3回目でストロークを長くしている。この3回目の筬打ちでパイルたて糸は地たて糸よりも糸がたくさん送り出され,この糸が織物表面のループとなる。

タオル組織の場合,ループが両面に現れる**両面タオル**と片面だけに現れる**片面タオル**に分けられる。片面タオルでは,ジャカード装置を用いてパイルをどちらの面に出すかということで,複雑な織模様を現したタオル組織もある。

② よこパイル組織

よこパイル組織は,よこ二重織の応用で,よこパイル糸によってパイルが形成される組織である。

a．別　珍（velveteen）

別珍は,綿ビロード（cotton velvet），唐天などとよばれることもある。別珍はパイルが均等に存在する組織で,地組織は主に平織であるが,綾織のこともある。図3-16のように,一定間隔で規則的に打ち込んだパイルよこ糸を矢印の位置でたて糸方向に切断し,パイルとしたものである。切断後はパイルをブラシで起毛し,仕上げる。

この組織は生産が減少しており,最近ではフロック加工（⇨ p.149）に代わる傾向にある。

b．コール天（corduroy）

コール天は,パイルによりたて方向に畝を出した特徴ある組織である。別珍ではパイルが等長になるように切断されるが,コール天の場合には,図3-17(a)の矢印の位置でパイルよこ糸をカットすると,(b)に示すようにパイルよこ糸の長さが異なるように,よこ入れしてあるため,たて方向に畝が出ることになる。

コール天の場合には,パイルが抜け落ちることがよくあるため,図3-17(c)のように,よこパイル糸の地組織への挿入の仕方も工夫されたものがある。

コール天は保温性がよく,しわがよりにくいなどの特徴があり,冬期の実用衣料に使われる。

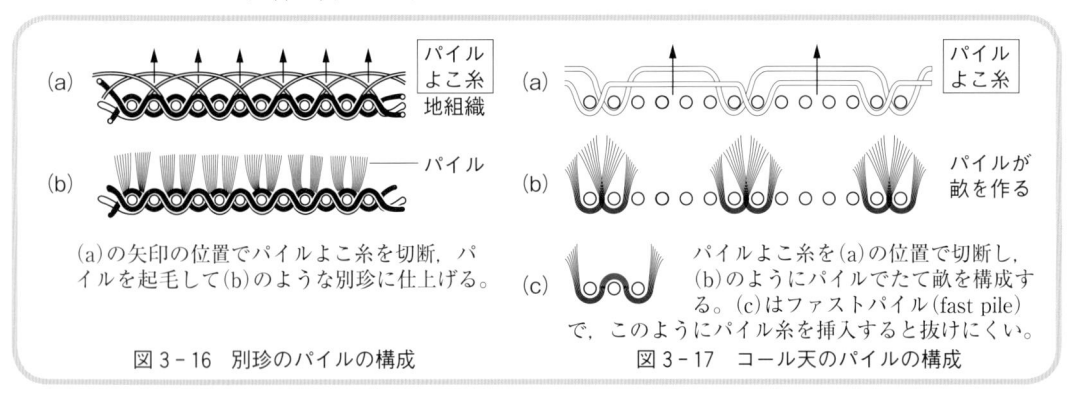

(a)の矢印の位置でパイルよこ糸を切断,パイルを起毛して(b)のような別珍に仕上げる。

図3-16　別珍のパイルの構成

パイルよこ糸を(a)の位置で切断し,(b)のようにパイルでたて畝を構成する。(c)はファストパイル（fast pile）で,このようにパイル糸を挿入すると抜けにくい。

図3-17　コール天のパイルの構成

5) からみ組織（もじり組織：gauze and leno fabric）

通常の織物は、たて糸の間が常に平行になっているが、からみ組織では隣のたて糸と入れ替わり、2本が絡んだ状態になる。このような組織をからみ組織またはもじり組織という。からみ組織には、地たて糸に対して、からみたて糸が存在する。そして標準の綜絖（standard heald）に対して、からみ綜絖（doup heald）という特殊な綜絖を使用して、からみたて糸を左右に振り、からみ組織が形成される。

からみ組織としては、紗と絽があり、薄地で夏の衣服に用いられるが、カーテンなどにも用途がある。レース調で透けるような織物は、一般に糸ずれ[*1]しやすいが、この組織はたて糸がからんでいるために、そのような現象を起こしにくいのが特徴である。

① 紗（plain gauze）

紗は図3-18に示すように、よこ糸1本ごとに、たて糸が隣のたて糸とからむ組織が最も基本でよく使われる。このような組織を二本からみ紗という。この他に、地たて糸2本にからみたて糸がからむ三本からみ紗もある。

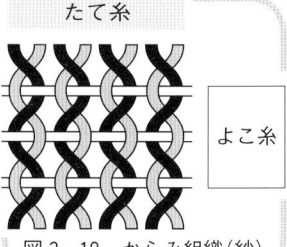

図3-18 からみ組織（紗）

② 絽（leno gauze）

絽には、いろいろな種類がある。図3-19に示すように、たて糸がからんだ後に、3本、5本、7本などのように奇数本のよこ糸を打ち込み、その後再びたて糸にからみを入れた組織が一般的である。打ち込んだよこ糸の本数により、三本絽（三越絽）、五本絽（五越絽）などとよび、またこの部分が平織、綾織かで、平絽、綾絽などの名称もある。図3-19の絽は、たて糸のからみ目がよこ方向に並ぶので、よこ絽であるが、からみ目がたて方向に並ぶたて絽という組織もある。

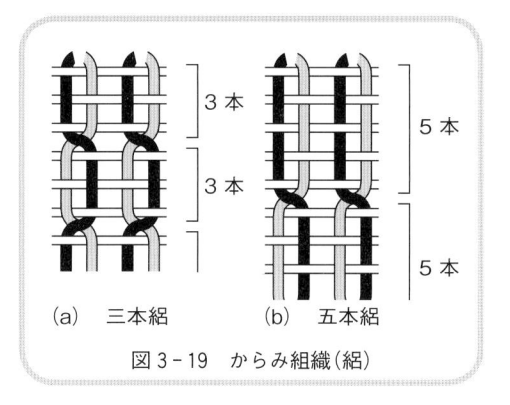

図3-19 からみ組織（絽）
(a) 三本絽 (b) 五本絽

6) 紋織組織

紋織組織は、織組織によって模様を表すような複雑で大きな組織で、このような組織はもっぱらジャカード織機で製織される。ジャカード織機は、たて糸を通糸装置を利用して、1本ずつ制御することができるため、極めて複雑な組織に対応できる。織組織の情報は、紋紙のパンチ穴の有無によって与えられるが、かつてはこのパンチ作業は根気のいる大変な作業であった。しかしその後、コンピュータ技術の導入により、パンチ作業は著しく能率化された。さらに現在では、紋紙情報自体が電子化され、直織装置によるカードレスジャカード機（紋紙を使用しないジャカード機）の普及へと進展している。

[*1] 例えばガーゼのような織物は糸ずれしやすい。これを目よれともいう。

2.2　編　物（ニット）

　編物は糸のループを連結して構成された布であり，よこ編とたて編に分類される。よこ編は，1本または複数本の糸を用い[*1]，よこ（コース：course）方向に一段ずつ編み進めるものをいい，たて編は，多数のたて糸を用い，そのたて糸で作ったループを他のたて糸のループと連結させながら，たて（ウェール：wale）方向にジグザグ状に編み進めるのが基本である[*2]。

コース
　編地のよこの段をコースという。

ウェール
　編地のたての列をウェールという。

（1）　編地の基礎
1）　基本になる編目

　編物を構成する編目（stitch, loop）には，図3-20に示すようなものがある。まず図中の(a)のように，新しい糸ループの引き出す方向によって区別される**表目**（おもてめ）（face loop）と**裏目**（うらめ）（reverse loop）がある。この表目と裏目は，よこ編組織を構成する基本的な編目となっている。

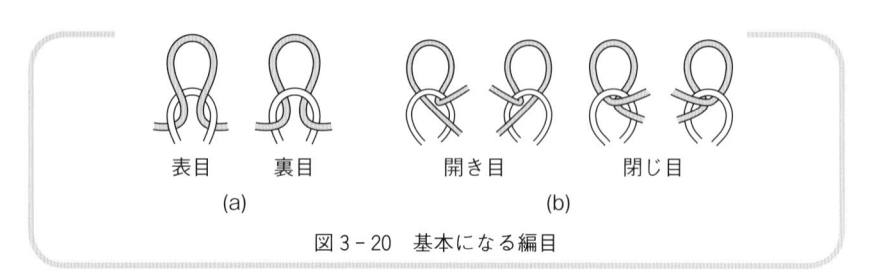

　　　　　表目　　裏目　　　　開き目　　　　閉じ目
　　　　　　(a)　　　　　　　　　　　(b)

図3-20　基本になる編目

　これに対し，図中の(b)に示されているように，新しい糸ループが開いているのか，閉じているのかが，別の意味で編目の基本となっている。開いている場合を開き目（open loop），閉じている場合を閉じ目（closed loop）といっている。この開き目と閉じ目は，たて編を構成する基本編目である。

　したがって，よこ編組織は表目，裏目の組合せ，たて編組織は開き目，閉じ目の組合せから編地が成り立っているといえる。

2）　たて，よこ編地の基本的な相違

　たて編，よこ編は，いずれもループ構造から成るが，基本編目，編成原理が異なるため，かなりの相違を生じる。よこ編はコースを端から順に編成していく[*3]ので，編地から糸を解くことができる。このため編地は端がほつれやすく，また編糸がどこか1か所切断すると，その傷がウェール方向にハシゴ状に拡大しやすい。またよこ編地の伸縮性は，組織にもよるが，一般に大きい。

　これに対し，たて編地は編糸を解くことが不可能で，傷ができても広がりに

[*1]　家庭の手編機械，棒針を使う手編もよこ編である。よこ編は原理的には，1本の糸で編成していくことができるが，特に丸編機（⇨p.72）などでは，多数本の糸を供給して能率的に編成を進める。

[*2]　ただしミラニーズ編機の場合には，たて糸の走る方向は一貫して斜め方向であるが，この編機は現在，ほとんど使用されていない（⇨p.72）。

[*3]　ただし，ひげ針使いのよこ編の場合には，たて編と同様に1コースを同時に編成する（図3-22）。

くく，また伸縮性も抑えられたものになる。編地としては，フィラメント糸使いのファインゲージ*1のものが多い。

（2）編針と編成

手芸の手編には，編棒や鉤針が必要なように，編機で製編するためには編針が必要になる。古くから用いられている編針には，図3-21に示すひげ針（bearded needle）とべら針（latch needle）がある。両者は，よこ編，たて編ともに広く用いられるが，ひげ針は編成するためにプレッサー（presser）などの補助装置が必要になるのに対し，べら針は補助装置が不要で，糸が供給され針が動けば自動的に編目が作れるので自動針ともいう。この他にべら針ではあるが，針の両端が編針の頭（フック）になっている両頭針*2などもある。図3-21の複合針（compound needle）は，たとえば，たて編の高速化などに伴って使用されている。

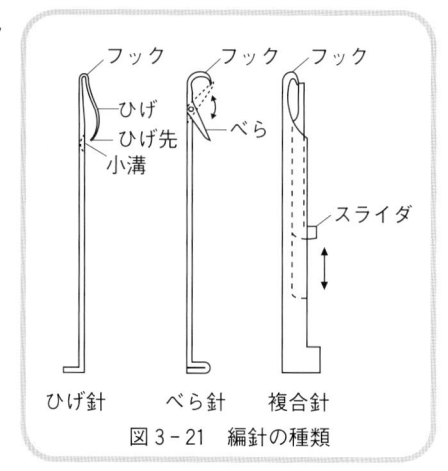

図3-22にひげ針，べら針の編成の原理を示す。供給された糸が古い編目を抜けて新しい編目を作ることをノックオーバー（knock over）というが，ひげ針の場合には，ノックオーバーするためにひげの先を閉じなければならず，先に述べたプレッサーがこの役目を負っていることが分かる。

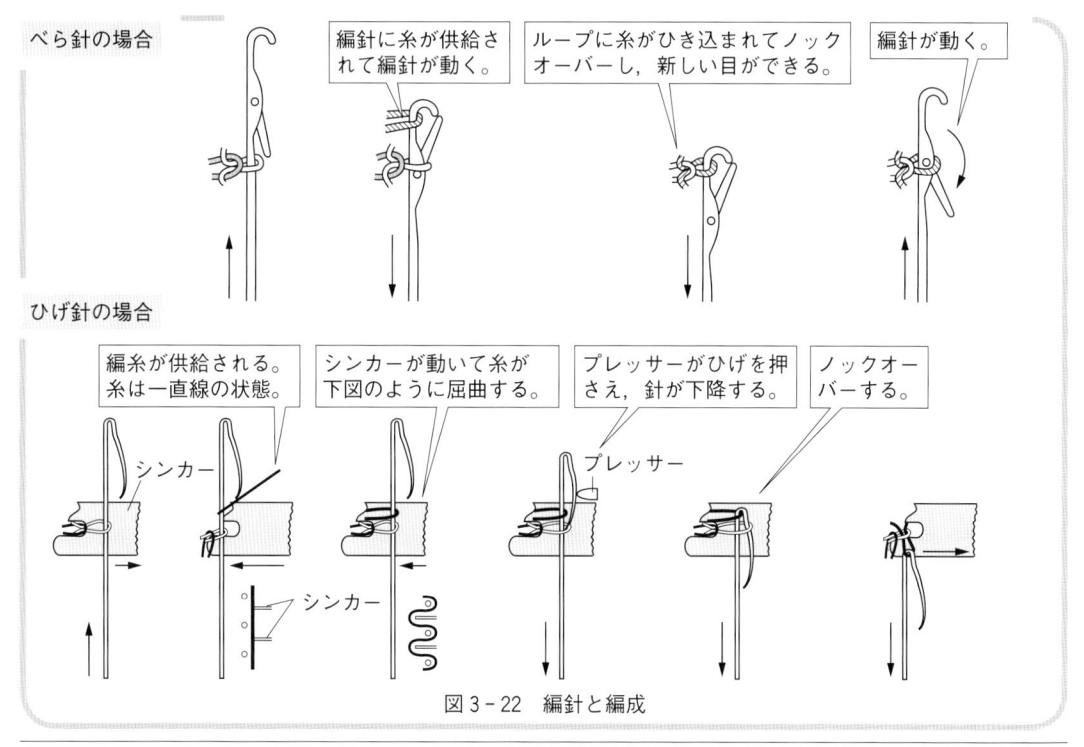

図3-21 編針の種類

図3-22 編針と編成

*1 編機の単位長さに含まれる編針の数をゲージという。したがって目の詰まった組織の意味である。

*2 両頭針はもっぱらパール編を編むのに使用される編針である。

（3） 編機の分類

編機の分類を図3-23に示す。これらの編機について，いくつかの重要な点を次に説明しておこう。

1） 針　　床（needle bed）

編機には，針を並べた針床というものが存在する。編機には，この針床が，一列のものと二列のものがあり，一列針床の編機で編成される生地をシングルニット，二列針床の編機で編成される生地をダブルニットということがある。よこ編では，針床が一列，二列のいずれの編機も使用されるが，たて編では，二列針床もあるが，多くが一列針床の編機と考えてよい。

針床の形状は，平型のものと円型のものがある。平型の編機からは平面状の編地が，円型の編地からは円筒状の編地が作られる。よこ編では，平型針床の編機（べら針使いが多い）を**横編機**[*1]といい，また円型針床の生地用編機を**丸編機**といっている[*2]。よこ編では，平型，円型のいずれのタイプも使われるが，生産量は後者の方が圧倒的に多い。たて編の場合は，ミラニーズ編機（milanese machine）に円型針床の編機が存在するが，現在，ミラニーズ編機はほとんど使用されておらず，実質的にたて編機（トリコット編機：tricot machine，ラッシェル編機：raschel machine）[*3]の針床は，基本的に平型と考えてよい。

2） 成　　型（fashioning, shaping）

織物の場合は，生地を裁断，縫製して衣服を構成するが，編物の場合は目増やし，目減らしを行って，成型することが可能である。ただしこのような成型編が可能なのは，よこ編のみである[*4]。図3-23におけるコットン式編機[*5]（フルファッション編機）は，ひげ針を用いた典型的な成型編機である。また靴下編機は円型針床をもつ成型編機といえる。これに対し，丸編に分類される流

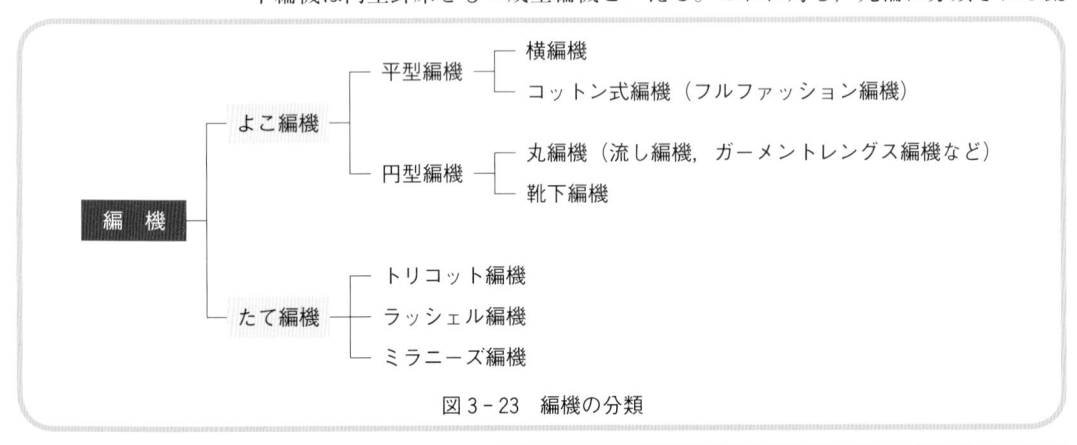

図3-23　編機の分類

```
                    ┌─ 平型編機 ─┬─ 横編機
        ┌─ よこ編機 ─┤            └─ コットン式編機（フルファッション編機）
        │           │
        │           └─ 円型編機 ─┬─ 丸編機（流し編機，ガーメントレングス編機など）
編　機 ─┤                        └─ 靴下編機
        │
        │           ┌─ トリコット編機
        └─ たて編機 ─┼─ ラッシェル編機
                    └─ ミラニーズ編機
```

---

*1　本書において使用されている「たて編」「よこ編」は「経編」「緯編」のことで，編成方式を意味している。したがって緯（よこ）と横は区別して使うので，混同しないこと。

*2　針床と針の配置の関係については，図3-25（⇨p.74）を参照のこと。

*3　たて編機の主要なものは，トリコット編機とラッシェル編機である。原理的に両者は変わらないが，トリコット編機にはひげ針が，ラッシェル編機にはべら針が用いられる。

し編機は，一切成型はしないので，筒状の編地を切り開いて裁断，縫製をする。たて編地の場合も成型編が不可能なので，同様に裁断して製品化する必要がある。一方，丸編のガーメントレングス編機とは，ちょうど一着（着丈）分ずつの身頃部分を区切りながら，連続的に組織なども変えて編成する編機をいう。この編地に袖と衿を縫いつければ製品となるので，半製品を製造する編機といえる。

3） 筬（guide bar）

たて編機とよこ編機の違いに，筬*1の有無がある。ただし筬といっても織機の筬とは全くの別物である。たて編機には，多数のたて糸が存在するが，このたて糸が筬の導糸針（⇨p.79，図3-34）に編組織に応じて規則的に通されており，これを動かすことにより所定の編針に巻き付けるが，この操作をラッピング（lapping）という。たて編機において，最も簡単な組織は，1枚の筬ですべてのたて糸を一律に動かし，編針にかけて編成する組織であるが，これらの組織は基本的に実用性に乏しい。よく用いられるたて編組織は，筬が2枚あるいはそれ以上ある組織である。一般に筬の枚数が増加するほど複雑な組織になる。

（4） 編物の組織

織物に織物組織があるように編物にも組織がある。編物組織の場合にも，織物と同様に基本組織があり，それを基にした変化組織がある。よこ編の場合には基本組織，変化組織ともによく用いられるが，たて編の場合には，主として変化組織が用いられる。

1） よこ編組織

① 組織の表し方

よこ編組織を表すためには，編目記号を用いるか，編成記号（編み方図）を用いるのが一般的である。編物組織の表示を理解するためには，ある程度，編機や編成についての知識が必要となる。編目記号と編成記号には，それぞれ特徴はあるが，編成記号の方が，編機の針床の状態，糸の供給（給糸）状態，針の動きなどが明瞭に示されるので，特に複雑な組織の表示に適している。

すでに述べたように，よこ編は基本的に図3-20(a)（⇨p.70）にある表目，裏目の組合せで組織が構成される。図3-24に編目記号，編成記号による表目と裏目の表示法を示した。編目記号の場合には，方形の部分が1つの編目を意味し，編成記号では針が新しいループを作り出す状況を示している。

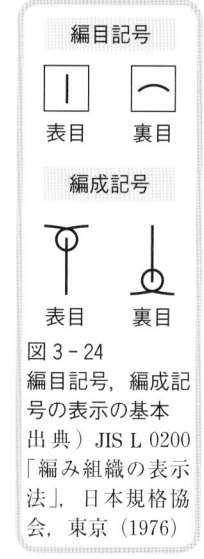

無縫製のたて編製品
最近では，編柄のあるスパッツやストッキングのような無縫製のたて編製品がある。これは2列の平型針床でそれぞれの編地を編成・連結するため縫い目が存在せず，また編成張力などを利用して形状付与（広義の成型）したものである。

図3-24
編目記号，編成記号の表示の基本
出典）JIS L 0200「編み組織の表示法」，日本規格協会，東京（1976）

前頁*4 編組織を変えたり，編目密度を変えたりすることにより，編地の形状を変えることもできるが，これは広義の成型であり，狭義の成型編による成型とは区別される。

前頁*5 「コットン式」とは，発明者に由来する名称である。

*1 ミラニーズ編機の場合には，平型と円型で編機の機構は大きく異なる。いずれもたて糸を斜めに連続的に走らせながら編成を進めるのが特徴であり，形状は異なるが，両者とも筬は存在する。

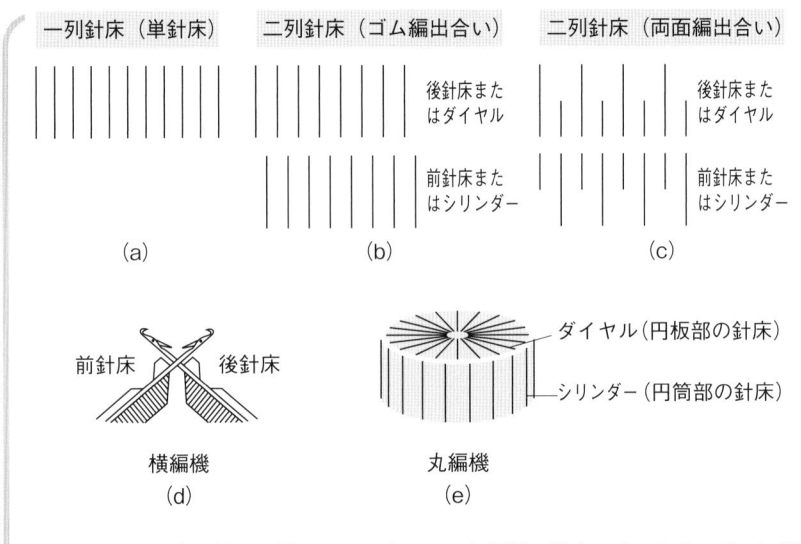

```
一列針床（単針床）    二列針床（ゴム編出合い）    二列針床（両面編出合い）
```

|||||後針床または
ダイヤル|||||後針床または
ダイヤル|
|||||前針床または
シリンダー|||||前針床または
シリンダー|

(a)　　　　　　　(b)　　　　　　　(c)

前針床　後針床　　　　ダイヤル（円板部の針床）
　　　　　　　　　　　シリンダー（円筒部の針床）

横編機　　　　　　　丸編機
(d)　　　　　　　　(e)

(a)は1つの針床に針が配置しているもので，丸編機の場合には，シリンダーに配置した針が相当する。
(b)は2つの針床に針が交互に配置したもので，横編機では(d)のような逆V字型の針床であり，丸編機では(e)のようにシリンダーとダイヤルが針床として機能する。(e)の場合は，針がゴム編の配置になっている。
(c)は針床の形態は(b)と同様であるが，長針と短針の2種の針が向かいあって配置している。2つの針床の間の長針と短針が同時に動くことはない。

図3-25　よこ編機の針床と針の配置（編成記号）

「編機の分類」（⇨p.72）においても述べたように，よこ編では針床が一列のものと二列のものがあるが，編成記号では針が並んだ針床の状態で表示する。よこ編機の場合，典型的な針床と針の配置を示せば，図3-25のようになる。二列針床には，ゴム編，両面編の針の配置（出合い）があるが，これについては次に述べる具体的な組織と関連させて説明する。

② 基本組織

　よこ編の基本組織は，平編，ゴム編，パール編である。これらの組織の外観と編目記号，対応する三組織の編成記号を図3-26に示す。

a．平編（plain stitch）

　平編は，天竺編ともいい，手編ではメリヤス編とよぶこともある。ループを同じ側に引き出して形成される編地で，表目が並んだ方が編地の表となる。編機では，一列針床の編機で，同一方向にループを形成するので，編成記号では図3-26のような表示となる。丸編機の場合には，シリンダー上の針で編成されることになる（図3-25）。

　平編は，よこ編組織の中でも広く使われる最も基本的な組織である。編地は他の基本組織よりも薄く，表裏があり，伸縮性はコース方向に大きい。欠点として編地が端からめくれやすく，傷が入ると拡大（伝線）しやすい。

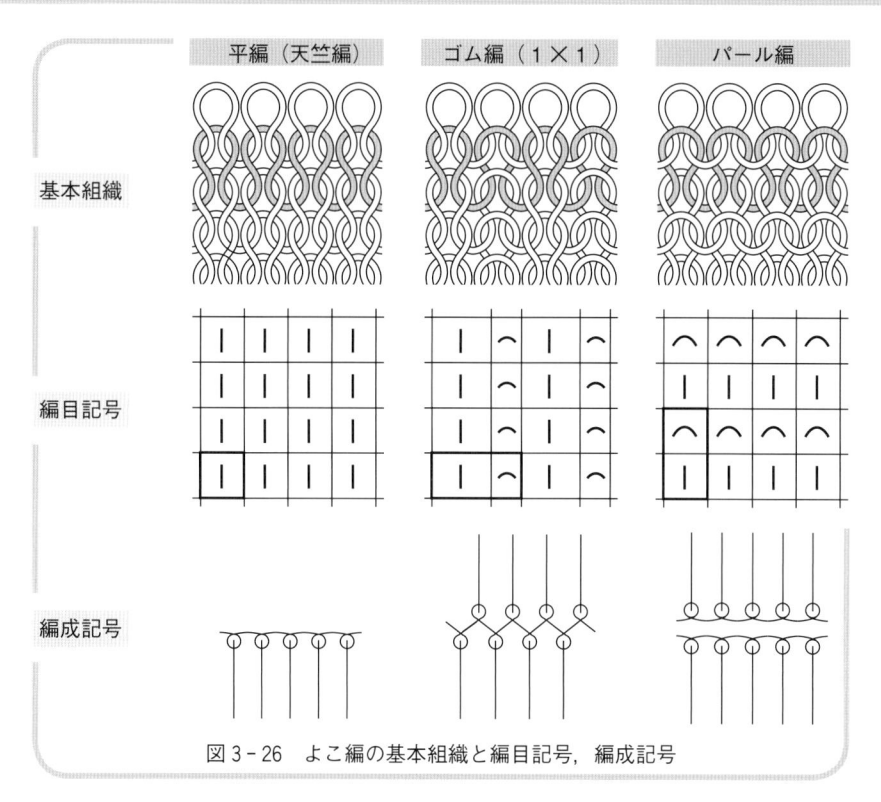

図 3-26　よこ編の基本組織と編目記号，編成記号

b．ゴム編（rib stitch）

ゴム編は，畔編*¹，リブ編ともいう。図 3-25(b)に示すように，針が交互に配置された二列針床*²の編機で編成されるが，丸編のゴム編機をフライス編機というため，この組織をフライス編ということもある。

ゴム編は，ウェールに表目と裏目を交互に配置した 1×1 ゴム編が基本であるが，2×1，2×2 などの組織もある。図 3-26 の編目記号において方形の大きさを変えているのは，編機の 2 つの針床*³を区別するためである。編成記号では，このような針床と，針の動き，給糸が理解しやすい。

ゴム編は，図 3-26 に示された外観とは違って，実際には裏目のウェールが引っ込んで，表目のウェール同士が隣合うので，布の厚さが大となり，コース方向に特に伸縮性の大きな編地となる。このためゴム編組織は衣服の袖口や裾などによく使われている。

c．パール編（purl stitch）

パール編は，図 3-26 に示すようにコースに表目と裏目を配置した組織である。両頭編，ガータ編，リンクス編ともいわれる。この編地は，両頭針*⁴を用

---

*1　1×1 ゴム編をいう。
*2　すなわち前針床（シリンダー）と後針床（ダイヤル）において，針が交互に配置されている（⇨図 3-25）。
*3　大きな方形は前針床またはシリンダー上の針床，小さな方形は後針床またはダイヤル上の針床を意味する（⇨図 3-25）。
*4　べら針ではあるが，針の両端がどちらも頭部になった編針。

いたパール編機（両頭編機）によって編成される。この編機は，延長上に並べて設置された2つの針床（丸編機の場合にはシリンダ）間を両頭針が往復移動することにより，図3-26のようにコースごとに表目と裏目を編成する[*1]。

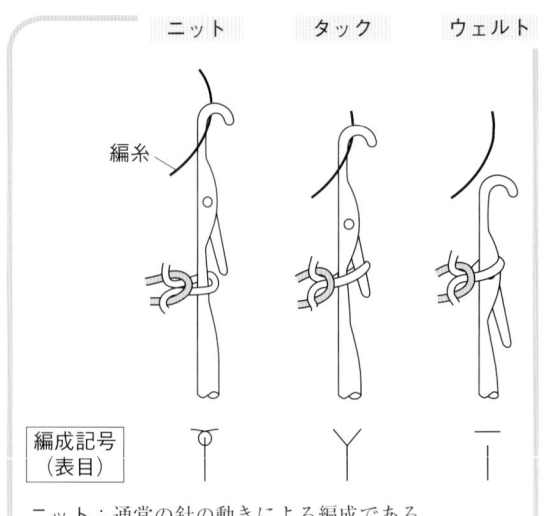

パール編は，外観的には平編の裏組織のように見えるが，平編より厚くなって表裏同一で，伸縮性の大きい編地である。コース方向に比べて，ウェール方向の伸びが大きいのが特徴である。

③ 変化組織

よこ編の変化組織は，いろいろな手法によって誘導されるが，その代表的なものにニット（knit），タック（tuck），ウェルト（welt）またはミス（miss）という特別な針編成を導入する方法がある。図3-27にこれらの針の動きと編成記号を示す。

変化組織は，基本組織を基に誘導されるが，中でもゴム編系統の組織が中心になる。ゴム編の変化組織である両面編（⇨p.77）は，この組織を基に多くの変化組織が誘導されるので，基本組織に準じる組織として扱うことも多い。

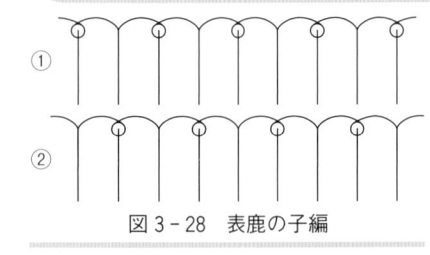

ニット：通常の針の動きによる編成である。
タック：ニットの場合ほど針は動かないため，ループがベラをはずれない。次の編成ではニット同様の動きをするために2本の糸が編目を形成する。
ウェルト：針は動かず，編目が形成されない。

図3-27　変化組織を誘導する手法

図3-28　表鹿の子編

a．平編の変化組織

平編の変化組織の例として，タックを導入した鹿の子編の例を紹介しておこう。鹿の子編にも種類はあるが，図3-28に表鹿の子編の編成記号を示した。外観が子鹿の背中の模様に似ていることから，この名称がある。この組織は，2給糸で編成の繰返しが完成する。

b．ゴム編の変化組織

ゴム編の変化組織の例として，図3-29に片畦編（half cardigan stitch），両畦編（full cardigan stitch），両面編（interlock stitch），ミラノリブ（milano rib stitch）の例を示す。片畦編，両畦編，ともに2給糸の繰り返しであるが，いずれもタックを導入した変化組織である。ミラノリブは，3給糸の繰り返しからなる。ジャージー（外衣用のニット）として，よく用いられる素材である。

両面編は，たいへん重要な組織で，インターロック編ともよばれる。図3-25にあるような両面出合いの編機で編成される。長針，短針（図中の長い線と短い線）が交互に配置され，図3-29のようにそれぞれの針が交互にゴム編（1×1）をする組織である。参考までに図3-30に丸編機の場合の針と糸の配置を示し，

[*1]　自動横編機（二列針床）において目移しを行って編成することもできる。

片畦編　　　　　両畦編　　　　　ミラノリブ

両面編

図3-29　ゴム編の変化組織の例

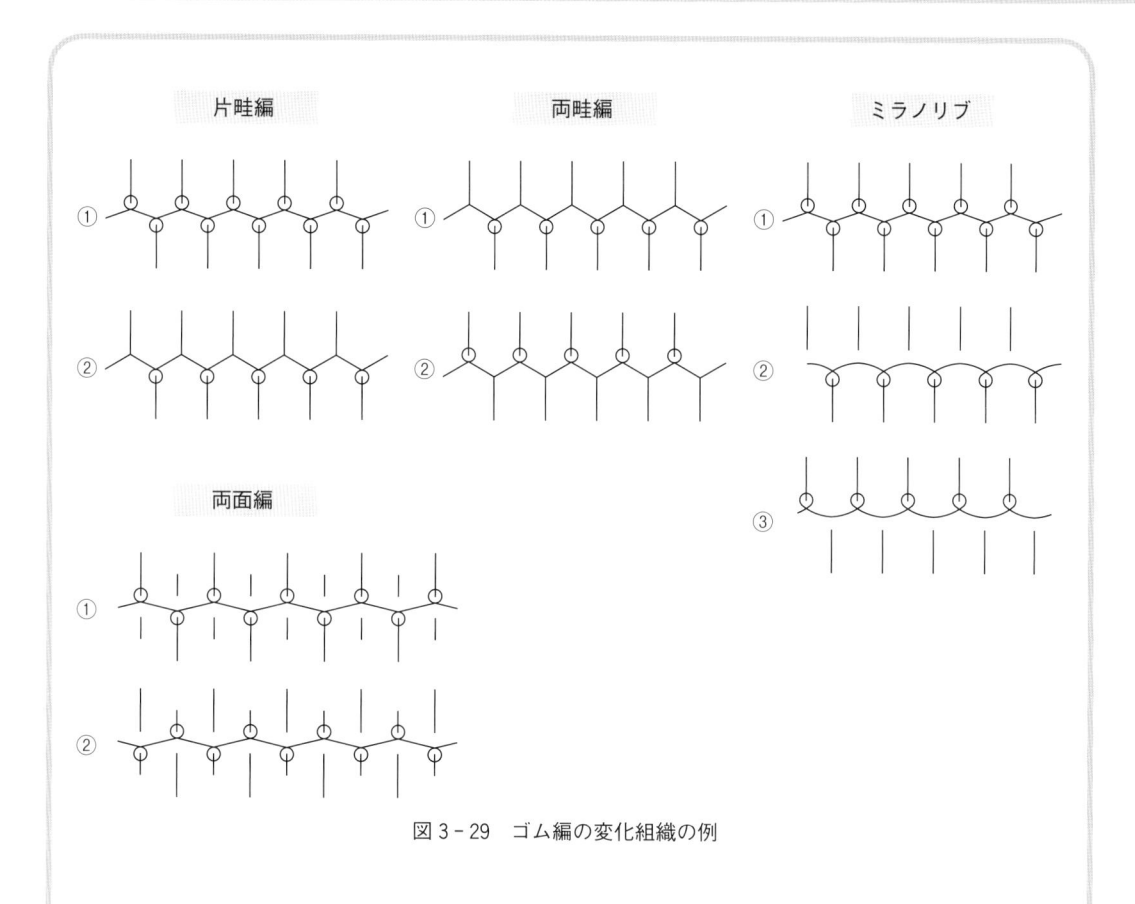

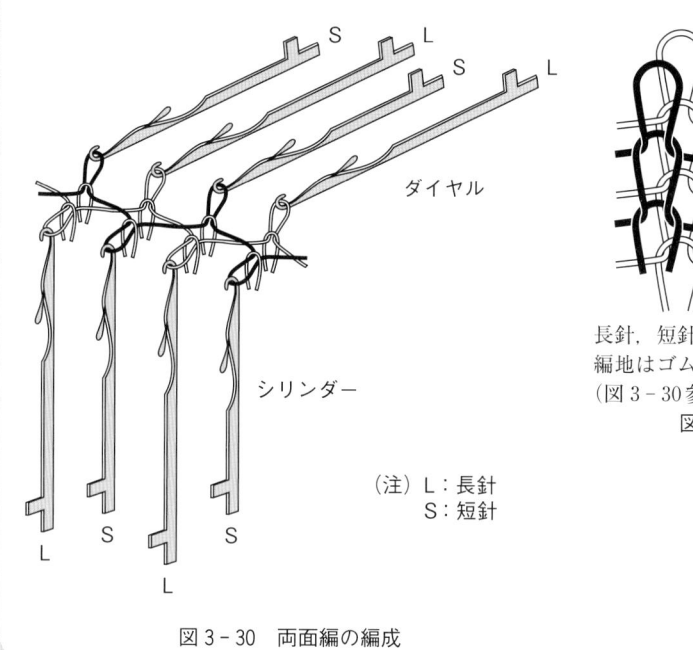

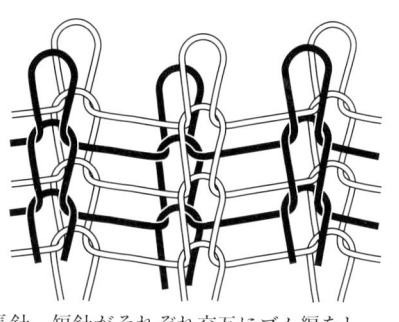

（注）L：長針
　　　S：短針

図3-30　両面編の編成

長針，短針がそれぞれ交互にゴム編をし，編地はゴム編を組み合わせた構造をしている（図3-30参照）。

図3-31　両面編地の構造

2. 布の製造と構造●

図 3-32　両面編の変化組織の例

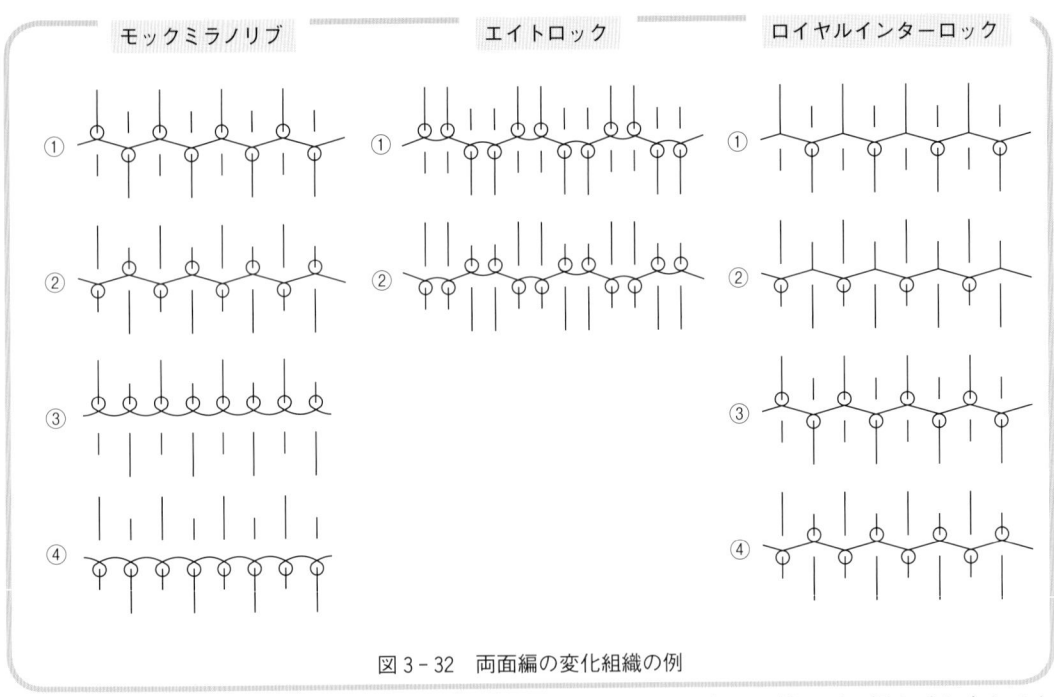

図 3-31 に両面編の外観構造図を示す。ちょうど 2 種のゴム編を重ね合わせた構造をしており，表裏が同一でゴム編より伸縮性は抑えられる。また表面が滑らかなので，この生地をスムース生地とよぶことがある。

c．両面編の変化組織

両面編の変化組織には，極めて多くの種類がある。図 3-32 にモックミラノリブ（mock milano rib stitch），エイトロック（eight lock stitch），ロイヤルインターロック（royal interlock stitch）の例を挙げておこう。モックミラノリブは，ジャージーとして多用される組織である。エイトロックは，2×2 ゴム編の変化組織といってもよい組織で，ロイヤルインターロックは，片畦編を両面編に応用した組織である。

d．その他

編物は基本的にループ構造から成るが，組織に糸を挿入することも行われている。部分的に柄を出すために挿入されることもあるが，生地全体にたて糸を挿入して，たて柄を出したり，伸縮性を抑制したりする組織もある。

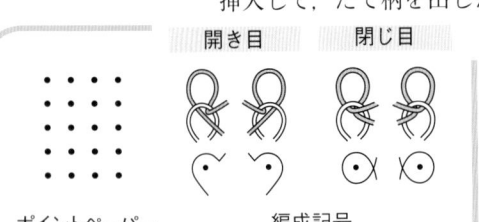

2）たて編組織

① 組織の表し方

たて編組織を表すためには，編成記号を用いる。たて編組織は図 3-20(b)（⇨p.70）に示すような開き目と閉じ目との組合せで組織が構成されている。たて編の編成記号は，ポイントペーパー上に表されるが，図 3-33 にポイントペーパーと対応する基本

図 3-33　ポイントペーパーと編成記号
出典）図 3-24 の文献

編目の編成記号を示す。

② 基本組織

たて編の基本組織は，1枚の筬ですべてのたて糸を一律に振って編成される組織で，シングルトリコット編[*1]（single tricot stitch），シングルコード編（single cord stitch），シングルバンダイク編[*2]（single vandyke stitch）がある[*3]。図3-34にシングルトリコット編の編成を示すが，筬に付属した導糸針がたて糸を振る様子が理解できる。図3-35にシングルトリコット編を含めた基本組織の外観と編成記号を示す。これらの組織は，いずれの組織も筬のたて糸の振り方によって，開き目と閉じ目を逆にした組織が編成できる。

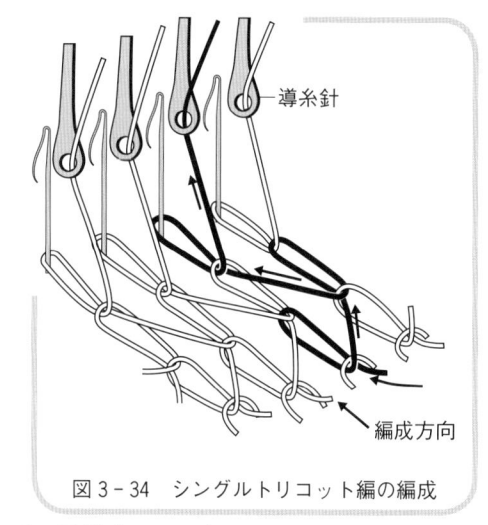

図3-34 シングルトリコット編の編成

シングルトリコット編は，最も基本的な組織で，それぞれ隣接するたて糸とループで結合されて編成が進む。これに対し，シングルコード編は，シングルトリコット編よりも，さらに1本離れたたて糸とループが連結する組織で，シングルバンダイク編は，よこ方向へ1段ずつ連続して移行し，任意の数で反転し，また戻ることを繰り返す組織である。

③ 変化組織

たて編で実用性のある編地は，筬が2枚以上の組織である。特に筬が2枚のものはよく使われているので，ここでは2枚筬の組織について具体的に説明しよう。2枚筬の組織は，たて糸が2枚の筬（前筬，後筬）のいずれかで振られて編成が進むが，2枚の筬の動く方向は互いに逆方向になり，編針には2本の糸が同時にラッピングするので，丈夫な組織となる。

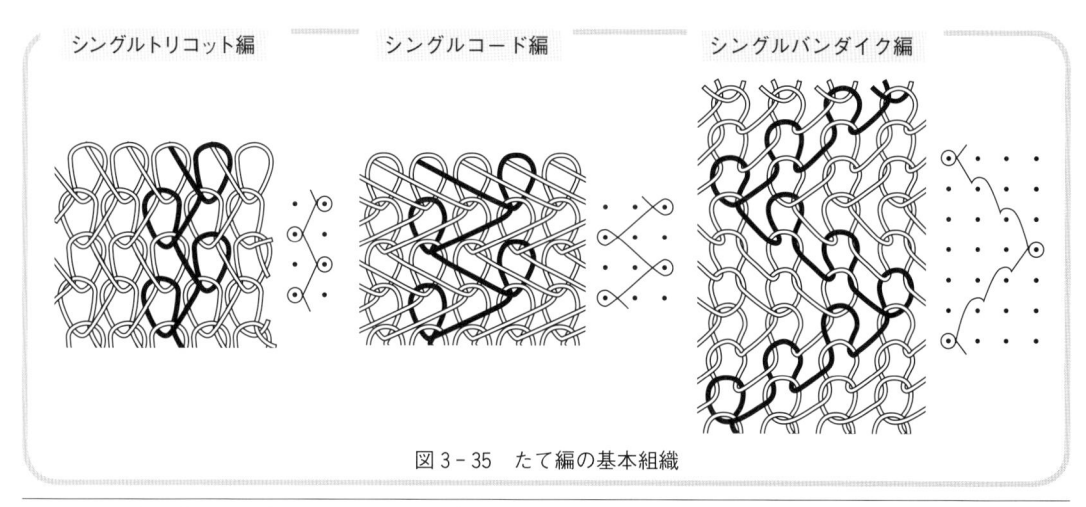

図3-35 たて編の基本組織

*1 シングルデンビ編（single denbigh stitch）ともいう。
*2 シングルアトラス編（single atlas stitch）ともいう。
*3 ここで組織名称にシングルがつくのは，筬がシングルという意味である。

2. 布の製造と構造

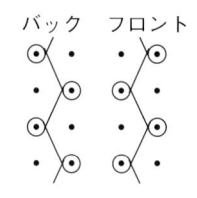

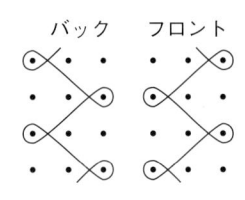

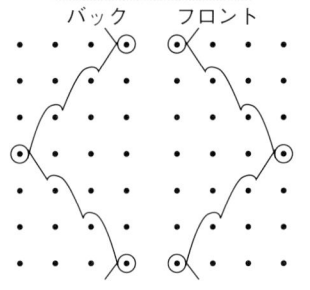

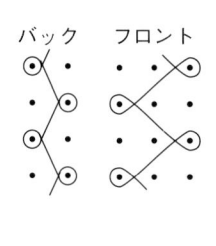

図 3-36　たて編の変化組織（2枚筬の組織）

図 3-36 にプレーントリコット編，ダブルコード編，ダブルバンダイク編，ハーフトリコット編を示す。

a．プレーントリコット編（plain tricot stitch）

プレーントリコット編はダブルデンビ編ともよばれる。編成記号[*1]から分かるように，シングルトリコット編を糸を振る方向を対称にして重ねた組織である。

b．ダブルコード編（double cord stitch）

ダブルコード編はダブルバーコード編ともいい，シングルコード編を対称に重ねた組織である。

c．ダブルバンダイク編（double vandyke stitch）

ダブルバンダイク編もすでに説明した組織と同様に，シングルバンダイク編を対称に重ねた組織である。

d．ハーフトリコット編（half tricot stitch）

シャルムーズ編ともいう。図 3-36 の編成記号のように，2組のたて糸のうち，前筬のたて糸にシングルコード編を，後筬のたて糸にシングルトリコット編をさせて重ねた組織で，この組織はたて編の中では，最も多量に使用される重要な組織である。編地は，比較的伸縮性があり，衣料用途としてはランジェリー，肌着類によく用いられる。

編地の外観を図 3-37 に示す。なお前筬と後筬の動きを入れ換えて，前筬にシングルトリコット編，後筬にシングルコード編の動きをさせて編成したものは，図に示された裏面のジグザグの長い浮き糸が内部に入って覆われるので，伸びが抑えられた編地になる。このような組織を，逆ハーフ編（back half stitch）とよんでいる。

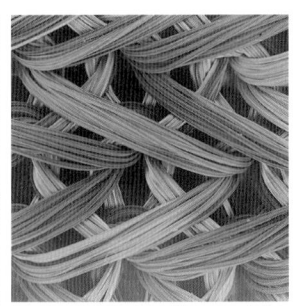

図 3-37　ハーフトリコット編の外観（SEM写真）
表　面　　　裏　面

---

*1　編成記号のフロント，バックとは，2枚筬のうちの前筬，後筬の意味。

e. サテントリコット編（satin tricot stitch）

サテントリコット編はハーフトリコット編より前筬のシングルコード編の振りをさらにもう1ウェール分だけ大きくした組織（シングルサテン編）で，振りが大きいだけジグザグの糸が露出するので，サテンのような光沢の効果が現れるのが特徴である。

以上，変化組織として2枚筬の組織を説明したが，たて編組織は多数枚の筬を使用した組織も多く，特に編レースでは多数枚の筬あるいはジャカード装置を付属したラッシェル編機を使った複雑な組織のものがある。

よこ編に糸を挿入する組織があったが，たて編の場合も，編地にたて糸やよこ糸を挿入した組織がある。ラッシェル編機を使ったこのような組織は，ジャージーとして利用されており，伸びが少ない安定した生地となる。

2.3 不織布

不織布は，前述のようにウェブを製造し，これを固定化するというプロセスを経て製品化される布である。したがって，このウェブの形成と固定化（ボンディング：bonding）が不織布の種類，構造，特性を決めることになる。不織布原料は，天然繊維から化学繊維まで多様であり，繊維形態としてフィラメントもあればステープル繊維，あるいはパルプ[*1]も原料となる。このうち生産量の多い繊維素材は，レーヨン，ポリプロピレン，ポリエステルである。

（1） 不織布の分類と製法

ウェブ形成法には乾式と湿式がある。乾式はウェブ形成を乾燥状態で，湿式は繊維を水に分散した状態で行う方式である。しかし現在では技術が多様化し

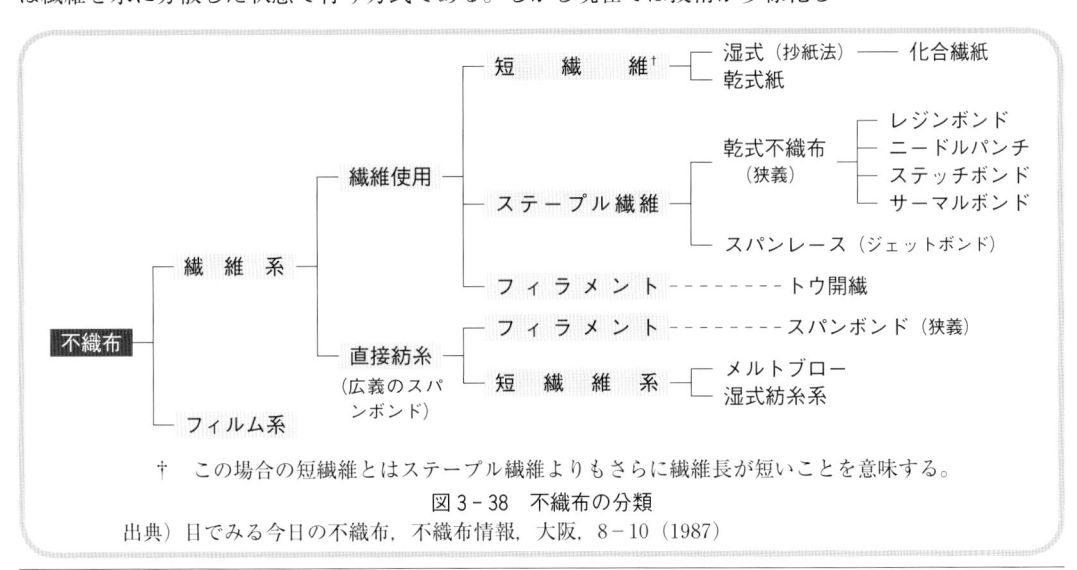

† この場合の短繊維とはステープル繊維よりもさらに繊維長が短いことを意味する。

図3-38 不織布の分類

出典）目でみる今日の不織布，不織布情報，大阪，8-10（1987）

＊1　木材パルプからの繊維で，ステープル原料よりもっと短い数mmほどの繊維。

ているので，これに必ずしもとらわれずに分類した例を図3-38に示す。このうち重要なものについて説明を加えておこう。

1) 湿式不織布

化合繊紙ともいう。化合繊を水中に分散させ，いわゆる抄紙に準じた方法で，不織布を形成する方法である。紙に近い性状となる。

2) 乾式紙

木材パルプのシート化を気流を利用して行い，かさ高シートを得る方法である。固定化には，接着剤を使用する。

3) 乾式不織布

ステープル繊維を原料としてカード，ウェバーといった機械[*1]により，ウェブを製造し，これを固定化して不織布を作る方法である。この不織布は，従来の不織布の中心的な存在といえる。固定化の方法には，次のようなものがある。

① レジンボンド

ケミカルボンドともいう。接着用樹脂によって固定化する方法で，合成樹脂のエマルジョン[*2]に浸せきし，キュアリングして繊維間を接着するものである。繊維間の固定は強固となり，硬い製品となる。もっと柔軟な製品を作る場合には，接着剤をスプレーしたり，プリントして付与することも行われる。

② サーマルボンド

熱可塑性繊維を混入し，加熱融解させることによって，繊維間を接着する方法である。繊維ではなく，樹脂パウダーを混入して固定化するパウダーボンドもある。その他，ネット，フィルムという状態で混入することもある。

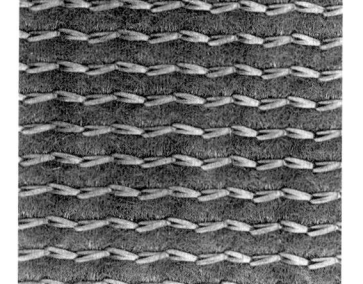

③ ステッチボンド

ウェブを固定するためにステッチを落とす方法である。ステッチを落とす方法には，いろいろあるが，例えば，たて編機を応用して布面に糸を用いてステッチを形成する。図3-39に一例を示す。この種の不織布は，風合いはよいが，耐久性は余り大きくない。また生産量は多くない。

図3-39 ステッチ法不織布の外観

④ ニードルパンチ

図3-40に示すように，微小な刺のついた針でウェブを突き刺し，繊維を絡ませて固定化する方法である。ウェブがある程度の自由度をもつために，柔軟な不織布となる。現在，多様な製品が生産されている。

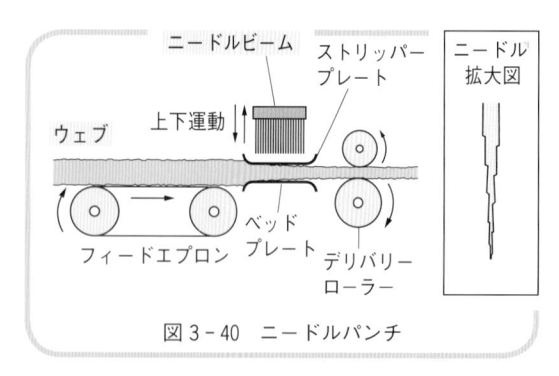

図3-40 ニードルパンチ

[*1] カード機は紡績の項（⇨p.39）を参照。ウェバーは空気流を利用したウェブ製造機。
[*2] 水系の合成ゴムまたは合成樹脂のエマルジョンを用いる。

⑤ ジェットボンド

　高圧ノズルから水ジェットを噴出して，ウェブ中の繊維の絡みを起こして固定化する方法である。この方式は，ジェットパンチ（water jet punch）とかスパンレース（spun lace）ともいわれる。柔軟で，用途としては，ガーゼの代用としてよく使われている。

4） 直接紡糸法不織布

　この方法は，繊維の製造工程（紡糸工程）とウェブ形成工程をドッキングした不織布製造方式である。工程が連続化するために大変能率的であり，スパンボンド法とよばれることが多い。

　紡糸方法としては，第1章で説明したように，溶融紡糸，乾式紡糸，湿式紡糸があるが（⇨p.21），いずれの方法からも不織布化が可能である。例えば，溶融紡糸においては，空気ジェットと静電気を用いてフィラメントを紡糸し，かつ分離してウェブを作る方法，湿式紡糸においては，レーヨン，キュプラの紡糸から直接的にウェブを作り固定化する方法が実用化されている。

　フラッシュ紡糸法は，ポリマーを溶剤に溶解するのであるが，この溶剤が紡糸時に急速に気化するものを選定しておく。このような条件のもとでノズルから紡糸すると溶剤は急速にガス化し，ポリマーは延伸されながら固化して，特有な網状構造の繊維となる。これを集積してウェブとするものである。

　メルトブロー法は，熱融解したポリマーを高速気流で吹き飛ばして，ウェブを形成する方法である。ちょうど「霧吹き」で霧を吹くときの原理に似ている。

5） フィルム系不織布

　フィルム形成からウェブを得る方法には，スプリットフィルム法，発泡フィルム法などがある。

　スプリットフィルム法は，延伸したフィルムを割繊フィブリル化し，ウェブとして利用するものである[*1]。

　発泡フィルム法は，発泡剤を含んだポリマーを溶融してフィルムを作るが，このとき，高い延伸をかけて網目状シートとし，これをウェブとして利用するものである。

(2) 不織布の構造，性質の特徴

　不織布は，原料や製法により構造，性質が大きく異なるので，一概にいうことは難しい。しかし，それらに共通する特徴にはおおむね次のようなものがある。

(1) 不織布は，織物，編物と比べ厚くて軽いものが多い。このことは，不織布がかさ高であり，ポーラス（多孔質）な構造をしていることを意味する。このような構造は，当然，保温性，通気性，透湿性などの性質と関連する。

＊1　糸として利用したものが，スプリットヤーンである。

(2) 織物,編物は,たて(ウェール),よこ(コース)方向によって,力学的特性が異なり,したがって強さなども相違する。織物,編物は,このように異方性をもった材料であるが,不織布の場合には,異方性の少ないものから,異方性の大きなものまで,比較的自由に作ることができる。

(3) 不織布の強度は,一般に織物,編物に比べ小さい。

(4) 不織布は,風合いなどの点で,織物や編物との差が大きい。製法と関連して大きく異なるが,例えば紙のような感触だったり,ドレープ性に乏しいなどを挙げることができる。また表面特性などもサーマルボンドでは滑らかであるが,ニードルパンチでは毛羽だっているなどの相違が出る。

(3) 不織布の用途

不織布には多様な用途がある。衣服分野よりは,むしろ生活,産業用途が中心である。表3-1に衣料,衛生,家具・インテリアなどの分野における不織布の用途を示す。

2.4 皮 革

天然皮革,人造皮革(擬革,合成皮革,人工皮革)の構造と性質を述べる。

(1) 天 然 皮 革

利用される原皮(raw hide)は,牛,馬,豚,山羊,羊,爬虫類[*1]やその他の小動物[*2]などのものである。この中では,牛が圧倒的に多い。

表3-1 不織布の用途の一例

分 類	最 終 用 途
衣 料	衣料部材(芯地,接着芯地,中入れ綿,ブラジャーパット,肩パット,ジャンパーライナー),デイスポ衣料(イベントジャンパー,旅行用下着),靴(靴中底材,防寒靴,ベビー靴),靴部材(インソール,釣靴底),ワッペン,手袋,スリッパ,帽子
防 護	保護衣(仕事着,実験着,防塵服),防護用品(安全靴,作業手袋,防煙マスク,防塵マスク,防毒マスク)
医 療	手術着,覆布セット,お産用パット,キャップ,マスク,シーツ類,抗菌マット,パップ剤基布,湿布剤基布,ギプス材,白血球分離材,人工皮膚
衛 生	おむつ(紙おむつ,おむつカバー),生理用品(ナプキン,タンポン),救急用品(ガーゼ,救急絆創膏,綿棒),洗浄用品(ウェットティッシュ,化粧綿,母乳パット),おしぼり,マスク
家具・インテリア	カーペット(カーペット,カーペット基布,タイルカーペット,電気カーペット,マット基布,アンダーカーペット),家具部材(クッション材,応接チェアーの中入れ綿),建具(障子紙,畳関係,ブラインド),壁紙,装飾品(ペナント,ロールスクリーン,造花)

出典) 不織布研究会編:『不織布の基礎と応用』,日本繊維機械学会,大阪,306 (1993)

*1 ワニ,トカゲ,ヘビなど。　　*2 ミンク,狐,狸など。

原皮は図3-41に示すように，表層より表皮，真皮，皮下組織より成っている。表皮と皮下組織は利用されない部分なので除去される。したがって利用される部分は，真皮層であるが，真皮層はさらに乳頭層と網状層に分けることができ，乳頭層は銀面を構成し，網状層は皮革の主要部を形成する部分である。真皮層はコラーゲン（collagen）繊維より成り，コラーゲン繊維はポリアミノ酸から成るコラーゲン原繊維が集まって繊維を作り，さらに繊維が集まって繊維束を形成しているが，これがさらに3次元的な網状構造を作っている。

図3-41 原皮の構造

皮革として利用できる状態にするためには，なめし（tannage, tanning）が必要になる。これは腐敗を防いだり，熱に対して安定的にするなど，必要な性質を付与するためであり，このような処理をしたものを革という。なめし剤には，クロムなめし剤，植物タンニンなめし剤があり，その他，合成なめし剤などもある。なめしによって革の性質は大きく変わるが，クロムなめし革は，特有の青色を呈して柔軟であるのに対し，植物タンニンなめし革は，茶褐色で堅牢であり，立体加工しやすい。

皮革には，大きくスムーズ仕上げとナップ仕上げがある。

スムーズ仕上げは，表面が平滑な仕上げで，銀付き革が代表的なものである。銀付き革は天然の表面状態をそのまま生かした革である。

ナップ仕上げは，銀面をバッフィング処理して毛羽立たせたものであるが，反対側の肉面を毛羽立ち処理することもある。これらを総称してスエード（suede）とよんでいることが多い。

図3-42は，天然スエードの断面を示したものであるが，繊維束が3次元的に絡み合った網状層と毛羽立った表面が観察できる。

以上のような構造をしているために，革の性質は多孔性で，通気性，吸湿性，放湿性に優れ，引き裂き，引張り強さが大きい。革衣料では，クリーニングや保管に細心の注意が必要である。

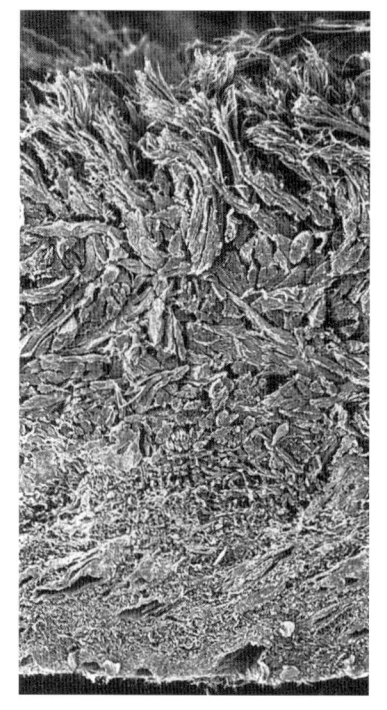

図3-42 天然皮革（スエード）の断面写真
出典）繊維学会編：『図説繊維の形態』，朝倉書店，東京，255（1983）

＊家庭用品品質表示法では，「合成皮革」または「人工皮革」のいずれかで表示される。しかし事業者において，人工皮革（該当箇所参照）かどうかの判定が困難な場合には，人工皮革であっても合成皮革と表示してよいことになっている。

（2）人造皮革＊

1）擬　　革（imitation leather）

最も初期の人造皮革で，織物などの基布にポリマー（樹脂）をコーティングしたもので，コーティング材料に塩化ビニルポリマーを用いた塩ビレザーがかつてよく製品化された。しかし寒暖により硬さが変化したり，また構造上，通気性，透湿性がないなど欠点が多かった。

2）合 成 皮 革（synthetic leather）

擬革の次に出現した人造皮革である。合成皮革の構造は，基布として織物，編物などを用い，表面に合成樹脂を塗布した二層構造から成っている。コーティング層の樹脂には，ポリアミド樹脂も用いられるが，主力はポリウレタン樹脂で，外観，感触において天然皮革に近いものが実現できるようになった。樹脂層は発泡構造のため連続的な気孔もいくらか存在しており，わずかながら透湿性などももつようになった。

3）人 工 皮 革（artificial leather）

最も進化した人造皮革である。合成皮革がコーティング樹脂によって主として外観，感触を類似させているのに対し，人工皮革は，それだけではなく，構造も天然皮革に近似させたものである。そのため通気性，透湿性なども兼ね備えている。

初期の人工皮革は，樹脂層，織布層，不織布層から成る三層構造であった。この素材は靴材料としてよく使用されたが，現在の人工皮革は樹脂層と不織布層からなる二層構造のものや，不織布層のみからなる一層構造のものとなっている。例えば，二層構造の場合は，不織布層においては極細繊維の3次元的な交絡構造をとって連続的な気孔を有しており，また樹脂層も連続的な気孔をもった構造をしている。この関係は，天然皮革の網状層と銀面層の関係によく似ている。

また一層構造のものとしては，スエード調の人工皮革がある。この素材は極細繊維として0.1～0.001Dに及ぶ繊維が技術的に製造可能になって，発展した素材である。図3-43は高分子配列体繊維（複合紡糸）から極細繊維束を作る方法を示したものである（⇨p.162）。この繊維束を用いて3次元交絡構造をもつ不織布とし，さらにウレタン樹脂に含浸し，表面を起毛して仕上げたものがこのスエード調人工皮革である。

図3-44に断面のSEM写真を示す。図3-42の天然スエードと形態が酷似していることが分かる。

極細繊維は，図のように2成分より成る1本の繊維を紡糸し，その後，成分Bを溶剤で溶解除去する。残ったものが成分Aの極細繊維束である。

図3-43　高分子配列体繊維による極細繊維の製造法

図3-44　スエード調人工皮革の断面写真

出典）図3-42の文献，267

2.5 レース

レースには,手工レースと機械レースがある。手工レースは歴史が極めて古く,装飾品,芸術品としての意味が強い。機械レースは,レース機械を使って工業的に生産されるレースで,トーションレース,プレーンネット,リバーレース,編レース,刺繡レースなどがある。このうち生産量の多い編レースと刺繡レースについて説明しよう。

① 編レース（knitted lace）

編機を使って編んだ透かし模様のあるレースで,たて編機,特にラッシェル編機によって編み立てられるものが多くを占めている。極めて精巧な組織が編成されており,品質的に優れたレースが製品化されている。

② 刺繡レース（embroidery lace）

刺繡レースは,エンブロイダリーレースともいい,多頭の刺繡レース機を用いて織物にステッチ模様を施し,さらに必要に応じてナイフで穿孔するなどして透かし模様をいれたレースである。

また刺繡レースの範疇にはいるものとして,ケミカルレース（chemical lace）がある。このレースは,水溶性のPVA（ポリビニルアルコール）の基布に刺繡ステッチを落としておき,その後,基布を熱水で溶解除去して刺繡模様のみを残した美しいレースである。

図3-45にこれらのレースの一例を示しておく。

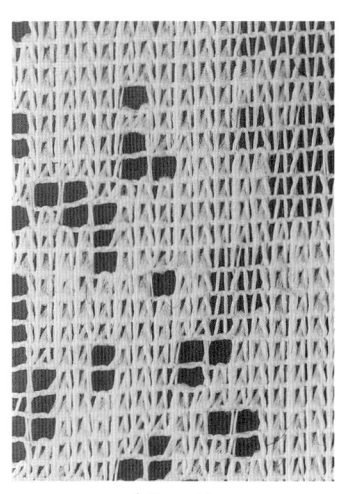

| 編レース | エンブロイダリーレース | ケミカルレース |

図3-45　各種レースの外観

2.6 組　　物（braid）

組物には，平打組物と丸打組物がある。いずれの組物も糸が斜めに走り，それらの糸が相互に交錯を繰り返しているものである。図3-46にこれらの組物の例を示す。

用途としては，帯締め，羽織のひも，靴ひもなどの日用品から，電気コードの被覆部分，ホースの被覆部分などにも使用されている。

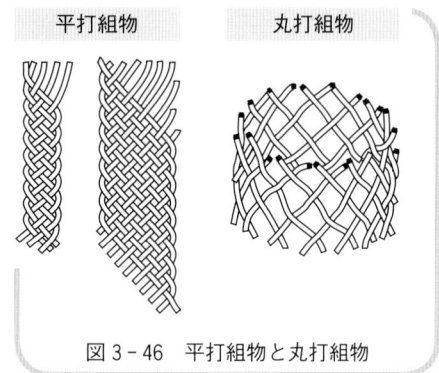

図3-46　平打組物と丸打組物

2.7 接　着　布

布と布あるいは布とフォームを接着して一枚の複合布として利用するものであるが，ここでは透湿防水布を紹介しておこう。透湿防水布は，スポーツ衣料などで必要とされる性質で，人体からの気相水分は布を通して放出するが，外部の雨滴は中に入れないというものである。透湿防水布は，多孔質フィルム[*1]をラミネートするか，多孔質樹脂をコーティングしたもので，はっ水加工（⇨ p.156）と組み合わせて，透湿防水性を付与している[*2]。

3. 布の構造的ファクター

布の構成上の因子には，多くのものがあるが，ここでは布の各種の性質と密接な関係のある含気率と充填率，カバーファクターについて説明しておく。

3.1 充填率と含気率

布の構成上の重要な因子は厚さ[*3]，糸密度[*4]，織縮み[*5]，布質量，見掛け比重などであり，充填率と含気率は見掛け比重から後述のように算出されるものである。

布質量は単位面積当たりの布の質量で，目付[*6]ということがある。見掛け比重は，次式で計算される。

$$見掛け比重 = \frac{布質量}{厚さ} \quad\quad\quad\cdots\cdots\cdots(3\cdot1)$$

[*1] 多孔質のフッ素系フィルムをラミネートした透湿防水布が有名である。
[*2] 接着布とは関係ないが，極細繊維の高密度織物から成る透湿防水布もある。
[*3] 布の厚さは圧力によって変わるため，測定時の圧力を決めておく必要がある。通常の織物の場合は，240 gf/cm^2（23.5 kPa）のもとで測定する。
[*4] 単位長さ当たりの織糸の本数のこと。
[*5] 製織することにより，織糸は波形になって縮む。この縮みのこと。
[*6] 1 m^2 当たりの質量で，薄地のものは100 g以下，よく使用される範囲は，100～250 g程度であろう。

(3・1) 式から計算される布の見掛け比重は，繊維そのものの密度に比較して一般に小さなものになる。その理由は，布中には多量の気孔が存在するためである。

布における繊維の含有割合を計算したものが**充填率**，空隙の割合を計算したものが**含気率**で，充填率と含気率は，(3・1) 式の見掛け比重を用いて，次の式で表される。

$$充填率 = \frac{見掛け比重}{繊維の密度}$$

$$含気率 = 1 - 充填率$$

表3-2に各種織物の含気率の測定例を示すが，編地や起毛した織物は含気率が高く，フィラメント織物は含気率が低い。しかしそのフィラメント織物でも，布の半分以上が空隙部分であることが分かる。

表3-2　各種布の含気率の測定例

布	含気率
ギンガム（綿）	0.730
ブロード（綿）	0.713
綿ネル	0.822
フィラメント織物（アセテート）	0.577
フィラメント織物（キュプラ）	0.523
ジャージー（アクリルニット）	0.807
毛布（毛）	0.785

3.2　カバーファクター

衣服は人体を覆うためのものであるが，布において，構成糸がどの程度，その布面を覆っているのかを表すものに，**カバーファクター**（cover factor）がある。織物と編物の場合では，考え方が異なるので，別々に説明しよう。

(1)　織物のカバーファクター

織物の場合，糸密度が等しければ，糸が太いほど糸間の隙間は少なくなり，糸の太さが同じならば，糸密度が大きいほど隙間は少なくなる。いま織糸の恒重式番手をNとして，糸密度をnとすれば，糸の幅，すなわち直径は$\frac{1}{\sqrt{N}}$に比例するから，次に示すKが糸が織物面をカバーする程度を反映することになる。

$$K = \frac{n}{\sqrt{N}} \qquad \cdots\cdots\cdots (3・2)$$

恒長式番手Dの場合には，同様に次の式で表される。

$$K = n\sqrt{D} \qquad \cdots\cdots\cdots (3・3)$$

簡便には (3・2) 式または (3・3) 式によって，たて糸，よこ糸のカバーファクターを算出すれば，その織物においてどの程度糸が詰まっているかの目安を知ることができるが，厳密には**クロスカバーファクター**（cloth cover factor）といって，たて糸，よこ糸の重複分を考慮して算出することも行われる。

表3-3 織物のカバーファクターの測定例

布	カバーファクター[†]	
	たて	よこ
ローン	12.0	11.7
ポプリン	27.1	10.2
モスリン	9.6	8.4
キャンブリック	12.9	15.6
オーガンジー	9.8	8.8
クレトン	14.0	11.4

[†] 綿番手,および2.54 cm当たりの糸密度より算出
出典)表3-1の文献

カバーファクターは,糸密度の単位長さ,番手によって値が異なってくる点を注意しなくてはならない。綿番手で2.54 cm当たりの糸密度を用いた場合のKの最大値は理論的には28となり[*1],このような織物は極限まで糸が詰められていることになる。このような織物をジャム織物(jammed fabric)という。実用される織物のKは,これより通常はかなり小さくなるが,その一例を表3-3に示す。カバーファクターは,9×8(たて×よこ)程度では透けて薄い感じであるが,11×10～13×12になると通常よく使用される範囲となる。表からモスリン,オーガンジーは薄手で,ポプリンはたて糸を極めて密に織り込んで畝を出した織物であることがよく分かる。

(2) 編物のカバーファクター

編物組織は一般にかなり複雑であり,織物の場合よりもっと大まかな議論となる。例えば平編組織のように,最も基本的で簡単な組織に注目してみよう。この組織の単位長さ当たりのウェール数,コース数をそれぞれw, cとすると,編目の1個分の面積は,$\frac{1}{w} \times \frac{1}{c}$となる。

ここで編目の1ループの長さをℓとしたときに,安定した平編組織には,kを定数として次のような関係のあることが知られている[2]。

$$w\,c = \frac{k}{\ell^2} \quad \cdots\cdots\cdots\cdots (3\cdot 4)$$

ここでカバーファクターKを編目の1個分の面積に対する糸の面積の比率と考える。恒重式番手の場合,(3・4)式を用いると,次のようになる。

$$K = \frac{w\,c\,\ell}{\sqrt{N}}$$

$$= \frac{k}{\ell\sqrt{N}} \quad \cdots\cdots\cdots\cdots (3\cdot 5)$$

(3・5)式において,kは定数であるから,省略すると,

$$K = \frac{1}{\ell\sqrt{N}} \quad \cdots\cdots\cdots\cdots (3\cdot 6)$$

(3・6)式が編地のカバーファクターであるが,恒長式番手Dの場合にも,同様の議論からカバーファクターは,(3・7)式のようになる。

$$K = \frac{\sqrt{D}}{\ell} \quad \cdots\cdots\cdots\cdots (3\cdot 7)$$

[*1] 実際には糸が変形するなどの理由で,この数値を超えてしまうこともある。

表3-4は，ℓの単位にインチ（1インチ＝2.54 cm），番手に梳毛番手を用いた場合の代表的なニット製品のカバーファクターの例である。服種などによってカバーファクターが異なることが分かる。

表3-4 代表的なニット製品のカバーファクター

製　品	カバーファクター[†]
アンダーウェア	1.35〜1.65
アウターウェア	1.05〜1.35
手編（アウターウェア）	0.8〜1.10

[†] 長さはインチ，番手は梳毛番手により計算
出典）日本衣料管理協会編：『繊維に関する一般知識』，日本衣料管理協会，東京，90（1998）

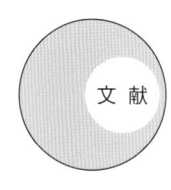

文　献

1）日本繊維機械学会編：『基礎繊維工学Ⅲ』，日本繊維機械学会，大阪，39〜40（1974）
2）上記1）の文献，170-171

●参考文献
島崎恒藏：『被服材料学Ⅱ』，日本女子大学通信教育事務部，東京（1993）
軍司敏博編：『新被服材料学』，建帛社，東京（1994）
日本繊維工業教育研究会編：『織物』，実教出版，東京（1974）
小原襄吉：『新しいニットの知識』，長江書房，東京（1977）
日本繊維製品消費科学会編：『ニット衣料学』，日本繊維製品消費科学会，大阪（1978）
D. J. Spencer : *Knitting Technology* (2nd Ed.), Woodhead Publishing, Cambridge (1989)
岡村浩編：『皮革用語辞典』，皮革工業新聞社，大阪（1974）

第4章 衣服材料の性質

　この章では，布の各種の性質について述べることにする。序章においても説明したように，布の性質は繊維素材の固有の性質，そして糸，布の構造などが総合されて発現するものである。しかし性質によっては，例えば，布の耐薬品性や吸湿性のように，繊維の性質が基本的にそのまま布の性質に結びつくものもある。いずれにしても布の各種の性質が，どのような因子によって決まってくるのかを掘り下げて理解することが重要である。

1. 耐　久　性

　衣服の着用や取扱いにおいて，布はさまざまな作用を受ける。このような各種の作用に対する抵抗性を耐久性という。ここでは物理的な作用に対する性質を中心に説明する。

1.1　引張り強さ

　衣服を構成する布には，さまざまな外力が働くが，最も基本的な力は引張り力である。織物，編物などの布は一般的に異方性の材料であり，方向によってその強度のみならず破壊に至るまでの挙動が大きく異なる。この引張りに対する挙動は，衣服の材料としての重要な性質とも関係するので，ここでは単に引張り強さということだけでなく，破壊に至るまでの挙動についても必要に応じて触れながら述べることにしよう。

(1)　織物の場合

　織物の引張り強さ（tensile strength）は，繊維の性質（強さなど）とともに，糸の構成因子（繊維長，よりの程度，番手など），さらには織物の構成因子（組織，糸密度など）の影響を受ける。

　図4-1は，2種の織物を引張り試験機により試験した場合の荷重－伸長曲線（load-elongation curve）である。実線は綿ブロード（broad cloth）の結果であるが，たて方向，よこ方向，バイアス方向でそれぞれ大きく異なっている。このブロードはたて糸，よこ糸ともに40番手（14.8 tex）の綿単糸を用いているが，この織物はポプリン（poplin）の一種で，たて糸の密度をよこ糸よりも2倍程度，大きくとってあるのが特徴である。そのために破断伸度には余り差を生じ

ていないが、布の強さは、たて方向がよこ方向よりもはるかに大きくなっている。普通、織物では、たて糸の方が強さの大きい糸を用い、かつ密度も大きくとる傾向にあるので、たて方向の強さの方が大きくなることが多い。なお荷重－伸長曲線の初期部分の凹部は、図4-2に示すように織物中に存在する糸のクリンプが、引張りにより軽微になるために生じたものである。

一方、バイアス方向の荷重－伸長曲線は、たて、よこ方向と異なり、伸びが極めて大きくなっているが、これはせん断特性の項（⇨p.108）で述べるのと同様な、たて糸、よこ糸の交差角の変化を伴った変形が進展するためである。

図4-1の破線はキュプラのフィラメント織物の荷重－伸長曲線である。この織物においても、たて方向の強さがいくぶん大きくなっている。フィラメント糸であるために、たて方向、よこ方向のいずれも織物を構成するキュプラ繊維の荷重－伸長曲線に近似したものになっている。たて方向においては、クリンプ消失の凹部は顕著に現れていないが、よこ方向ではかなり明瞭に観察されている。これは布構造を反映したものである。バイアス方向に見られる伸び変形のしやすさの傾向は、ブロードの場合と同様である。

布の各種の強さには、水分の存在が大きな意味をもつことがあるので、ここで触れておこう。図4-3は各種の織物が水に湿潤した状態のものと乾燥状態

図4-1 織物の荷重－伸長曲線

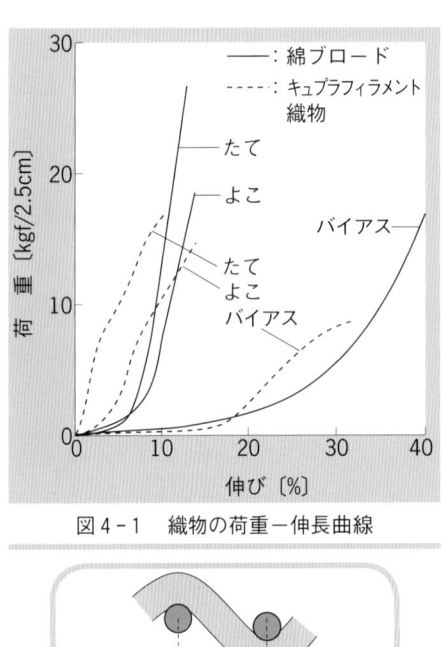

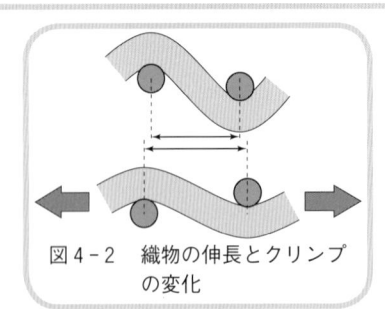

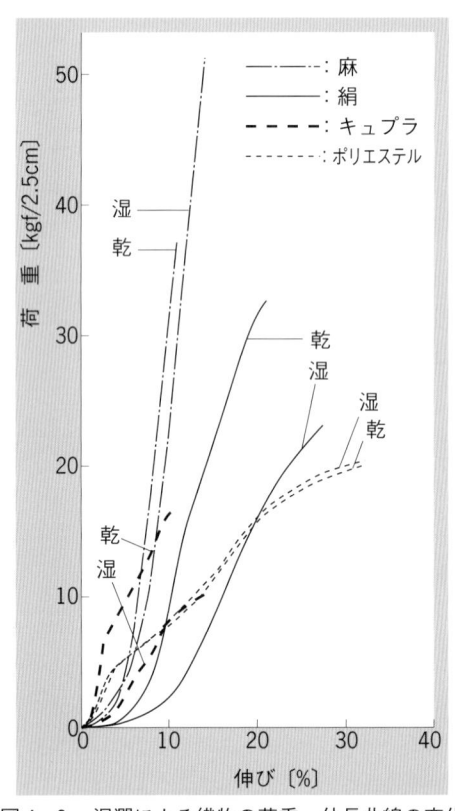

図4-2 織物の伸長とクリンプの変化

図4-3 湿潤による織物の荷重－伸長曲線の変化

●第4章　衣服材料の性質

のものを比較した荷重－伸長曲線である。図からポリエステル織物の場合には，ほとんど変化がみられないのに対し，親水性繊維から成る織物の場合には，大きな影響が現れている。ポリエステル織物のような傾向は疎水性の合成繊維から成る織物に広く観察される傾向である。一方，湿潤の影響を受ける場合には，図中におけるキュプラ，絹などのように強さの減少と伸びの増加がみられるのが一般的であるが，麻の場合には明瞭な強さの増加傾向が明らかである。このような現象は，綿織物においても観察することができ，基本的に綿，麻繊維がぬれることにより強さを増加させる傾向を反映したものである。

（2） 編物の場合

図4-4は2種の編地の荷重－伸長曲線を示したものである。実線は，よこ編の最も基本的な組織である平編（天竺編）の荷重－伸長曲線である。まず編地の場合に顕著なのは，織物よりも破断にいたる伸度が極めて大きいことである。特に初期の引張りに関しては，小さな荷重で大きな変形を生じるが，これは編物の構造に起因したものである。すなわち第3章においても述べたように，編物は糸のループをつなげることにより布が構成されているが，このループがわずかな力でも容易に変形するためである。

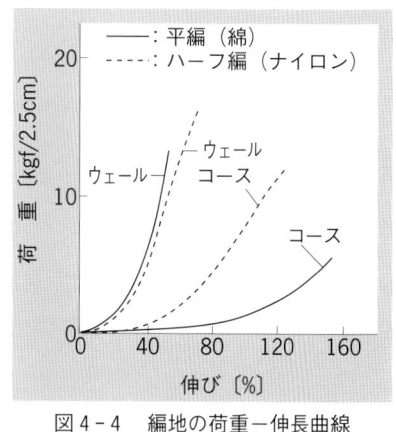

図4-5は，平編地の荷重によるループ形状の変化をモデル的に描いたもので，力の負荷によるループ形状の変化がよく理解できる。この荷重－伸長曲線では，コース方向よりもウェール方向の強さが大きくなっている。図4-5から分かるように，それぞれの方向に力がかかる場合を考えると，たて方向は1ウェール当たり2本の糸に力が分散するのに対し，よこ方向では1コース当たり1本の糸に集中する。単位長さ当たりのコース数とウェール数は，1.15：1程度[1]とあまり大きく異ならないから，結果としてウェール方向の強さが大きくなると考えられる。

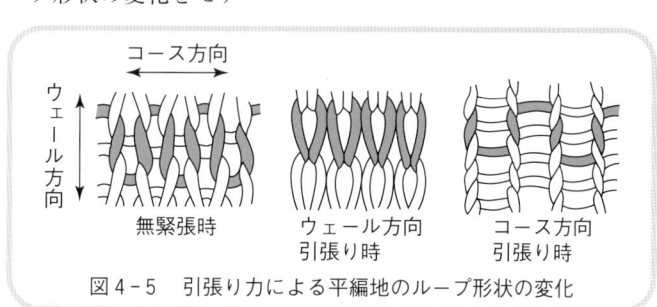

以上は平編組織についての考察であるが，編物組織には多くの種類があるため，一般にはいろいろと複雑な議論が必要になる。織物との関係でいえば，同じ糸使いなら，編物の方が織物より一般に強さは小さくなる。

図4-4にはナイロンフィラメント糸によるハーフトリコット生地の荷重－伸長曲線も示されている。ハーフトリコット編は，代表的なたて編組織であるが，ループ構造で形成される点は変わらないため，やはりストレッチ性がある。

図4-4 編地の荷重－伸長曲線

図4-5 引張り力による平編地のループ形状の変化

ナイロン糸は伸びの大きな繊維素材であるため，綿の平編生地と比較してウェール方向は伸びが大きくなっているが，同じ糸使いならよこ編組織よりもたて編組織の方が一般に伸長性は低くなる傾向がある。伸長性に関して，組織的特徴を述べれば，たて編地は織物とよこ編地の中間に位置するといえる。強さに関しては，このハーフトリコット編地の場合もウェール方向がコース方向より大きいことが分かる。

（3） 不織布の場合

不織布は製法が多様で，したがって種類も多く（⇨p.81），これらの点を除外して論じることは困難である。繊維の物性はもちろん，ウェブ化の方法，固定化の方法などによって大きく異なってくる。織物，編物においては，布構造からくる異方性が存在したが，不織布ではウェブの形成により異方性の小さいものから大きいものまで，製造することが可能である。強さの点では，一般に不織布は織物，編物より強さは小さいものになる。

図4-6は，ナイロン湿式不織布の引張り強さとそれを構成する繊維の長さおよび繊度（太さ）との関係を示したものである[2]。この図から不織布の強さは，繊維長によって変化し，繊度が一定という条件のもとで最大強さを与える繊維長が存在するとともに，繊維が太いほど最大強さを与える繊維長が長くなることが分かる。

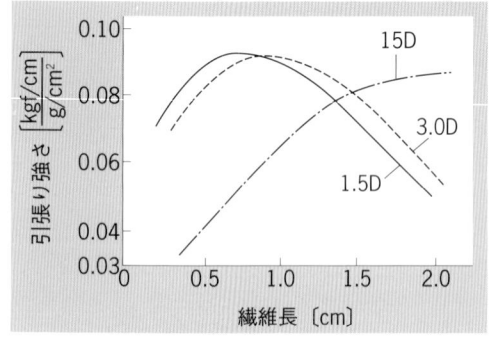

図4-6 ナイロン不織布の引張り強さに及ぼす繊維長と繊度の影響
出典）松本健次他：『基礎繊維工学Ⅲ』，日本繊維機械学会，大阪，299（1974）

1.2 引き裂き強さ

衣服では着用中にかぎ裂きを発生させてしまうことがある。引き裂き強さ（tearing strength）は，布の局所に力が集中して引き裂き破壊するときの抵抗強さである。したがって織物と編物では，引き裂き破壊の挙動がかなり異なる。基本的に布の構成糸の強さが大きい場合は，引き裂き強さも大きくなるが，それだけでなく布組織や糸密度，度目（編地の密度）なども影響してくる。

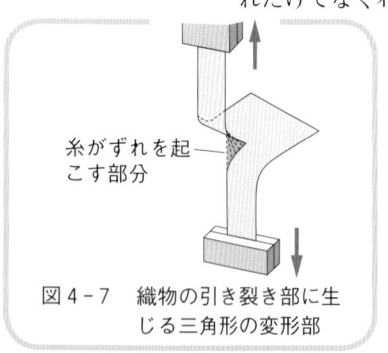

引き裂き強さの試験法には，引張り試験機を使用するタング法（tongue method）やトラペゾイド法（trapezoid method），あるいはペンジュラム法（falling pendulum method）などがある。

図4-7はタング法の一種で，試験片に一本の切れ目を入れて，それをそれぞれ試験機のつかみで把持して引き裂き抵抗力を測定するシングルタング法を示したものである。

試料が織物の場合に，引き裂かれる過程をよく観察すると，裂け目の先端に力が集中し，織糸の滑動を生じることが分かる。

図4-7 織物の引き裂き部に生じる三角形の変形部

この織糸のずれた部分は，三角形の変形部を構成する。この三角形の変形部は，糸密度とともに織物組織の影響を受け，交錯度の最も大きい平織は自由度が低く，拘束が大きく働くために生じにくい。したがって組織の傾向からは，平織よりは斜文織，斜文織よりは朱子織の順に組織として，自由度が大きくなるために変形部は発生しやすくなる。このような三角形の変形部の発生は，織糸への力の分散と関係する。すなわち一般に変形部が大きくなるほど，多くの糸に力が分散するわけであるから，糸使いが同じなら引き裂き強さは大きくなる。したがって，引き裂き強さはいつも引張り強さと正確な対応関係があるとは限らない。

図4-8は，シングルタング法による綿ブロードの試験結果を示したものである。原点からaまでは，試験片の伸びや三角形の変形部分が形成・拡大していく領域で，その後は不連続的に引き裂き破壊が進み，b，c，…のように不規則なピークが現れる。

編物の場合は，ループ構造で組織が織物より一層ルーズなため，引き裂きにあたっては，極めて大きな変形を伴う。

図4-9は，綿の平編地をウェール方向に引き裂いたときの強さ変化を示すものである。組織内の糸が引き出されやすいため，本格的な組織の破壊に至るまでの伸びが極端に大きくなり，力も分散されやすいことが分かる。したがって編地の場合は，織物ほどは引き裂きの問題は表面化しにくく，それよりもスナッグなどの方が大きなトラブルとなる。

スナッグ
⇨p.122

不織布の場合には，ウェブの構造や固定化の方法によって大きく異なるが，強さ自体は一般に余り大きくはならない。

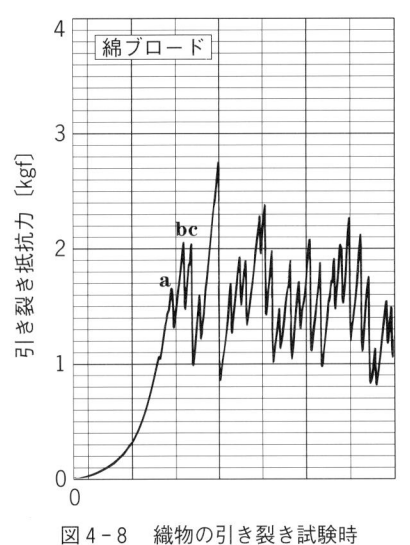

図4-8　織物の引き裂き試験時のチャート変化

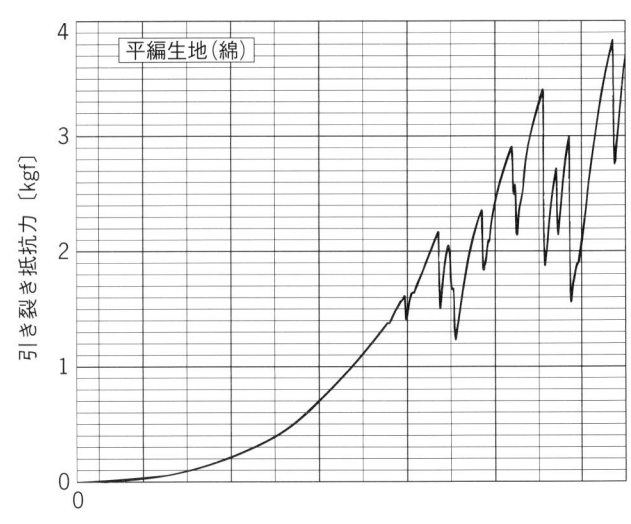

図4-9　編物の引き裂き試験時のチャート変化

1.3 破裂強さ

布の破裂強さ（burst strength）は，布に面の力（2次元的な力）が作用する場合の破壊強さである。試験としては，ゴム膜を介して油圧を作用させるミューレン型破裂強さ試験機（hydraulic bursting tester）を用いることが多いが，引張り試験機を用いてアタッチメントにより押し棒で布を突き破るときの強さを測定するボールバースト法（ball bursting test）もある。

織物の場合，織糸の強伸度特性，織密度により破壊形態，強さが大きく影響を受ける。たて糸，よこ糸が均衡している場合には，両者の織糸が同時に破壊を起こすので，十字型の破壊形態を示す。一方，織密度や糸強度に差があるか，糸の伸度に差がある場合は，その大小関係から他方の織糸が破壊するので，マイナス型の破壊形態を示す。

ミューレン型試験機による具体的な例を図4-10に示す。(a)の綿ブロードは，たて糸の密度がよこ糸の2倍程度あるので，たて方向に破壊しているのに対し，(b)のギンガムはたて，よこが比較的に均衡しており，十字型の破壊形態を生じていることが分かる。

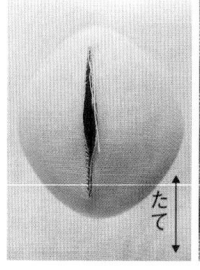

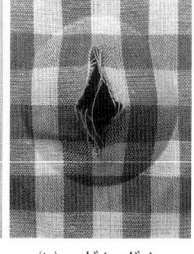

(a) 綿ブロード　(b) ギンガム
図4-10　織物の破裂試験による破壊形状

編物の場合には，ループ構造のため，圧力負荷により大きな変形を伴い，かつ強さも織物と比較して，一般に大きくはならない。図4-11は，ハーフトリコット編地のコースの密度と破裂強さの関係を示したものである。コース数が増加すると，破裂強さもそれに比例して大きくなることが分かる。これは織物でいえば，糸密度が増加した場合に相当し，編地中のステッチ数（編目数）が増加することにより力が分散するためである。図4-11のハーフトリコット編地は2枚筬のたて編組織であるが，同じ糸使いでシングルデンビー編などの1枚筬の組織は，一重の組織となるために破裂強さはもっと低いものになる。

不織布の場合は，製造方法（種類）などに大きく依存するが，破裂強さは比較的小さなものが多い。

実際の衣服に対応させて考えれば，織物や編物の破裂強さ自体が直接問題になることは余りないが，縫目部分に対してはその強度を破裂試験によって評価することがよく行われている。

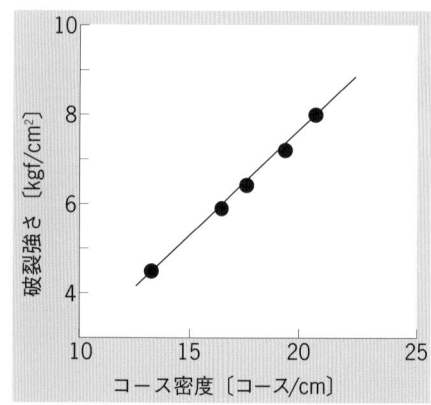

図4-11　編物（ハーフトリコット編）の破裂強さとコース密度との関係
出典）図4-6の文献，209

1.4 摩耗強さ

衣服は着用によって，衣服どうしあるいは他の物体などと複雑な摩擦作用やもみ作用を継続的に受ける。このような作用によって布が次第に性能低下を起こし，やがて使用に耐えなくなる。このような現象は，尻部，膝部，内股部，

肘部，裾部などの部位でよくみられるものである。摩擦作用による部位の具体的な布性状変化は，質量，厚さの減少，こしの低下や風合いの変化，引張り強さをはじめとする各種の強さ低下，表面光沢の変化，退色などとして観察される。布のすりきれは，外観的にも実用性能的にも使用上の限界といえるが，実際にはそれ以前に使用を停止することが多い。

例えば絹織物であれば，繊維が非常にフィブリル化しやすいために，湿式洗濯や汗をかいて湿潤した状態の着用などで，繊維がフィブリル化し外観が白化してしまうケースがある[2]。これは絹の特殊事情であるが，外観の悪化により使用できなくなるケースは，他の繊維素材でもかなりあるように思われる。摩耗強さとは，このように摩擦作用による布の種々の性能低下に対する抵抗性を意味するが，摩耗試験においては破壊にいたるまでの抵抗性を問題にすることが多い。

布の摩耗強さは，繊維自体の摩耗強さ，糸構造や布構造などによって決まる。表4-1は主な繊維の摩耗強さの測定例であり，金剛砂を摩擦子としたときの繊維が切断するまでのローラーの回転数により表されている。基本的には，まず繊維が太いほど摩耗強さは大きくなるといえる。繊維の素材の点からは，綿は比較的高いといえるものの，全般的には天然繊維，再生繊維，半合成繊維は強さが低く，合成繊維はポリエステル，ナイロンを中心に摩耗強さが大きいことが示されている。

表4-1 各種繊維の摩耗強さの測定例

繊維の種類	繊度〔D〕	摩耗寿命〔0.15 gf/D 荷重〕
綿	1.37	39
毛	7.53	3
絹	14.30	7
レーヨン	3.01	20
アセテート	3.89	3
キュプラ	1.35	60
ナイロン(1)	3.50	1,336
ナイロン(2)	2.37	>70,000
ポリエステル	2.84	11,770
アクリル系	3.08	19
ビニロン(1)	1.33	5,616
ビニロン(2)	1.07	14,637

出典）繊維学会編：『繊維物理学』，丸善，東京，316（1962）

これにかかわる一つの例を挙げれば，靴下などにおいて合成繊維フィラメントと天然繊維から成るコアスパンヤーンを用いた編組織では，着用により天然繊維部分が摩耗によって次第に脱落し，コア部のフィラメントだけが残ってしまうことがよくある。この現象は，糸の外側に位置する天然繊維が大きな摩擦作用を受けることもあるが，合成繊維のもつ摩耗強さが寄与していることは明らかである。その証拠に綿100％の靴下よりも，ポリエステル，ナイロンなどの合成繊維100％の靴下の方が確かに耐久性が大きいことは，私たちがよく経験するところである。

また使用される条件も重要であり，例えば水分が多く存在する条件では，セルロース繊維やタンパク質繊維の強さは大きく影響を受ける（⇨p.95）。特に毛やレーヨンなどはその低下が顕著であるので，注意が必要である。

布の摩耗強さは，織物を例にすればその構造因子，すなわち糸の太さ，糸密度，織物組織などによって大きく影響される。一般に糸が太く，糸密度が高いほど，織物の摩耗強さは大きくなる。すなわち厚くて，目付けの大きい（質量が大きい）織物は，一般に丈夫である。織物組織との関係でいえば，平織より

も斜文織，さらには朱子織の方が織物面における糸の浮きが長くなるので，この浮き糸が強度的に弱いものであると，平織に比較して斜文織，朱子織の順で摩耗強さは低くなる。織糸の密度のバランスも重要で，平織組織でもポプリン，ブロードのように糸密度をたてとよこで大きく変えて畝を出した織物は，その畝上に現れた糸が選択的に摩擦を受けることになる。この糸が高密度で強度の高い糸であれば，耐摩耗性は高いが，畝効果を出すために他方の糸に太い糸を使用した織物は，畝が明瞭に出るためその上部に摩擦が集中して摩耗強さの低下をもたらすようになる。

図4-12は，着用によって梳毛織物にてかり（汚光）が現れた部分の走査型電子顕微鏡写真である。このてかりは，布の明度が低い織物でよく観察され，一般に布表面が平滑化することによって発生する。したがってプレスやアイロン作業などによっても観察されることもあるが，この写真の場合には毛繊維の表面が摩滅し刃物で切ったような平滑面が形成されている。特に毛繊維は摩耗強さが大きくないので，表面が滑らかな梳毛織物では，着用によっててかり現象を起こしやすい。図4-12のような状態になると，外観からみて着用が難しくなってくる。

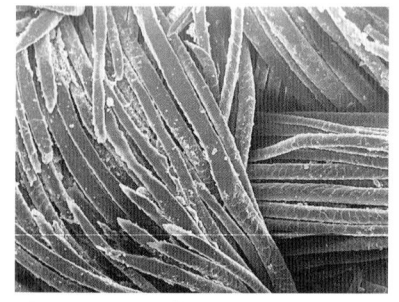

図4-12 梳毛織物の摩擦部の走査型電顕写真

摩耗強さ試験は，一般に多くの方法が存在するが，原理的には何らかの摩擦子によって布に摩擦作用を与えて，破壊するまでの抵抗性を評価したり，摩擦を与えた布の厚さ，引張り強さ，質量などの減少によって評価するものに加えて，外観変化によって評価する場合もある。外観による評価は，布の破壊に至らなくても使用を停止するケースを考慮したものである。

表4-2 織物の平面摩耗強さの測定例

布	厚さ〔mm〕	回数†
フィラメント織物（キュプラ）	0.097	3
ネル（綿）	0.61	101
フィラメント織物（アセテート）	0.24	46
デニム（ポリエステル65％，レーヨン35％）	0.49	176

† ユニバーサルウェアテスターを用いて研磨紙（400番）で布がすりきれるまでの回数で表してある。
出典）島崎恒藏：『被服材料学Ⅱ』，日本女子大学通信教育事務部，東京，86（1989）

表4-2は，ユニバーサルウェアテスターにより平面摩耗の強さを試験した結果の一例である。この方法は，布に一定圧力をかけた条件で，研磨紙により多方向に摩擦を与え，布が破壊するまでの摩擦回数によって評価するものである。この測定例より，繊維素材とともに布の厚さが大きく影響していることが分かる。

1.5 耐光性（耐候性）

衣服などの繊維製品は，私たちが使用する場合に外環境にさらされることが決して少なくない。また着用ばかりでなく，例えば洗濯乾燥などで外気や日光に長時間さらすことは多い。産業用途の繊維製品では，衣服以上に厳しい自然環境にさらされることになる。染色した繊維製品が日光に当たって退色（色あ

せ）することがよくあるが，これは染料分子が主として紫外線により変質するためである（紫外線劣化）。実際には紫外線の影響は，染料分子にとどまらず繊維高分子にも大きな影響を与えることが知られている。これは波長が短くなると，電磁波が高エネルギーをもつようになるためで，これによって高分子鎖の結合が切断されるものと考えられる。日光による布へのこのような影響は，いずれにしても布の性能や品質の低下を招くことになり，その抵抗性を**耐光性**（light resistance）とよぶ。また生活環境においては，雨をはじめ各種のガスや浮遊物質なども存在し，それらの影響を含めた複合的な抵抗性を**耐候性**（weather resistance）という。ここでは耐光性の観点から説明をしよう[*1]。

布の耐光性は，繊維そのものの性質が基本的に重要となるが，それ以外にも繊維の太さや糸の性状，布組織によっても大きな影響を受ける。一般に布が厚く，目付けの大きいものは，布としての耐光性は大きくなる傾向にある。

布に太陽光を照射した場合に問題となる点は，白布であれば黄変を生じたり，強さの低下を引き起こしたりすることである。黄変の問題は，多くの繊維素材において観察されるが，特に絹，ナイロンなどの繊維においては，それがよく指摘されている。このときの化学反応は複雑であるが，酸素の存在の有無が大きく関係することが分かっている。当然，酸素の存在は紫外線による高分子の変質を促進する作用をもつ。一方，強さなどの諸性質も大きく変化し，そのような繊維（布）の分子量を測定してみると，いずれも低下が認められる。これは高分子鎖が，紫外線により切断されることを意味している。

いくつかの繊維について具体的に述べてみよう。

① **絹の場合**[3]　　劣化はペプチド結合（-NH-CO-）の切断に基づくものと考えられている。紫外線照射の初期段階においては，非晶部分でポリペプチド鎖の切断や分解が起こっているが，照射の程度が大きくなると結晶部分でもこのような分解や切断が起こるようになる。絹の黄変では，アミノ酸のうちチロシンは233〜325 nm，セリンやフェニルアラニンは299〜355 nmの波長の紫外線を受けて大幅に減少するので，黄変を防止するにはこの領域の吸収剤を用いれば，改善されるといわれている。

② **毛の場合**[4]　　最も黄変に関係が深いアミノ酸は，トリプトファンであり，次いでチロシンである。最も黄変に関与する紫外線は，波長が290〜320 nmの近紫外線であるといわれている。シスチンも紫外線により分解し，強さ低下を引き起こすが，黄変には余り関与しない。

③ **ナイロン**[5]　　分子鎖中のアミド結合は，炭素・炭素結合よりも結合のエネルギーが小さく，分子鎖中では弱い箇所である。したがってまずこのアミ

アミド結合
-CO-NH-

[*1] 紫外線はビタミンDの生成や殺菌作用など，私たちの生活において有効に活用される面はあるが，一方で皮膚への有害性も指摘されている。耐光性ということではないが，ポリエステルなどの合成繊維にセラミック系などの遮へい剤を練り込み，紫外線遮へい効果に優れた素材（布）がUVカット素材として開発されている。

ド結合が切断して分子量低下するものと考えられている。

図4-13は，日光暴露時間に対する繊維の強さの変化（日光暴露試験）を示したものである。この図から強さの低下は繊維によって異なるが，特にナイロンは顕著であることが分かる。アクリルやポリエステルは，耐光性が大きく，劣化されにくい。合成繊維では，酸化チタンを混入して艶消しした繊維（ダル）の方がブライト[*1]より黄変しやすく，強さも低下しやすい。これは艶消し剤が繊維内部での光の散乱を招くからである。

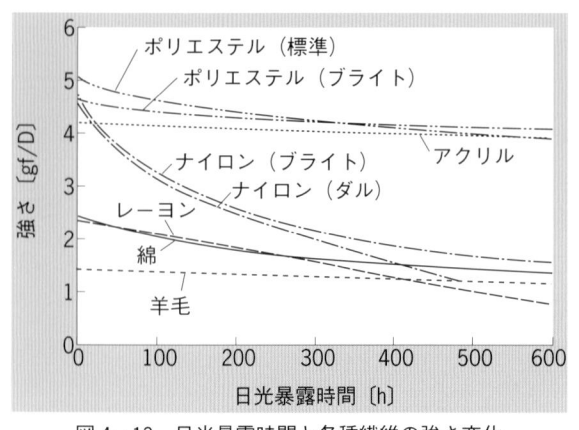

図4-13　日光暴露時間と各種繊維の強さ変化
出典）*Textile Science*, West Publishing Company (1993)

繊維の観点から耐光性を向上させるためには，化学繊維であれば光安定剤を混入したり，繊維の太さや断面形状を工夫することで劣化を抑えることができる。繊維が太くなれば，光が内部に透過し難くなるし，断面形状によっては光の反射や屈折を変えることができるので，光劣化を低減できるのである。

1.6　耐薬品性

日常生活においては衣服に対し，洗濯や漂白の繰返しや，しみぬきなどの処置がよく行われる。また衣服の保管においては，防虫剤が存在する環境に置かれたりもする。一方，特殊な環境として薬剤を扱う作業場などでは，衣服がそれらの薬剤に対する十分な抵抗性をもっていることが要求される。このように衣服を利用する立場から考えても，種々の薬品に対する傾向を把握しておくことは重要なことである。薬品に耐える性質を**耐薬品性**といい，布の耐薬品性はもっぱら布を構成する繊維の性質によって決まるものである。

すでに学んできたように繊維高分子の化学組成はさまざまであるから，酸，アルカリ，有機溶剤などの試薬に対しては，溶解したり，膨潤したり，変色するなどの変化を示すことがある。繊維のこのような変化は，薬品に対する抵抗性と関係するものであるが，この相違を利用して繊維の鑑別や混用率試験にも利用することができる。一方で試薬に対する性質は，後述のように化学繊維の製造技術などとも結びついている面がある。化学繊維では，最終的に紡糸工程において流動状の繊維原料をノズルから吐出して繊維化するため，分子をできるだけ破壊せずに溶解する必要が生じる。このような観点から繊維の薬品に対する溶解性は重要な意味をもつ。

繊維が試薬に溶解する場合には，現象的には次の2点のいずれかと考えられ

[*1]　つや消し剤を入れていない繊維。よく光るので，ブライトという。

る。まず第一は，酸やアルカリなどの試薬により繊維高分子鎖が切断され，低分子化して溶解する場合である。第二は，試薬と分子との親和性が高く，試薬中に分散したり，化合物となってコロイド状になり流動化する場合である。

前者の例は，絹，羊毛のタンパク質繊維が，濃いアルカリで溶解したり，薄いアルカリや酸の溶液でも加熱すると溶解する場合で，アミノ酸残基を結合しているペプチド結合が，下に示すように加水分解をするなどのためである。

$$\cdots\underset{\underset{R}{|}}{\overset{\overset{H}{|}}{C}}-\underset{\underset{H}{|}}{N}-\underset{\underset{O}{|}}{\overset{\overset{H}{|}}{C}}-\underset{\underset{H}{|}}{\overset{\overset{R'}{|}}{C}}-\cdots + H_2O \longrightarrow \cdots\underset{\underset{R}{|}}{\overset{\overset{H}{|}}{C}}-\underset{\underset{H}{|}}{N}\overset{H}{\underset{}{}} + \overset{HO}{\underset{O}{}}\underset{\underset{H}{|}}{\overset{\overset{R'}{|}}{C}}-\cdots$$

ペプチド結合　　　　　　（加水分解）　　　　　　　　　　アミノ基　カルボキシル基

また綿やレーヨンなどのセルロースが，酸に溶解するのも同様の理由で，β-グルコース残基の結合部（β-グルコシド結合）が加水分解して切断されると考えられる。弱い酸であっても加熱をすると，同様の反応が起こる傾向にあるが，セルロースはアルカリに対しては，抵抗性がある。

一方，後者の試薬との親和性が高く溶解する例としては，例えばアセテートが有機溶剤のアセトンに溶解する場合や，綿が酸化銅アンモニア溶液（シュワイツァー試薬[*1]：Schweitzer's reagent）に溶解する場合などを挙げることができる。アセテートの場合を説明すると，この繊維は半合成繊維であって，通常のものはセルロースのβ-グルコース残基に含まれるヒドロキシル基（–OH）の約80％がアセチル化（–O–COCH$_3$）されたものである。このためヒドロキシル基よりも極性が低くなり，やはり極性の低いアセトンに溶解するようになったものである。セルロースが酸化銅アンモニア溶液に溶解する理由はやや複雑であるが，錯化合物を生成して溶解するとされる。以上のようないずれの溶解においても，繊維高分子の大きな破壊を伴わないので，紡糸時の溶剤[*2]として使用されたり，分子量測定の手段[*3]に利用されたりする。

以上，主として布の耐薬品性を繊維高分子との関係から考えてきたが，耐薬品性は，試薬の濃度はもちろん温度によっても大きく変化し，温度が高くなるほど一般に耐薬品性は低下する。また繊維の観点からいえば，分子量や結晶化度の大小も耐薬品性に関係してくる。例えば同じセルロースであっても，綿，麻の天然繊維よりも，レーヨン，キュプラの耐薬品性の方が低いのは，この理由によるところが大きい。表4-3に各種の繊維の耐薬品性を示したが，これらの繊維の大まかな傾向を理解しておくことは重要なことである。

[*1] 濃青色の溶剤。E. Schweitzerが，この試薬がセルロースを溶解することを発見したことに由来する名称。

[*2] アセテートを乾式紡糸する場合の溶剤はアセトンであるし，キュプラはシュワイツァー試薬によってセルロースを溶解し，これが水または酸により分解してセルロースを再生することを利用したものである。

[*3] 高分子を溶剤に溶解して，その粘度を測定することによって平均分子量を求めることができる。これを粘度平均分子量という。

表 4 −3 各種繊維の耐薬品性

繊維＼溶剤	5％水酸化ナトリウム 煮沸	次亜塩素酸ナトリウム 常温	濃硫酸 常温	60％硫酸 常温	35％塩酸 常温	20％塩酸 常温	濃硝酸 常温	氷酢酸	100％アセトン	80％アセトン	ジメチルホルムアミド	ホルマゾール m−クレゾール	酸化銅アンモニア 常温	テトラヒドロフラン
綿	I	I	S ①	I	I	I	I	I	I	I	I	I	S ①	I △
麻	I	I	S ①	I	I	I	I	I	I	I	I	I	S ②	I △
羊毛	S ②	S	SS ③	I	I	I	I	I	I	I	I	I	I	I △
絹	S ③	S ②	S ①	S ①	S ①	I	I ③	I	I	I	I	I 膨潤 ③	S ○	I △
レーヨン キュプラ セルロース	S		S	S	S	SS	S	I	I	I	I	I	S ○	I △
アセテート	CS ③	S	S	CS	SS ③	I	S ①	S	SS	SS	S	S ②	I	S □①
トリアセテート	I	I	S	CS ※	S ③	I	S ①	S	S ①	S ○	S ①	S ②	I	SS □
ナイロン6	I	I	S	S ①	S ③	I	S ③	S	I ①	I ○	S ①	S ①	I	I △
ナイロン66	I	I	S	S ①	S ○	I	S ○	I	I	I ○	I △	I ① 80〜90℃	I	I △
ポリエステル	I	I	S	I	I	I	I	I	I	I	SS ※	S 80〜90℃	I	I △
アクリル	I	I	S	I	I	I	I	I	※S 40〜50℃	※S 40〜50℃	※S 40〜50℃ ○	I	I	I △③
アクリル系	I	I	S	S	S	S	S ③	I	SS	SS	S	S	I	CS
ビニロン (ホルマール化)	I	I	I	※	※	I	※	I	I	I	I △③	I △③	I	I △
ポリ塩化ビニル	I	I	※	※	※	I	※	I ※	SS △③	SS △③	S △○	S △②	I	S □※
ポリウレタン	I	I	※	※	※	I	※	I ※	SS △③	SS △③	S △○	S ② 膨潤	I	I △※ 膨潤
ポリプロピレン	I	I	I	I	I	I	I	I	I	I	I △③	I △③ 塊状	I	I △
ポリクラール	I	I	SS ③	I ③ 膨潤	SS ③	I	SS ③	I △③ 膨潤	I	I △③	S △③	I △③ 膨潤	I	I △

表中の記号　I：3分間処理しても不溶　SS：わずかに溶解　CS：かなり溶解　S：溶解　※：タイプによって溶解性が一致しない
□：常温　△：煮沸　○：すぐ　①：1分間　②：2分間　③：3分間

資料）JIS L 1030-1「繊維製品の混用率試験方法−第Ⅰ部：繊維鑑別」

2. 形態的性質

2.1 弾性回復特性

繊維や布，衣服などが変形を受けたとき，どのように回復するかを知ることは，それらの使用目的との関係からも大変重要な問題である。

（1） 時間－ひずみ曲線

私たちが紐やベルトを用いてウエストを締めたとき，しっかりと締めたつもりでいても，いつの間にかゆるんで締め直さなければならないことがある。これは締め方が悪いのではなく，衣服材料の粘弾性（レオロジー）的性質（rheological property）に関係していると考えられる[6]。

衣服などの粘弾性体が受けたひずみは図4-14に示すように時間とともに変化する。例えば，少しサイズの小さい衣服や靴などを着用したときには，最初に瞬間的に変形する瞬間弾性変形（instantaneous elastic deformation）OAが起こるが，これは弾性バネのように挙動するため，着用中にひずみが元に戻ろうとする力が働いて身体を締めつけたりする圧迫感を与える。しかしながら，しばらくの間着用していると徐々にこのような圧迫感が感じられなくなるのは，時間が経つにつれて遅れ弾性変形あるいは弾性余効変形（delayed elastic deformation）ABによって徐々にひずみが増大し，ゆるんでくるためである。着用後は瞬間弾性変形の回復BCや遅れ弾性変形の回復CDによりある程度着用中に受けたひずみは回復するが，元に戻らないで残る永久変形（permanent set）EFが生じる。ここで，BC／BF，CE／BFおよびEF／BFの百分率をそれぞれ瞬間弾性回復率，遅れ弾性回復率，および永久変形率とよんでいる。またBE／BFを単に弾性回復率とよぶ。

弾性回復については，伸長のほかにもせん断や圧縮などの場合も考えられるが，通常は伸長された後，除重したときの回復率（伸長弾性回復率）がよく用いられる[7]。

粘弾性的性質
応力緩和とクリープがある。

永久変形
塑性変形ともいう。

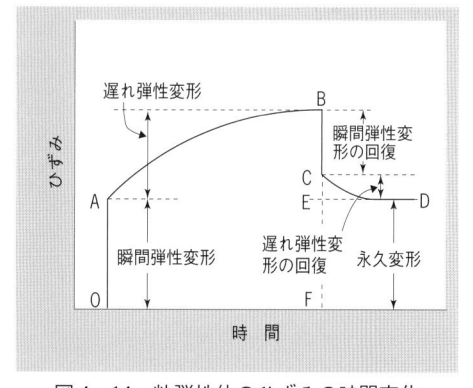

図4-14 粘弾性体のひずみの時間変化

（2） 荷重－除重曲線

伸長弾性回復率を調べるために，図4-15に示すような荷重－除重曲線を描かせるとヒステリシス（hysteresis）[*1]を生じる。図の荷重－伸長曲線（load-elongation curve）の初期の立ち上がりの部分OAにおいては繊維や布などの衣服材料は弾性バネのように挙動する。OAの間ではどの点の位置で除重されて

[*1] 荷重させながら観測した曲線と除重させながら観測した曲線が同じ経路を通らず，別の曲線になる。このような現象をヒステリシスといい，一般にループ状の曲線になる。

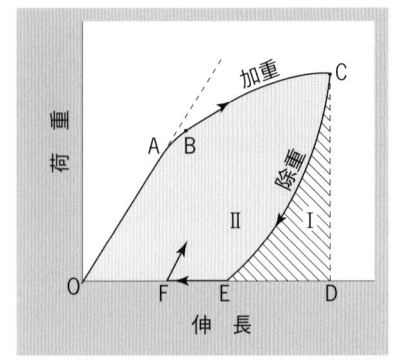

図4-15 衣服材料の荷重－伸長曲線

も，衣服材料は元の長さに戻るので，その弾性回復率は100％である。しかし，荷重が降伏点[*1] Bを超えて加えられ，その後，C点の位置から除重した場合には，衣服材料は部分的に回復して，E点の位置で荷重がゼロとなるが，ひずみは残っている。そして時間とともに徐々に元の長さに戻ろうとするが，完全にもとの位置まで戻ることは困難である[*2]。しばらくしてから再び伸長するとF点の位置で荷重がかかり始める。

伸長によるひずみは，図4-15に示されるように，除重されたとき，瞬間的に回復する瞬間弾性回復に基づくひずみDE，時間の経過に伴って回復が進む遅れ回復ひずみEF，およびもうこれ以上回復しない永久ひずみ，あるいは残留ひずみOFに分けられる。

（3）各種繊維の弾性回復率

図4-15から，伸長弾性回復率をそれぞれ瞬間弾性回復率（IER）DE／OD，遅れ弾性回復率（DR）EF／OD，および永久変形率（PS）OF／ODに分けて百分率で表し，横軸に伸長弾性率，縦軸に伸長率をとると，各種繊維のいろいろな伸長率における回復率の変化を知ることができる（図4-16）。

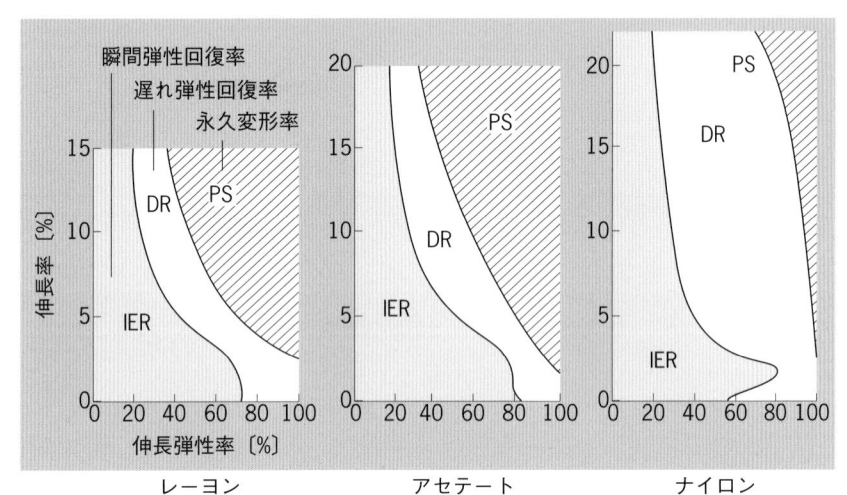

IER
　immediate elastic recovery
DR
　delayed recovery
PS
　permanent set

レーヨンは永久変形が起こりやすい。アセテートは伸長率が小さい時には回復はよいが，大きくなると遅れ回復が少なく永久変形も大きくなる。これに対してナイロンは遅れ回復が大きく永久変形も起こりにくい[8]。

図4-16　各種繊維の弾性回復挙動
出典）G. Susic and S. Backer, *Text. Res. J.*, **21**, 482-509(1951)

[*1] 応力が弾性限界を超えて負荷されると，応力が増加しないのに急激にひずみが増加する点に達する。この点を降伏点という。

[*2] 荷重されたときに吸収されたエネルギー（面積ⅠとⅡ）に対して除重されたときに回復されるエネルギー（面積Ⅰ）の比 Ⅰ／(Ⅰ＋Ⅱ) は伸長レジリエンスとよばれ，ひずみのエネルギー的回復を表す。綿などのように水素結合の存在する繊維では水素結合を破断するのにエネルギーが使われるので繊維のレジリエンスは低い。捲縮繊維は高いレジリエンスをもつ（resilience＝反発弾性）。

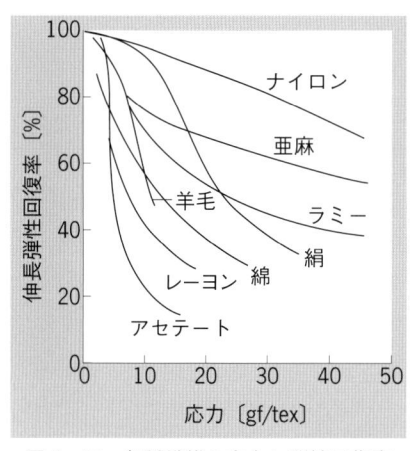

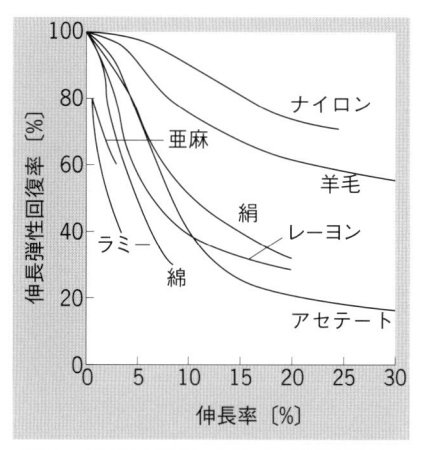

図 4-17　各種繊維の応力と弾性回復率　　図 4-18各種繊維の伸長率と弾性回復率
出典）*Physical Properties of Textile Fibers*, The Textile Institute (1997)

　図 4-17, 図 4-18には，種々の繊維について応力あるいは伸長率に対する伸長弾性回復率の変化を示した。図 4-17はある応力が加えられたとき，繊維にどの程度の永久変形を引き起こすかを，図 4-18はある伸長率まで伸長されたときの弾性回復と永久ひずみを示している。

　綿は応力からも伸長率からも回復性が悪い。特に与えられた伸長率が小さいときにも，かなりの永久変形を残す。亜麻やラミーは伸長率からの回復性は悪いが，与えられた応力が大きいときでも意外と永久変形は少ない。レーヨンやアセテートは応力や伸長率の低いところに降伏点があり，この点を過ぎると回復性が急激に低下する。羊毛にも降伏点があるが，回復率の低下の仕方は急激ではないので，降伏点付近でさえかなりよい回復性を示している。羊毛は応力が大きくなると回復性は悪くなるが，伸長率が高くても回復することができる。絹は応力からの回復性がよい。応力においても伸長率においても最高の回復性を示すのはナイロンであり，ポリエステルやアクリル（表 4-4）の回復性はナイロンよりも悪い。

　表 4-4 には各種繊維の60％RHと90％RHにおける弾性回復率を各伸長率で比較して示した。湿度の影響は複雑であるが，与えられた伸長率が小さいときには，弾性回復率は高い湿度で小さいが，伸長率が大きいときには高い湿度で大きくなる繊維が増してくる。特に湿ったウールの回復性はよく，伸長率が高いときでもよい回復性を示す。

RH
relative humidity
（相対湿度）

表 4-4　弾性回復率に及ぼす湿度の効果

材　料	弾性回復率%					
	1％伸長		5％伸長		10％伸長	
	60%RH	90%RH	60%RH	90%RH	60%RH	90%RH
綿	91	83	52	59	—	—
レーヨン	67	60	32	28	23	27
羊　毛	99	94	69	82	51	56
絹	84	78	52	58	34	45
ナイロン	90	92	89	90	89	—
ポリエステル	98	92	65	60	51	47
アクリル	92	90	50	48	43	39
アセテート	96	75	46	37	24	22

出典）L. Beste and R. Hoffman, *Text. Res. J.*, **20**, 441-452 (1950)

2.2 せん断特性

せん断特性（shear property）は風合い，ドレープ，寸法安定性，仕立映え，着用じわや洗濯じわ，疲労性などと関係して，衣服設計の立場からも重要な性質の一つである。

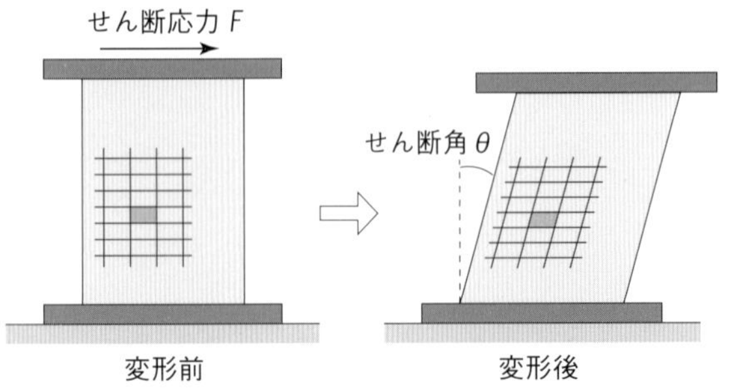

織物のせん断変形は，変形前のたて糸とよこ糸で囲まれた長方形の部分が平行四辺形になる面内変形であり，たて糸とよこ糸の交差角の変角によって説明される。図4-19のように応力Fが織物に加えられると，直角からの角度の変化がせん断角θとして定義される。

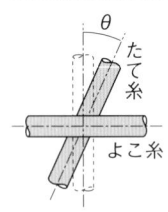

図4-19 織物のせん断変形

このときの応力Fとせん断角θの関係を測定した例として平織の未加工布と仕上げ加工布の一般的なせん断ヒステリシス曲線を図4-20に示した。図から求められるせん断剛性（shear rigidity）G（ヒステリシス曲線の傾き）やせん断摩擦項σ_0は重要なせん断特性値であり，せん断変形に対する抵抗性や繊維間の摩擦によって生じるヒステリシスの大きさを知ることができる。

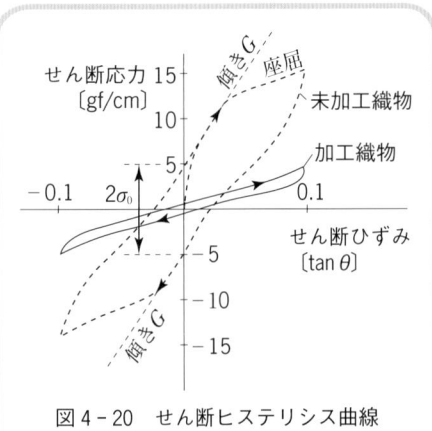

図4-20 せん断ヒステリシス曲線
出典) V. L. Gibson and R. Postle, *Text. Res. J.*, **48**, 14-27 (1978)

織物のせん断特性はたて糸とよこ糸の交差点における滑りや交差圧，糸の曲げ変形などにより影響される。図4-20の未加工布のように目詰り（ジャミング，jamming）が大きい（織糸がよく詰まっている）織物では糸間の接触が密になるため，せん断変形が加わると交差点でのたて糸とよこ糸の接触面積が増加する。この結果，交差角変化に伴う抵抗力が増加して変角しにくくなり，せん断角がある大きさに達すると対角線の方向にしわが発生して座屈する。しわの発生するせん断変形の角度を**せん断臨界角**という。仕上げ加工布では織糸の詰まりが緩和され，たて糸とよこ糸の交差角は小さな力で変化させることができる。

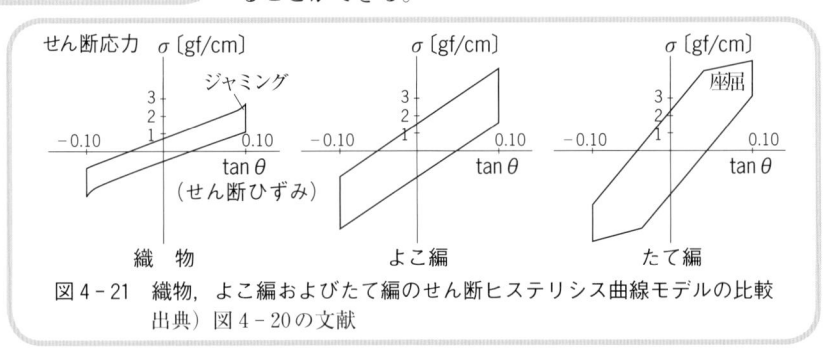

図4-21 織物，よこ編およびたて編のせん断ヒステリシス曲線モデルの比較
出典）図4-20の文献

図4-21には織物，よこ編およびたて編のせん断ヒステリシス曲線のモデルを比較して示した。織物ではせん断角の高いレベルで構造の緻密化によるせん断応力の増大がみられることもあるが，編物ではみられない。編物は織物に比べてせん断変形に対する弾性回復性が低いので，着用中や仕立てにおける形態保持性も悪くなる。外衣用のたて編では未加工の織物（図4-20）と同様な座屈を起こす。

図4-22には布のせん断特性に及ぼす仕上げ加工の影響を示した。編物ではせん断特性値に及ぼす仕上げ加工の影響はほとんどみられないが，織物では特にせん断摩擦項において著しい変化がみられる。これは織物と編物では糸と糸の交差状態が基本的に異なっているためである。編物構造ではループの連絡によって糸間の接触長が比較的長いが，織物構造では糸間の接触長は短いため，仕上げ加工により内部接触圧が減少すると非常にせん断しやすくなる。

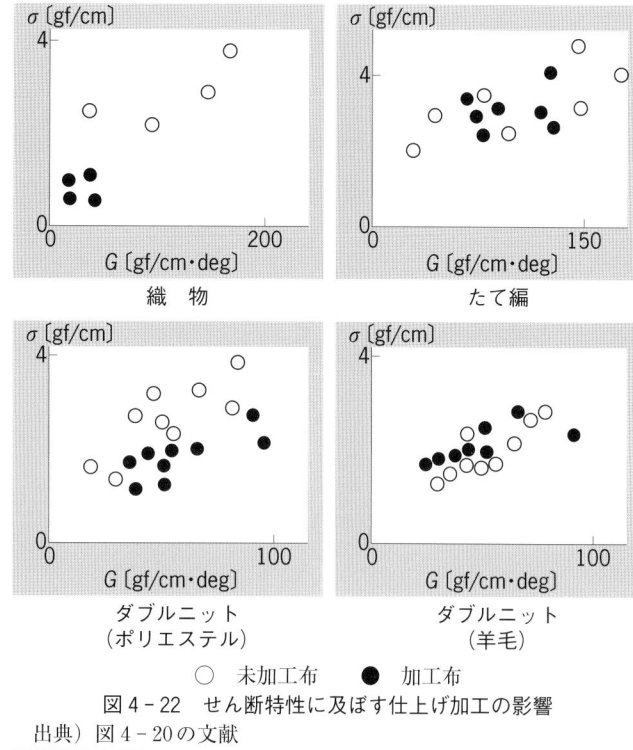

編物では仕上げ加工した後でも，いぜんと非常に多くの長い糸間の接触によってせん断変形が妨げられる。布のせん断変形は面内で一様に起これば平面に保たれるが，せん断変形による面積の減少が場所によって異なる場合には，座屈する前であっても布は曲面状に変形する[9]。織物や編物のような布は図4-23に示すような複雑な丸みのある美しい曲面やひだを形成することができる。

○ 未加工布　● 加工布
図4-22　せん断特性に及ぼす仕上げ加工の影響
出典）図4-20の文献

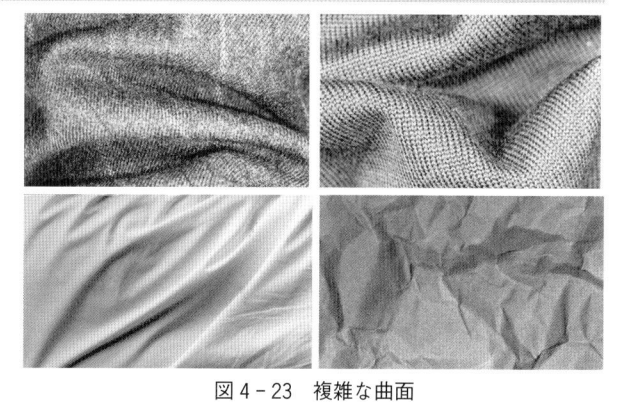

図4-23　複雑な曲面

これに対して紙やアルミ箔のようなシート状物質はいずれか一方向だけを円筒状に曲げた場合（シングルカーバチャ[*1]の形成）には美しい曲面を形成することができるが，互いに直交する2つの方向に同時に曲げた場合（ダブルカーバチャの形成）にはくしゃくしゃとなってつぶれてしまう。これは複雑な2次曲面を形成するためには，一定領域に対して不均一な変形をもたらすからである。

*1　カーバチャ（curvature）：曲率

2. 形態的性質

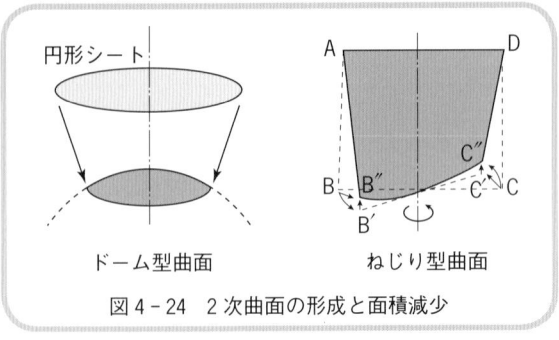

ドームやねじり曲面のような2次曲面を形成する場合には図4-24に示すように布上の2点間の長さの変化あるいは面積の減少が起こる[9]。布はせん断変形により容易に面積を減少させることができる。紙やアルミ箔では面積を減少させることは困難なため，余った面積はくしゃくしゃとなって折りたたまれる。布は紙やアルミ箔とは違ってどのような曲面にも自然に形を合わせることができる。しかし，これは一般には曲面の一部に限られ，広い範囲にわたることはできない。ある程度の範囲を超えるとひだやしわとなってしまうのは，変形により布目のつくる微小な平行四辺形（図4-19）がつぶれてしまうからである。

図4-24 2次曲面の形成と面積減少

布が複雑な曲面形態をとろうとするとき，布内部の糸間や繊維間の摩擦に打ち勝ってせん断変形を起こさなければならない。重くてしなやかでせん断変形の容易な布は多くの美しいひだを形成して垂れ下がり，ボディのラインに沿った形態をつくり出すことができる。

2.3 剛軟性

私たちが衣服を着用したときに布地に加えられる曲げは通常は比較的弱いが，連続して曲げられることが多い。スカートやズボンの両ひざの部分は歩行するときにゆるやかに曲げられる。ズボンのクロッチ（股の下の部分）やひざのうしろは座ったり，かがみ込んだりするとき，より一層強く曲げられる。ズボンやスカートのプリーツ（折り目，pleat）にはかなり鋭い曲げが加えられている。また，カーペットを製造するときのパイル糸や繊維は繰り返しの曲げ変形に耐えなければならない。さらに，人々がその上を絶えず歩くので押しつぶしによる曲げ変形（bending deformation）にも耐久性がなければならない。カーテン用布地は開閉時に曲げられたり，伸ばされたりする。

繊維製品が衣服や産業用資材などとして多方面で利用される理由の一つは，それらに柔軟性（flexibility）があるからである。柔軟性があるからこそ，繊維製品を破壊せずに曲げたり，ねじったりすることが可能となる。布の剛軟性は繊維の曲げこわさ（flexural rigidity）や繊維の集合状態などにより決まり，しなやかさやソフトさなどの風合い，ドレープ性などに大きな影響を及ぼす。

（1）繊維の曲げこわさ

繊維の曲げ抵抗性は繊維の種類により異なり，繊維を構成する高分子鎖のこわさ，配向度や結晶化度に一部依存する。繊維の結晶領域が大きくなるにつれて繊維の曲げ抵抗性は増大する。繊維が曲げられたとき，その外側は引っ張ら

れ，内側は圧縮されるので繊維のヤング率（Young's modulus）が大きいと曲げにくい。繊維全体の形状を含めた曲げ抵抗性，すなわち曲げこわさ（G）はヤング率（E）と断面2次モーメント（I）の積

$$G = EI$$

として与えられる。断面2次モーメントは，繊維の断面形状や寸法による曲げこわさへの寄与分である[*1]。図4-25に示すように繊維が円形の場合は断面2次モーメントは直径の4乗に比例して変化するので，直径が2倍になると曲げこわさは16倍に増大することになる。したがって，繊維の曲げこわさはヤング率のほかに繊維の太さによって大きく左右されることになる。

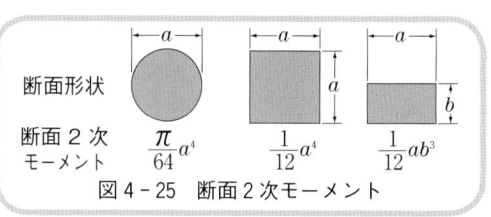

図4-25　断面2次モーメント

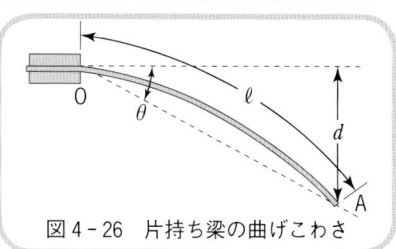

図4-26　片持ち梁の曲げこわさ

（2）布の曲げこわさ

布の曲げこわさはその繊維の曲げこわさ，糸の構造，表面摩擦係数，布の厚さや組織などによって左右される。布の剛軟性はカンチレバー法とハートループ法により測定できる。

布は自重により垂れ下がるので，図4-26のように試験片の一端を固定すると，片持ち梁（canti-lever）のように布の自由端Aは水平線からの距離dだけたわむ。布の基点Oと自由端Aを結ぶ線OAと水平線とのなす角をθとし，垂れ下がった布の長さをℓとすると，布のたわみが小さいとき（θが小さいとき）には曲げこわさGは，近似的に次のように表される。

$$G = \frac{W\ell^4}{8d}$$

実際の布においては，"たわみが小さい"という仮定は満足されないので，理論からは外れたものになるが，上式は単位幅当たりのEI（曲げこわさ）に相当するものである。JISで採用されている45°カンチレバー法を図4-27に示す。

比較的柔らかい布の場合[10]には試験片を長くしてハートループ法[11]で測定することができる（図4-28）。

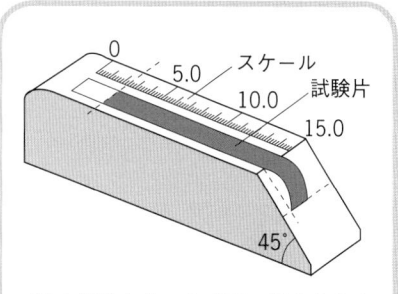

[*1] 曲げこわさは，上述のように「ヤング率（弾性率）×断面2次モーメント」によって定義される量である。物体の曲げやすさ，曲げにくさは，この曲げこわさで評価することができる。ヤング率は物体を構成する材料の性質を反映し，断面2次モーメントは物体の形状，寸法からの寄与を意味している。図4-25からわかるように，断面形状が円や矩形の場合，直径や厚さが増加すると，断面2次モーメントIは著しく増大することになる。

45°の傾斜をもった表面の滑らかな水平台の上に，試験片（2×15cm）の一端を台の傾斜側に正確に合わせ，試験片の他端の位置をスケールで読む。次いで，傾斜の方向にゆるやかに押し出し，試験片の先端が傾斜に接したとき，他端の位置をスケールで読み，押し出された長さℓを計測する。ℓは剛軟性の尺度となり，長さが長いほど曲げがたいことになる。

図4-27　45°カンチレバー法試験機

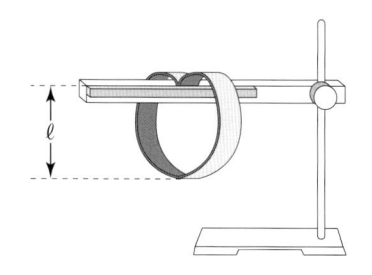

試験片（2×25cm）を有効長20cmでハートループ状に取り付け，1分間経過後水平棒の頂点とループの最下点の距離ℓを測定する。この場合はℓの値が小さいほど曲げがたい。

図4-28　ハートループ法試験機

図4-29 曲げモーメント-曲率曲線

その他に，弾性体の曲げ理論により曲げモーメントMが曲げ曲率κに比例することから，その比例定数である曲げ剛性B（EIに相当する）を求める方法がある。純曲げの状態で測定すると，左図のようなヒステリシス曲線を得る。このヒステリシス曲線から曲げ剛性Bや曲げ摩擦項M_0が求められる。また，この曲線から織物の曲げもどり性の一つであるライブリネスとの関連を推定することができる。

図4-30には87種類の外衣用布地について調べたせん断摩擦項σ_0と曲げ摩擦項M_0との関係が示されているが，織物や編物の構造的な違いを明確にとらえたものである。せん断摩擦項からたて編，ダブルニット，織物が構造的にはっきりとグループ化され，さらに曲げ摩擦項によってダブルニットが繊維タイプ別に分類できる。しかし，平編はポリエステルのダブルニットと領域が重なっているために分離することはできない。

また，表4-5には織物や編物の柔軟性やせん断の特徴をまとめた。

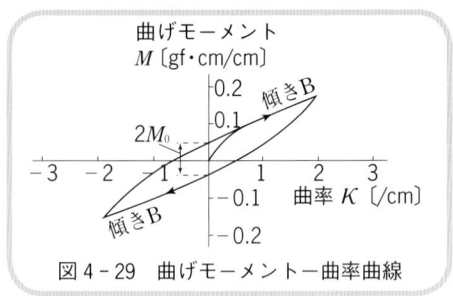

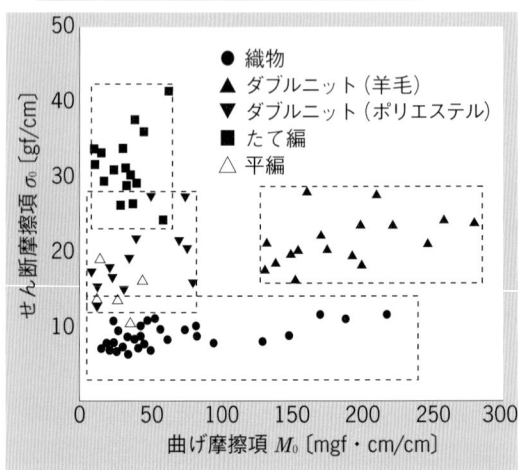

図4-30 せん断摩擦項σ_0と曲げ摩擦項M_0の関係
出典）図4-20の文献

表4-5 織物と編物の曲げおよびせん断の特徴

布	曲げ摩擦項	せん断摩擦項	柔軟性	せん断性
織物	低い～中	低い	中～高い	高い
平編	非常に低い	中	非常に高い	適度
ダブルニット（羊毛）	中～高い	中	高い	適度
ダブルニット（ポリエステル）	低い	中	高い	適度
たて編	低い	高い	高い	低い

（3） 曲げこわさの異方性

織物のよこ糸方向およびたて糸方向の曲げこわさをそれぞれG_x，G_yとすると，よこ糸と角θをなす方向に曲げたときの布の曲げこわさG_θはθの極座標で表すことができ，図4-31のようになる。曲線aのようにx軸とy軸の間にミニマムを示したり，曲線bのようなだ円形を示す[12]。

一般に織物はたて糸方向とよこ糸方向で曲げこわさは異なるばかりでなく，任意の

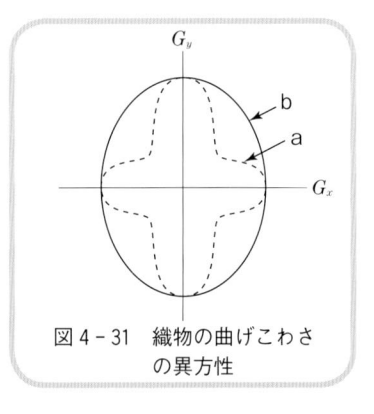

図4-31 織物の曲げこわさの異方性

方向によって曲げこわさが異なり,異方性をもつ。布の異方性は衣服の美しいドレープやひだの形成と密着な関係がある[13]。編物はループ構造のため織物ほど曲げこわさは大きくなく,また衣服としても大きくゆとりをもたせたデザインをしないので,着用中に現れるひだやしわもほとんどできない。

2.4 寸法安定性

衣服の形態保持性 (shape retention) を考えると布の寸法が変化しないことが望まれるが,布は製造過程で常に引張られた状態にあるので,水や熱に接すると収縮や伸長を起こす。

(1) 編織物中の糸の形態

1) 織　　物

織物の場合には糸が互いに直角となって織られるので,製織後に糸がまっすぐに伸びた状態にあるのか,あるいはクリンプした状態にあるのかによって,布の寸法安定性 (dimensional stability) は著しく異なってくる。

最も安定した状態は製造工程や染色仕上げ加工中に負荷された内部ひずみが完全に緩和した状態であり,図4-32(a)のように,布中の糸はたて糸もよこ糸もクリンプした状態にある。このクリンプの度合いが少ないとある条件下で収縮を起こす。製織時には,右図(b)のようにたて糸は強く張られた状態に保たれている。この状態の布はたて糸が最も緩和した状態(クリンプ状態)を得ようとして主にたて方向に収縮する。染色や仕上げ加工中に,布には水分や熱が加えられ,(c)に示されるようにたて糸方向とよこ糸方向の両方向で張力が負荷される。通常,この状態で乾燥されるので,布は両方向で内部ひずみが存在し,最も安定性の悪い状態となる。この場合には,両方向で収縮を起こす可能性が大きい。

(a) 最も安定した形態　　(b) 製織後の代表的な糸の形態　　(c) 最も不安定な形態

図4-32　織物中の糸の形態

2) 編　　物

編物の場合には糸をループ状に絡ませて作った編目形状が外力により容易に変形するので,安定した状態を保持することが難しい。編物の緩和収縮は非常に大きく,特に親水性繊維のときは著しい。編物のループは製編時に35%位まで伸ばされるので[14],同じ種類の糸から成る織物に比べて寸法変化が大きい。さらによこ編はたて編に比べて収縮性は大きい。緩和収縮は通常仕上げ加工において減じられるが,編物では織物ほどその効果は表れない。編物の場合,洗濯して吊るし干しすると水分をたっぷり吸収しているため自重によって大きく伸長するので,収縮とともに伸びもしばしば問題となる。

最近の加工技術の進歩により，裁断前に地直し（preshrinking）を行うことを必要としない生地も多くなっているが，一般には寸法変化は，① 縫製加工（主に延反，ハンドリング，アイロン・プレス），② 着用または使用中，③ 洗濯またはドライクリーニングの段階で特に発生するので[7]，注意が必要である。

（2） 緩和収縮

布が製造中などで受けた内部ひずみは，糸や繊維間の摩擦力によって解放が妨げられているので，布を湿らせても潜在ひずみを完全に解放することは困難である。洗濯時に攪拌すると，セッケンや界面活性剤が潤滑剤として働き，糸や繊維間の摩擦力を減少させるので，布は安定した状態をとろうとする。通常は1回の水洗いでは長時間続けても布に最も安定した状態（図4-32(a)）をもたらすことはできない。水洗いを繰り返すことにより収縮が助長されるが，収縮する量は回数を重ねるごとに少なくなる。このような内部ひずみによる収縮は緩和収縮（relaxation shrinkage）とよばれる。

合成繊維は一般に紡糸されるとき，延伸によって繊維内部にひずみが生じる。これに熱が加えられて，紡糸時の熱延伸温度より高い温度になると分子運動が活発になり，繊維高分子はより安定なコンフィギュレーション（立体配置）をとろうとして内部ひずみを解放し熱収縮（heat shrinking）を起こす。これを防ぐため，仕上げ時にヒートセット（⇨p.115, 150）される。しかし，その温度よりも高温でプレスしたり，乾燥したりすると不可逆的な収縮を起こす。

（3） 膨（湿）潤収縮

緩和収縮に加えて布は洗濯中に収縮することがある。これは繊維がミセル間隙に水分子を吸収して膨潤（繊維の直径が増大）するからである。親水性繊維（綿，麻，絹，羊毛）は水にぬれると繊維横断面方向に直径で約15～30％膨潤する。結晶領域の少ないレーヨンやキュプラの膨潤はこれよりさらに大きい。繊維の膨潤が布の収縮をもたらすのは糸の膨潤を伴うからである。これを膨潤収縮（swelling shrinkage）あるいは湿潤収縮（wet shrinkage）という。繊維の膨潤により糸の直径が増大するので，糸のよりの戻りがなければ糸は収縮し，同時に交差点のクリンプが増大（図4-33）して布は長さや幅の減少を起こす。布が乾燥されるとさらに収縮度を増し，繊維間や糸間の摩擦力によりこのクリンプした状態が残る。

繊維の膨潤は布の伸長をもたらすこともある。繊維が膨潤して繊維内の高分子間の結合が弱められ，繊維が弱くなっているときに，長さ方向に張力を負荷されたら，繊維は伸びる。例えば，レーヨン製品のドレーパリーは高湿度のもとで吊り下げられるとその自重に

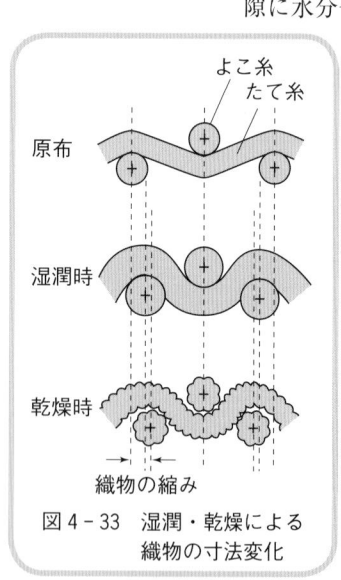

図4-33 湿潤・乾燥による織物の寸法変化

より伸長する。この場合，湿度が低くなっても元の長さには戻らないことが多い。

(4) フェルト収縮

羊毛製品が熱いセッケン液中でもまれると，著しく収縮して厚地になりこわばる。緩和や膨潤による収縮のほかに，フェルト化とよばれる繊維の絡み合いが主な原因となるフェルト収縮（felting shrinkage）は羊毛製品特有の現象である（⇨p.17, 153）。羊毛のスケール（鱗片）は根元から先端に向かってかわらのように重なり合っているため，方向により摩擦係数が著しく異なる。根元から先端に向かってこすると滑らかで摩擦係数 μ_1 は小さいが，逆に先端から根元に向かってこすった場合には粗くて摩擦係数 μ_2 が大きい。これを**指向性摩擦効果**（DFE）といい，フェルト化と関係する。羊毛繊維の真中あたりを持って指で長さ方向に沿って前後に動かすと，繊維が毛根に向かって動くのがわかる。したがって，多数の羊毛繊維が機械的作用を受けると，それぞれの繊維は一方向のみにしか動くことができないので，繊維同士が絡み合って，その結果，布は縮むことになる。

DFE directional friction effect

(5) ハイグラルエキスパンジョン

羊毛製品特有のもう一つの寸法変化にハイグラルエキスパンジョン（hygral expansion）がある。羊毛は湿度の高いところでは水分を多量に吸収して繊維が伸び，環境の変化に伴い乾燥すると収縮する[*1]。湿度変化によって吸湿と放湿が繰り返されると波状のしわができたり，表面に凹凸の状態が現れて，外観を悪くする。このため縫製加工では湿度管理に十分な注意が必要となる。

2.5 ヒートセット性（熱セット性）

ウォッシュ アンド ウェア性（wash and wear property, W&W性）やプリーツ保持性（pleat retaining property）[*2]などに関連して，繊維のヒートセット性（heat set property）[*3]が重要視される。ヒートセット性は繊維の熱可塑性（thermoplasticity）が大きな意味をもつ。この性質を利用して，糸や編織物のヒートセットが行われるが，この場合には繊維のヒートセット性のほかに，編織物の組織，密度，糸の太さ，よりの状態，厚さなどの物理的条件も大きく影響する。一般に合成繊維は大きなヒートセット効果を発現する。

繊維の微細構造は高分子鎖が相互に規則正しく平行に並んだ結晶領域と分子鎖が離れ乱れた非晶領域が混合した状態にあるが，結晶領域では分子鎖間を水

[*1] この場合の繊維の伸び・縮みは，主として羊毛クリンプの減退・回復による。
[*2] プリーツが着用や洗濯などを経ても保持できる性質。
[*3] 加熱下で外力を加えると繊維構造がゆるんで変形し，内部応力を緩和させる。このあと，これを常温に戻してもそのままの形で固定する性質。

表4-6 各種合成繊維のヒートセットによる残留収縮率

合成繊維	無処理 [％]	水による処理 [℃]	[％]	飽和蒸気処理 [℃]	[％]	乾熱空気処理 [℃]	[％]
ナイロン66	12	94	7～9	181	0～1	225	0～1
ナイロン6	12～14	96	6～4	130	0	190	0～1
ポリエステル	15～17	100	2～4	120, 124	1～2, 0～1	234	0
アクリル	7～8	100	4～5	134	0～1	200	0～1

素結合やファンデルワールス力で結合している。熱可塑性の繊維ではそのガラス転移温度以上に加熱すると，分子の熱運動が活発化するため分子の流動効果を促進して，外力により大きな分子の移動が容易になる。そして新しい位置で分子間の再結合ができ，外力が緩和されて安定化する。この後，冷却によりそのまま安定した形態に固定される。織物仕上げにおけるヒートセットはこのような繊維の熱可塑性による分子間の永久変形を利用している。

この原理を応用して，合成繊維やその編織物の寸法安定性（残留収縮防止，アイロン収縮防止，洗濯収縮防止），形態安定性（型くずれ防止，プリーツ加工，しわ防止，形付け），組織の安定性（目よれ防止，ほつれ予防）を向上させたり，風合いや染色性の改善，かさ高加工や捲縮加工なども行われている[15]。これらの性能を付与するヒートセットは熱媒体として熱水，蒸熱，乾熱が使われる。ヒートセットは合成繊維の織物仕上げに必須の工程であり，表4-6[15]には熱水，高圧水蒸気，乾熱処理を行った場合の残留収縮率を示した。蒸気や乾熱処理によって残留収縮が著しく減少する。熱水セットや湿熱セットのように媒体中に水分が存在する場合は，乾熱セットに比べて低温度でもセット効果が得られる。これは水が繊維の可塑剤として作用し，ガラス転移温度が低くなるからである。

合成繊維を加熱するとそのヒートセット性により，繊維の内部構造が容易に変化して機械的性質や染色性が著しく変わる。ナイロン繊維は乾熱，湿熱セットにより，密度や結晶性はともに増大し，配向性は低下する。吸湿性は乾熱では減少するが，湿熱では増大するので染色性は両者の間で著しく異なってくる。ポリエステル繊維もヒートセットにより密度や結晶が増大して，緻密な構造になる。

しかし，セット温度が高くなるにつれて引き裂き強さは低下し，こわさは増大する。防しわ性は220℃までは増大するが，それ以上になると低下する。アクリル繊維はヒートセットによって著しく風合いが変化する。特に熱水によって，みかけの軟化点が大幅に低下するので，加熱過程，冷却過程の温度制御が品質に影響を及ぼす。

ヒートセット性は，加熱条件だけでなく，加熱後の冷却条件も防しわ性，ヤング率，仕事弾性回復率などに影響す

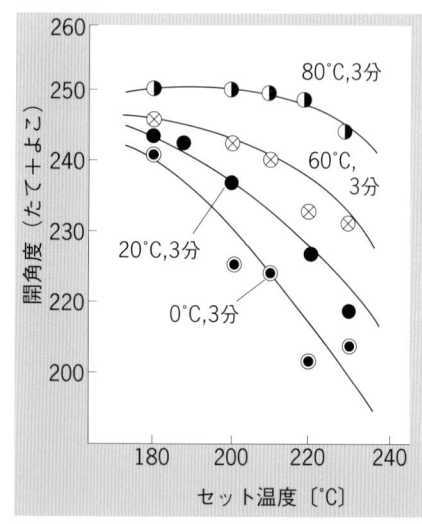

図4-34 ポリエステルタフタの開角度に対するヒートセット冷却条件の効果

る。図4-34[15]にポリエステルタフタを180〜230℃で2分間加熱したあと，80〜0℃の水で3分間冷却した場合の開角度の変化を示した。セット温度が高く，冷却温度が低いほど開角度が低下する。

2.6 製服性（テーララビリティ）

衣服の設計・製造を行うには，衣服材料の性質をよく知り，縫製加工上の問題点を正確に把握することが必要である。2次元的な形態の布地は裁断され，立体的な人体の形に合うように布地を縫い合わせて美しく，機能的な衣服が形成されなければならない。平面的な布を美しく立体化するために，いせ込み，

表4-7 布地の製服性

項目			内訳	材料の特性
生地	裁断性	1	布目が通っていること	布の構造・形態特性
		2	重ね裁ちしてもズレないこと	摩擦特性
		3	裁断端がほつれない	表面特性
		4	はさみの切れ味がよい	力学的性質
		5	裁断後の収縮が起こらない	熱的性質
取扱い性	標付け	1	標付けが容易にできる	破壊特性
		2	標付けによって損傷を受けないこと	基本的力学特性と
	可縫性	1	布目が正しいこと	その粘弾性特性
		2	くせとり，いせ込みが容易なこと	電気的性質
		3	布がたて，よこ，バイヤス方向にバランスよく伸縮すること	水分に対する性質
		4	針の通りがよいこと	
		5	生地の伸び縮みが規格内で安定していること	
		6	縫目がスリップしないこと	
		7	地糸切れが起こらないこと	
		8	こてあと，アタリ，熱変色が起こらないこと	
		9	プレス等により筋糸等の収縮が起こらないこと	
外観特性	仕立て映え	1	布目が通っていること	布の構造・形態特性
		2	縫目のパッカリングが起きないこと	基本的力学特性と
		3	ミシンのステッチが織物によくなじむこと	その粘弾性特性
		4	ソフトでシルエットがでやすいこと	表面特性
		5	張りがあってドレープ性がよいこと	摩擦特性
		6	ハングがよくリブリであること	熱的特性
		7	つきじわ，抱きじわのないこと	光学的性質
		8	表面に無用の毛羽がなく，きれいであること	化学的性質
		9	ベンツ，衿のはね返りがなく，セットの効いたもの	電気的性質
		10	きずのないもの	
	外観変化	1	ペンシワ，パッカリングが起こらないこと	
		2	毛羽立ちがないこと	
		3	汚れ，しみのつきにくいこと	
		4	縫目がスリップしないこと	
		5	膝や肘が出ないこと	
		6	悪光沢がつかないこと	
		7	しわにならないこと，回復のよいこと	

出典）森 益一：第4回繊維工学研究討論会資料（1981）

ギャザー，プリーツなどの立体化技術が利用される。縫製加工において，衣服が作りやすいかどうかは布地のもつ製服性（tailorability）が極めて重要であり，その内容を表4-7に示す。

製服性は，表にみられるように，布地の裁断しやすさ（裁断性）や縫いやすさ（可縫性）をはじめ，シームパッカリング（seam puckering）やドレープ性などによる仕立て映え，さらには形態安定性や外観の美しさなどを含む着用性などと深く関係し，材料の力学的性質や熱的性質，水分特性や光学的性質，布地の構造・形態特性などが及ぼす影響は極めて大きい。製服性のよい布地は縫製の各工程での作業や取扱いが容易であり，仕立て映えがよく外観の美しい衣服をつくることができる。

> シームパッカリング
> 縫い目線付近に発生した波状のしわ。縫製品の品質を損なう。

2.7 防しわ性

衣服は着用中や洗濯・乾燥などの取扱い中に，外力の作用によって曲げ，伸長，圧縮，ねじり，その他の変形を受ける。外力が取り除かれると元の状態に戻ろうとするが，材料の塑性的性質や繊維や糸の摩擦抵抗によって回復が妨げられて，クリーズ（crease）やリンクル（wrinkle）とよばれるしわ[*1]を生じる。

このような変形によって生じるしわに対する抵抗性やその回復性を防しわ性（crease resistance）とよぶが，前者を防しわ性，後者をしわ回復性（crease recovery）と区別して取り扱われることもある。

> 塑性的性質
> 変形すると元の状態に戻らない性質

(1) 曲げ機構と防しわ性

布地を折り曲げて生じたしわは構成繊維や糸が折り曲げられるので繊維の性質と糸および布地の構造因子が関係してくる。単繊維を折り曲げた場合，図4-35[16)] (a)に示されるように外側の層は伸長され，内側の層は圧縮される。折り曲げの力を除けば，伸長弾性や圧縮弾性の大きいものは完全に元に戻るが，弾性の小さいものはしわとなってひずみが残る。羊毛やナイロンなどは伸長弾性回復（⇨p.106）が大きいので，これらの布地の防しわ性はよい。たくさんの繊維から構成される糸を折り曲げたときはよりがない場合（図の(b)）もよりがある場合（図の(c)）も繊維にかかるひずみは，単繊維を折り曲げたときよりも幾分緩和される。図の(b)のようによりがなく繊維間の摩擦力が全くないと仮定すれば，繊維の曲げにより繊維は自由に移動し，容易に安定な状態に達し単繊維

(a) モノフィラメントの曲げ

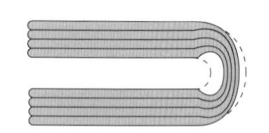

(b) 繊維のスリップを伴うマルチフィラメントの曲げ

(c) よりのあるマルチフィラメントの曲げ

図4-35 糸の曲げ機構

---

*1 クリーズもリンクルも一般的には明確に区別して使われない場合が多いが，クリーズはシャープに折りたたんだときにできる折り目状のしわで，リンクルは丸みを帯びた大きなうね状のしわをいう。また，洗濯後にできるさざ波状のしわもリンクルとよばれる。

にかかるひずみも最小になる。また，図の(c)のようによりのある場合の曲げでは，繊維は動きにくいが，各繊維のひずみが最小となる最も安定した中央層に集合する傾向を示す。

同じ理由で，織物が折り曲げられたときの織糸は図4-36に示されるように，曲げの内側から外側へ移動することによりひずみを緩和することができる。このとき，単繊維の曲げでみられた圧縮する層と伸長する層は存在しない。これは，図中のA点における伸長しようとする傾向はB点での圧縮領域からの織糸の移動で緩和されるからである[9]。

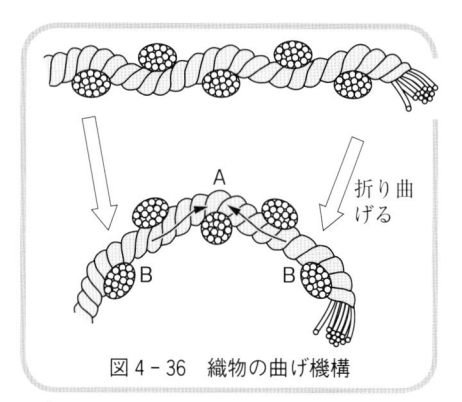

図4-36 織物の曲げ機構

(2) 織物の防しわ性

織糸の移動が容易にできるかどうかは織物の構造の粗密や織糸の自由度に関係する。一般に密な織物ほどしわの回復性が悪くなる傾向にあるのは，織糸の移動が容易でなくなるからである。

また，繊維が同一で，糸が同じ太さで同じ織密度であれば，平織＜斜文織＜朱子織の順に防しわ性がよくなるのは糸の浮きが多いほど変形に対する自由度が増大するからである。

防しわ性を試験する方法としてモンサント法をはじめ多くの方法があるが，通常は一定の大きさの布を180°折り曲げ，所定の荷重を一定時間だけ加えた後，その荷重を取り除いて，その後の回復挙動を観察するものであるが，一定時間後の折り目の回復角度（α）あるいはその比率〔(α/180)×100〕で表すことが多い。

しわ回復率
防しわ率ともいう。

織組織によるしわ回復率の違いを表4-8[8]にまとめた。しわ回復率が大きいものほど防しわ性がよいことを示す。

(3) 編物の防しわ性

編物は糸をループ状に絡ませた構造であるために，ルーズで糸の自由度は大きい。折り曲げたときには，糸はループ構造を通して滑りやすく，また糸のよりが少ないために繊維も移動しやすいので，曲げによるひずみを緩和しやすい。一般に編物は，織物よりもしわになりにくく，防しわ性はよい。

(4) 視覚的しわ回復性

図4-37に示されるように布に付加されたしわは布の粘弾性的性質に起因して時間の経過とともに徐々に弱まり，しわ外観が変化するが，ある時間が過ぎるとほとんど変化しなくなる。このようなしわの視覚的な変化や緩和現象は目視で知覚することは難しい。スキャナからし

表4-8 織組織としわ回復率

組　　織	しわ回復率〔%〕	
	たて方向	よこ方向
平織	39.4	36.7
2/2 斜文織	44.7	46.1
112/112 斜文織	40.6	39.2
1/7 斜文織	48.3	53.1
8枚朱子織	52.5	55.0
蜂巣織	63.1	56.9

図4-37 ポリエステル布の視覚的しわ回復

わ画像をある時間毎に計測し，これらのしわ画像の画像解析（image analysis）から布の視覚的しわ回復性（visual crease recovery property）を評価することができる[17]。防しわ性がよいと考えられている羊毛布やポリエステル布に付加された折しわ外観では，しわの一様性，コントラスト，綿状性，ランダム性，凹凸性などの視覚的特徴の回復性もよく，麻布，綿布，アセテート布では，それらの視覚的回復性は悪い。しかしながら，布のしわ外観の視覚的回復性は種々の視覚的特徴によって幾分異なるのが一般的である，しわ回復性は布の表裏や方向によって異なる場合が多い。布の折り曲げ方向の異なる折しわが多方向に混在する場合やさざ波状のしわやシャープな折しわが多数，ランダムに混ざり合ったしわ外観に対して評価を行う場合には，非常に有効な手段となる。

（5）しわの要因

綿やレーヨンなどの親水性繊維から構成される布の防しわ性は湿度の影響を受けやすい。親水性繊維は湿気を多く吸収すると繊維の弾性を失い，塑性変形する傾向が強くなり，しわが生じやすくなる。しかし，ポリエステルやアクリルなどの疎水性繊維の布では湿気の影響はほとんど受けないので，湿潤時でも防しわ性が低下することは少ない。

① 単繊維の性質（形態や性質）
② 幾何学的集合により生じる相互作用因子（摩擦や抱合）
③ 糸の構造因子（繊維数，太さ，より）
④ 織物の構造因子（厚さ，密度，組織）
⑤ 加工条件因子（種々の仕上げ加工）
⑥ 環境条件因子（湿度，水分）など。

織物のしわに影響を及ぼす要因をまとめると次のようになる[7]。

2.8 耐ピリング性

ピル（pill）は布表面上に浮き出た繊維（毛羽）がもつれたり，絡み合ってできた球状のかたまりあるいは毛玉のことで，布表面の欠点として長い間問題となっている。ピルが生成されたり，蓄積したりする現象をピリング性（pilling property）といい，フィラメント織物では基本的に問題にならないが，紡績糸から成る編織物では，外観や風合いを著しく損ねたりするので，ピリングを防ぐための種々の方策がとられている。

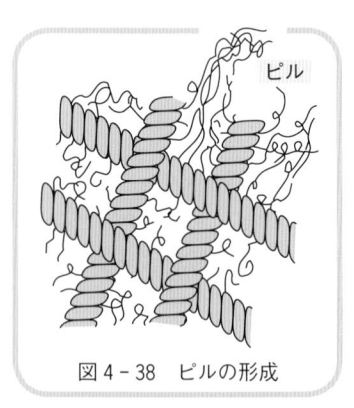

図4-38 ピルの形成

（1）ピルの発生と脱落

布のピリングは摩擦作用によって生じる。洗濯や着用時の摩擦によって糸中から引き出された繊維は移動して布表面上に部分的に浮き出てくる（毛羽立ち）。さらに摩擦作用が加わると，図4-38に示すように，浮き出てきた繊維が互いに曲げられたりねじられたりして絡み合って球状のピルを形成する。しかし，同時に摩擦作用により糸中に突きささっている繊維の固定端がゆるんで，繊維が滑脱したり，あるいは摩擦により繊維が切断されてピルが脱落すれば，布表面上のピルの数は減少する。

ピリングが布表面の外観をどの程度悪化させるかは，次の3つの要因に左右される[16]。

① 表面の毛羽の立ちやすさ（糸密度，組織，せん毛，毛焼き，化学処理，糸のより数，繊維の摩擦係数，布の状態など）
② 毛羽のもつれやすさ（繊維の曲げこわさ，繊維長，繊維の太さ，繊維の摩擦係数，繊維の断面形状，糸のより，紡績方式など）
③ ピルの脱落しやすさ（繊維の太さ，繊維の断面形状，繊維の摩耗強さ，繊維の曲げ疲労，繊維の引張り強さ）

（2）繊維の種類とピルの生成

ピルが衣服の表面に固着してとれないでいると衣服の外観は悪くなる。しかし，ピルが形成されても脱落してなくなれば，外観上の問題はなくなるので，生成されたピルの数と脱落するピルの数との差が外観に影響を及ぼすことになる。

図4-39は各繊維についてピルの発生数と摩擦回数の関係を示したものである。羊毛やアセテートなどの繊維は強度が弱く，生じたピルはすぐに切れて脱落してしまうので，摩擦回数を増すと最初は発生するピル数は増すが，その後次第に減少する。しかし，ポリエステルやナイロンなどの繊維は強度が強いので，摩擦回数を増してもピルは脱落することは少なく，布表面に残留して外観をますます悪化させる。

繊維の太さや長さはピリングに影響を及ぼす。図4-40は繊維の太さとピル生成の関係を示している。ウール／ナイロン，ナイロン，ウールの順にピルの生成は減少する傾向にある。ナイロン繊維の太いほうが，ピル数は減少する。これは繊維が太くなると曲げこわさは増大するので，繊維が曲げられてピルを形成することが困難となるためである。また，繊維の太さが増すと布から浮き出してくる繊維の数も減少するからである。

（3）繊維の形態，布構造とピルの生成

図4-41は繊維長とピル生成の関係を示した。繊維長が長くなるとピルの発生数は減少する。これは繊維が長いと糸から繊維が引き出されにくくなるためである。

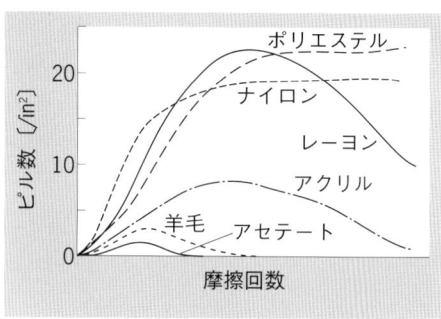

図4-39 各繊維のピル生成曲線
出典）『繊維製品試験』，日本衣料管理協会（1991）

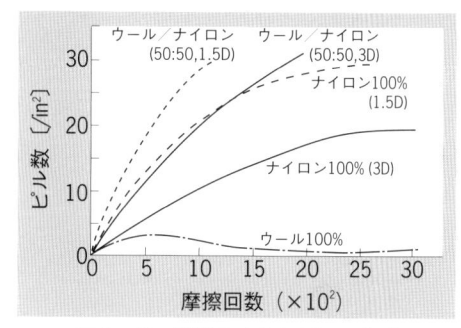

図4-40 繊維の太さとピルの生成
出典）増田俊郎，塩沢和男：『新版繊維加工技術』，地人書館（1995）

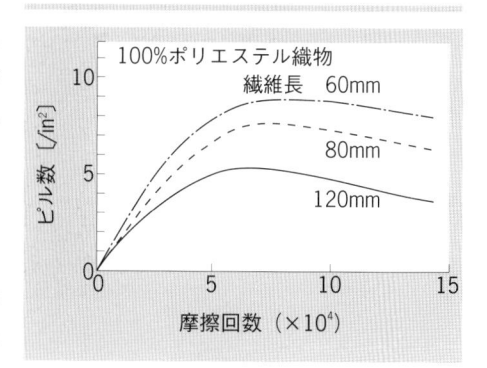

図4-41 繊維長とピルの生成
出典）図4-39の文献

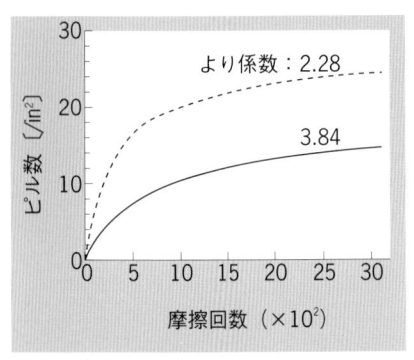

図 4-42 糸のより数とピルの生成
出典）図 4-39 の文献

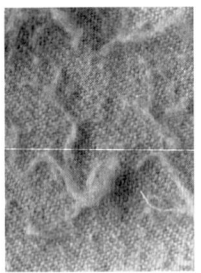

図 4-43 加ねん糸織物と無ねん糸織物のピリング

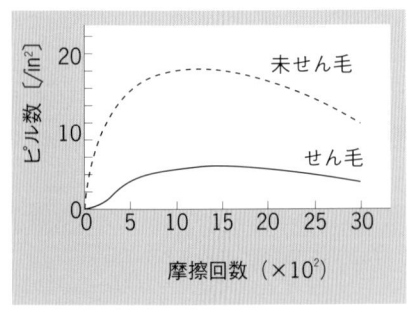

図 4-44 せん毛とピルの生成
出典）図 4-40 の文献

より数が増加してよりが強くなることによってもピルの発生数は減少する。図 4-42 で，より係数の大きいほうがピルの発生数が少なくなるのは，よりが強くなると毛羽立ちができにくい糸構造になるためである。したがって，よりの甘い紡績糸が使われているニット製品は織物よりも毛羽立ちしやすく，ピルが生じやすい。

図 4-43 には JIS L 1076A 法（ICI 法）に従い，糸，密度，組織を同じにして作製された加ねん糸織物と無ねん糸織物のピリング試験を行った結果を写真に示した。ICI 法では一辺が 23 cm のコルクで内装した立方体の箱の中で，ゴム製の管に巻いた試験片を 10 時間回転操作することによりピルの発生状態をみる。無ねん糸を用いた織物は糸によりがかかっていないため摩擦抵抗が小さく，繊維の結束力も弱いことから加ねん糸織物よりピルの発生が多いことがわかる。

また，せん毛などの処理を施すことにより，ピルの発生をかなり減少させることができる（図 4-44）。しかし，布の組織構造がルーズになると，これらの処理により繊維の脱落を助長するので，繊維が抜け出さないように化学処理を施す必要がある。

布の耐ピリング性を向上させるためには，次のような方法が考えられる。

① 繊維長の長いものを用いる。
② 繊維の太いものを用いる。
③ よりを強くする。
④ 繊維の摩耗や引張り強さの小さいものを用いる。
⑤ 交差点の多い密な組織にする。
⑥ ブラッシングや毛焼きを行う。
⑦ 特別な化学処理をする。

2.9　耐スナッグ性

スナッグ（snag）とは，布地が何かに引っ掛かって，その構成している糸が布表面から引き出されたり引き抜かれて，糸あるいは糸の一部が表面から浮き出してループを形成したり，ひきつれ現象などを起こす欠点である。

かさ高加工フィラメント糸使いの編組織から成る紳士用スラックスでは，特に大腿部や尻部などの摩擦を受けやすい部位にスナッグが発生して外観を損ねることが多い。スナッグは靴，スーツケース，ビニールレザーいすなどの表面のわずかな突起との摩擦で発生することがある[19]。婦人用ストッキングの脚部

に発生するスナッグは以前からよく知られている。

着用中に衣服が突起物に引っ掛かったりざらざらした面でこすられたりした場合に，組織中の糸の引っ掛かりやすさや抜けやすさに応じて，組織点から糸がずれてループを形成する。糸のずれが伝播してループが生成するとともに糸自体が伸長して部分的に糸長が増加し，引き出された糸は布中に戻りにくくなる。したがって耐スナッグ性は編織物の組織や構造，糸の引っ掛かりにくさや抜けにくさ，引き出された糸の伸びにくさや組織への戻りやすさに左右される。

一般に，布の表面が平たんで組織が密な布地では糸の動きが少ないのでスナッグは発生しにくいが，編地のような編目が開いたループ構造や糸の交差点がずれやすく糸の浮きの長い組織では，耐スナッグ性はよくない。編物では，一般にたて編よりよこ編にスナッグが発生しやすい。スナッグの発生は編物では，重大な問題であり，①糸のタイプと太さ，②編地の組織，③編目の長さとタイトネス，④布質量（目付），⑤仕上げ加工などの要因が関係する[18]。

なお，編地に生じたスナッグをカットすることは，布地にランあるいはほつれを引き起こす原因ともなるので注意を要する。

3. 快適性に関係する性質

3.1 吸湿性，吸水性

快適性（comfort）は苦痛，不快感，不自然な状態から逃れたとき，あるいは生理学的，心理学的に満足感が得られたときに感じられる。人間－衣服－環境系における水分の移動モデルを図4-45に示したが，衣服の吸湿性（moisture absorption）や吸水性（water absorption）[*1]は人体の生理学的快適性と密接に関係して，重要な役割を果たしている。

人体からは絶えず皮膚表面を通して体内の水分が失われている。安静時ではこの蒸泄は感じにくいので不感蒸泄（insensible perspiration）とよばれる。座っている人の不感蒸泄量は個人差が大きいが，平均すると1時間当たりおよそ30gといわれ，安静にしていても1日当たり0.711lの水分が失われることになる。この水分の2/3は皮膚表面を通して失われ，残りの1/3は呼気を通して外の空気中に放出される。しかし，人体の活動レベルが激しくなったり，高温，高湿の環境下におかれたりすると，人体は発汗して感知蒸泄（sensible perspiration）が起こる。このような水蒸気や液体水は皮膚表面からすばやく取り除いて快適な乾いた状態に保つことが望まれる。

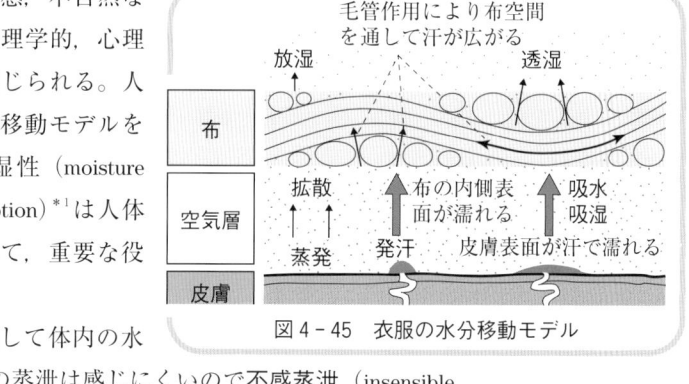

図4-45　衣服の水分移動モデル

[*1] 水蒸気を繊維表面や内部に吸収する性質を吸湿性といい，繊維間や糸間，布間隙などに毛管作用（capillary action）により液状の水分を吸い上げる性質を吸水性という。

（1）吸湿性

ほとんどの繊維は空気中から水分（水蒸気）を吸収する。空気中の相対湿度（RH）が増加するにつれて，繊維が吸収する水分の量は一般的に増加する。

一定の温度および相対湿度の環境下に置かれたときの繊維が含む水分量は**水分率**（moisture regain）として表される。水分率は繊維原料や製品の商取引上重要である。繊維は重量（質量）に基づいて売買されるので，繊維の水分を含む量が多ければその分だけ重くなり，正当な取引ができなくなる。そこで，各種繊維について**公定水分率**（official regain）が定められている。この公定水分率は20℃，65％RH（標準状態）における水分率にほぼ等しい。表4-9に主な繊維の公定水分率を示した。なお，公定水分率を考慮した質量を正量とよんでいる。

表4-9 主な繊維の公定水分率（％）

繊　維	公定水分率〔％〕	標準状態の水分率〔％〕
綿	8.5	7
麻	12.0	10〜11
羊　毛	15.0	15〜16
絹	11.0	11
レーヨン	11.0	12〜14
アセテート	6.5	6〜7
ナイロン	4.5	3〜5
ポリエステル	0.4	0.4〜0.5
ビニロン	5.0	4〜5
アクリル	2.0	1.1〜6
ポリプロピレン	0.0	0〜0.1

出典）『繊維工学［I］ 繊維の科学と暮らし』，日本繊維機械学会（1991）
小林茂雄，衣生活，**23**，40（1980）

綿やレーヨンなどのセルロース繊維にはヒドロキシル基（-OH）があり，羊毛や絹などのタンパク繊維にはヒドロキシル基，アミノ基（-NH$_2$），カルボキシル基（-COOH），ペプチド結合（-CO-NH-）がある。これらの極性基や結合部を多く含む天然繊維や再生繊維は水との親和性が高いので，**親水性繊維**（hydrophilic fiber）といい，水分をよく吸収する。極性基が少ないか全くない合成繊維は水との親和性が低く，**疎水性繊維**（hydrophobic fiber）とよばれ，吸湿性は小さい。

繊維の水分率は環境の湿度によって大きく異なる。図4-46[14)]に各種繊維の水分率曲線を示した。繊維の水分率曲線はシグモイド型（S型）を示し，繊維の親水性が増すにつれてS型がより明確に現れる。一般的には相対湿度が0％から10％に増加するにつれて水分率が急激に増大する。その後，10％から80％まではなだらかに増大するが，80％から100％の間で再び急激に増大する。

繊維の吸湿性は極性基の存在，非晶領域分子鎖の疎密，水素結合の強さなどに大きく関係する。図4-46の曲線の領域Aでは水分子は非晶領域内の自由な極性基によって吸収される。羊毛やレーヨンのように多数の極性基をもち，非晶領域が多い繊維では吸湿性が高い。これに対して，ポリエステルには極性基はほとんどなく，結晶化度が高いために吸湿性は極めて低い。領域Aでは非晶領域の極性基は水分子によって直接結合され，飽和した水和状態にある。

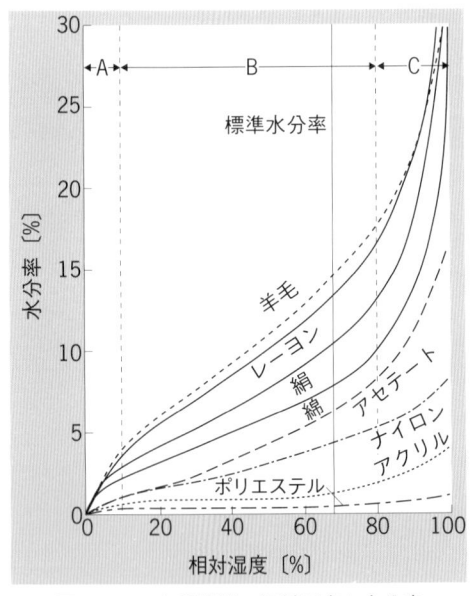

図4-46 各種繊維の相対湿度と水分率

領域Bでは極性基に直接結合している水分子にさらに水分子が結合して，図4-47に示すような多層の水和層を形成しているので，高分子構造は広がり繊維の容積が増加する。これらの水分子は極性基に直接水素結合している水分子を介して間接的に束縛されているので，水中の水分子と同程度の弱い力で束縛される。なお，極性基に直接結合している水分子は強く結合して圧縮されているので，乾燥しても取り除くことは難しい。AとBの両領域では水分子は主に極性基に直接的，間接的に結合している。

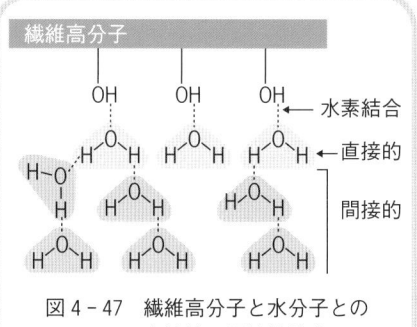

図4-47 繊維高分子と水分子との直接的・間接的結合

領域Cで起こる水分率の急激な増加は繊維中の毛細管が水分子で満たされるために起こる。この水分子は結合水ではないので普通の水と同じように自由に動き（自由水），毛管現象により繊維内の間隙にゆるく保持されているに過ぎない。繊維のこわさが最も減少するのは領域Bである。ポリエステルでは領域Bにおける曲線が平らで増加傾向を示さないのは，この繊維はもはや水分子を吸収しないからであり，羊毛，レーヨン，絹や綿と比べて対照的である。

繊維が水分を吸収すると水分子と繊維高分子の間の親和力により熱を発生する。これを**湿潤熱**という。湿潤熱は乾燥繊維1gが水中に置かれたときに発生する熱量〔J/g〕で表され，親水性繊維では大きく，疎水性繊維では小さい（表4-10）[14]。湿潤熱は湿度の低い環境から高い環境に移動したときには，快適性に大きな影響を及ぼす。温暖な乾燥した部屋（20℃，25%RH）では羊毛の衣服1kgに50gの水分が含まれている。もしこの衣服を着用して10℃，95%RHの寒冷な湿った部屋へ移動したら，羊毛は270gの水分を吸収して，徐々に42kJの湿潤熱を発生する。同様な条件のもとでは，ナイロン繊維は8.4kJ，ポリエステル繊維は2.1kJ以下である[20]。したがって，冬期など羊毛製品を着用して，温暖な乾燥した部屋から低温の湿った屋外に出た場合には，この現象により体温の急激な降下を防いでくれる。羊毛の暖かい理由の一つが湿潤熱の効果であることが理解できる。

表4-10 各種繊維の湿潤熱

繊　維	熱　量〔J/g〕
羊　毛	113
レーヨン	106
絹	69
亜　麻	54
綿	46
アセテート	34
ナイロン	31
アクリル	7
ポリエステル	5

J：ジュール（joule）

繊維が含む水分量は繊維の力学的性質，電気的性質，熱的性質にも大きな影響を及ぼすことが知られている。

（2）吸　水　性

布中の液体水や水蒸気は繊維内部，繊維表面および繊維間や糸間の空隙にそれぞれ吸収水，吸着水，空隙水として保持される（図4-48）。**吸収**（absorption）は分子レベルで，ある物質が他の物質内に結合することである。吸収性のよい布の繊維は水分子を繊維の中に浸透させることができる。**吸着**（adsorption）は水分子が繊維表面に付着したときに起こる現象である。

図4-48 布中の液体水と水蒸気

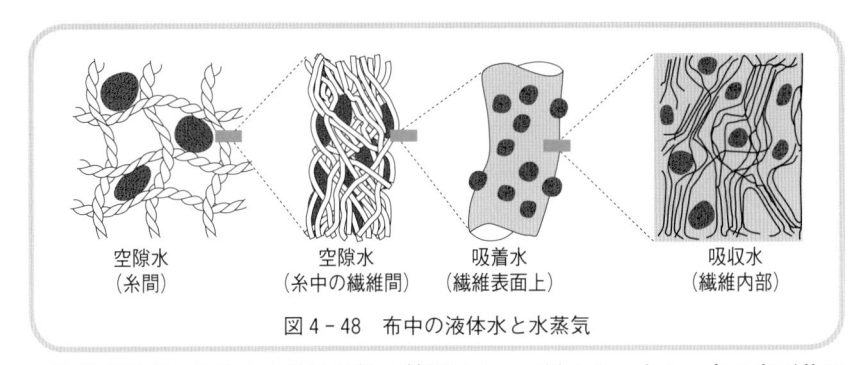

繊維が吸着できる水の量は繊維の種類によって異なる。また，布の表面積が増加すると繊維が吸着できる水の量も増加する。したがって，糸や布の構造は重要な要因となる。例えば，表面がループ状の綿タオルはカットパイル表面の綿タオル（ベロアタオル）よりも吸着ははるかによい。激しく運動したときや非常に暑い日には汗が出るが，このような汗は布中の繊維間や糸間あるいは布の空隙に吸い込まれる。これは液体水が毛管現象あるいは導液性（wicking property）により繊維間や糸間の空隙中を浸透するからである。ほとんどの繊維は中空ではないため，布中では毛管作用は繊維の内側よりも外側に沿って起こる。ここでは毛管による吸水性を考える。

左図は，半径 r の毛管内を密度 ρ の液体が毛管上昇した状態を示す。上昇の高さ h は重力の加速度を g ，液体の表面張力を γ_L ，接触角を θ とすると，次式によって与えられる。

$$h = \frac{2\gamma_L \cos\theta}{rg\rho}$$

毛管の半径 r が小さいほど，また液体の接触角 θ が小さいほど上昇の高さ h は大きくなり，毛管現象が起こりやすくなるので，吸水量は大きくなる。

吸水性の評価に一般的に用いられるバイレック法では，毛管現象による10分間の水の上昇高さ（cm）で吸水性を評価している。図4-49はバイレック法により測定した布の吸水高さと糸のより数の関係を示したものである。より数の多いものほど，吸水高さは高くなる。水の吸い上げは主として繊維間の毛管によって行われるので，より数の多いものほど管径を小さくするために毛管上昇しやすくなる結果を示している。また，疎水性繊維でも親水性繊維と同程度まで糸内の毛管によって吸水することができることを示している。

一方，羊毛は親水性繊維ではあるが，表面のスケールが水をはじく性質をもっているので，ほとんど吸水しない。

布の導液性は衣服の快適性に大きな影響を及ぼし，肌着，

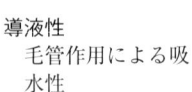

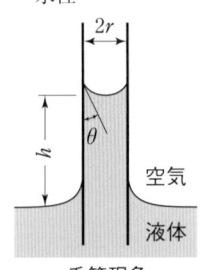

図4-49 布の吸水高さとより数
出典）松川三郎，笹森裕子，石原ミキ，繊学誌，**42**，256-259（1986）

ソックス，タオル，おむつなどでは重要な役割を果たす。皮膚表面を湿らせたままにしておくと，細菌の感染を高めたり，汗のべたつきにより布が動きにくくなるので皮膚と布との間に摩擦力が生じたりする。したがって，導液性の悪いソックスを着用してジョギングをすると足に水疱ができたり，水虫になるおそれがある。また，寒冷下で汗をかいたときには，汗が素早く導液されないので体に冷え感を与える。導液性の優れた衣服を着用して，皮膚表面から出た汗を素早く吸収し，皮膚表面をできるだけ乾いた状態に保つことが望まれる。

3.2 透湿性

衣服を着用したとき，人体からは不感蒸泄や発汗時の蒸発によって常に水分が発散されているため，布の両側の水蒸気圧に差が生じる。布を通じた水蒸気の透過は水蒸気圧の勾配によって支配される。人体表面の水蒸気圧が環境側に比べて高ければ高いほど，水蒸気は布中へ拡散していき，糸間や糸を構成している繊維間の空隙を拡散して環境側に移動する量が多くなる。親水性繊維の布は繊維の内部にも水蒸気が拡散するので，もし布の空隙率が同じであれば，疎水性繊維の布に比べて水蒸気の拡散速度は速い。

このように布が水蒸気を透過させる性質を**透湿性**（moisture transmission）といい，衣服内気候を快適に保つために衣服材料に要求される重要な機能の一つである。人体から環境に向かって流れる水蒸気に対して布が抵抗を示した場合（水蒸気分子が布を通過するためにはその空隙孔は少なくとも直径 $3\mu m$ でなければならない），繊維や布の隙間に存在する静止空気の湿気が高くなり，布の熱的絶縁性を低下させることになる。人体から出る水蒸気を速やかに環境側に輸送できる布はしばしば"呼吸している"布とよばれる。

透湿性の評価には透湿度（布の一定面積を一定時間に水蒸気が透過する量）が用いられ，JISでは透湿カップを用いた蒸発法と吸湿法により求める方法などが規程されている。蒸発法による等温系の透湿実験では，図4-50に示すように①～③のそれぞれのバランスによって透過の定常状態が決まる[21]。

布の透湿性の表し方はその透湿機構によって異なる。一般に，布の透湿性はフィックの拡散則に従うことを前提としている。布の透湿抵抗 R〔cm〕は布を同じ抵抗をもつ静止空気層の厚さに置き換えたら何cmに相当するかの値で，次式を用いて求められる。

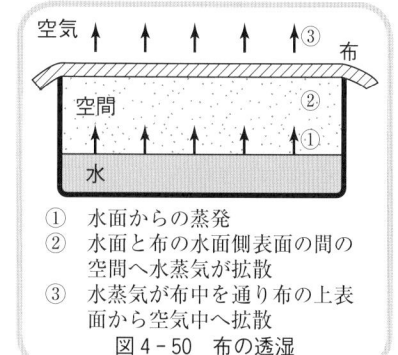

① 水面からの蒸発
② 水面と布の水面側表面の間の空間へ水蒸気が拡散
③ 水蒸気が布中を通り布の上表面から空気中へ拡散

図4-50 布の透湿

$$Q = D\frac{\Delta C A t}{R}$$

Q：透湿量〔g〕, A：試料の面積〔cm^2〕,
ΔC：布の両側での水蒸気濃度差〔g/cm^3〕,
t：時間〔s〕,
D：水蒸気の拡散係数〔cm^2/s〕

また，布の透湿性を次式で示される透湿係数 P 〔cm^2/s〕で評価することもある。P は水蒸気濃度差が 1 g/cm^3 のとき，厚さ 1 cm，面積 1 cm^2 の試料を通って 1 秒間に移動する水蒸気の量に相当する。

$$P = \frac{Q\,\ell}{\Delta C\,A\,t} \qquad \ell：布の厚さ〔cm〕$$

繊維集合体としての布の透湿機構を解明するための研究が数多く行われている。図 4-51 は定常状態における各種の布の空隙率と透湿係数の関係を示したものである。空隙率が増大するにつれて透湿係数が増大し，空気中での水蒸気の拡散係数の値（図中の◎）に近づくことがわかる。したがって，多孔質構造の布は透湿性がよいことは明らかである。

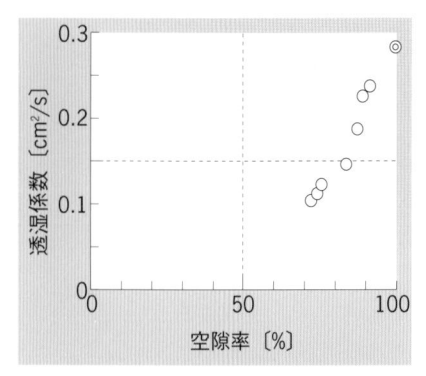

図 4-51 布の空隙率と透湿係数
織布，編布が含まれ繊維が異なる。
出典）黒田亘哉，繊消誌，**26**, 260（1985）

定常状態の布の透湿においては，透湿は吸湿とは関係なく，糸あるいは繊維の空隙を通じた水蒸気の拡散によって起こるとされる[22]。しかし，一般に布の透湿は，布中の空隙を伝わってくる水蒸気の拡散と布自身の吸湿と放湿による水分移動が組み合わされて起こる。さらに，実際の衣服着用状態を考えると，人体からの水分の発散の状態や環境条件が絶えず変化するので，過度状態における布の透湿性が重要となる。

衣服の重ね着状態で生じる高湿な衣服間空間（高湿部）－衣服－低湿な衣服間空間（低湿部）を想定した系における綿布の透湿抵抗に及ぼす厚さと目付[*1]の影響を図 4-52，53 に示した。透湿の過度状態においては見掛け上，布の両側での透湿抵抗が異なる。また，親水性の綿布の場合，厚さや目付が増すにつれて，低湿部の透湿抵抗は増加するが，高湿部の透湿抵抗は変化していない。

一般に布の透湿抵抗は厚さが増すほど増加し，吸湿量や放湿量は，厚さや目付が増すほど大きくなる。高湿部では空隙を通じての水蒸気の拡散と吸湿の効果が大きいため水蒸気密度は小さくなり，空隙を通じての水蒸気拡散は抑制される。したがって，布内の空隙を通じての拡散と吸湿との兼ね合いにより，厚さや目付の変化に対して透湿抵抗は変化しない。

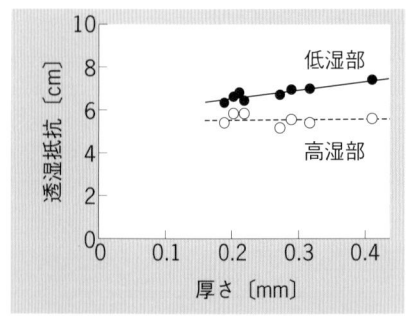

図 4-52 綿布の厚さと透湿抵抗
出典）赤井智華，奥野睦夫，繊消誌，**28**, 231-237（1987）

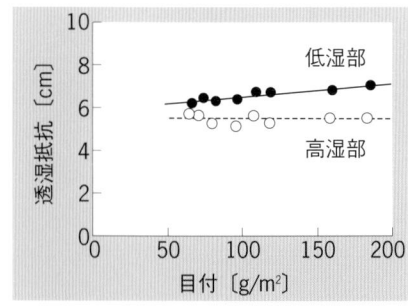

図 4-53 綿布の目付と透湿抵抗
出典）図 4-52 の文献

3.3 保 温 性
（1）熱 移 動

人間は裸体時でも着装時でも 37℃ に近い内部体温に保たれなければならない。この核心温度が 5℃ でも上昇したり降

*1 単位面積当たりの質量

下したりすると通常では致命的となる[*1]。人体は常に食物や筋肉活動から熱を産生し余分な熱を外部へ放出している。すなわち，産熱と放熱のバランスが保たれなければならない。人体は血流の働きにより，環境条件に応じて放熱量を調節しているが，裸体時ではこのバランスがとれる環境の温度範囲は比較的小さい。衣服を着用することにより，人が生活する上で，熱的に快適に過ごせる環境の温度範囲を広げることができる。

熱の移動は，主として人体表面から伝導（conduction），対流（convection），放射（radiation）および水分の蒸発によって行われ，衣服はこれを調節する役目をしている。

① 伝　導　　静止物体を熱が移動する現象である。金属の場合には自由電子によって熱が伝えられるが，自由電子がない繊維などの場合には分子の熱振動によって，気体では隣接分子との衝突によって熱が移動する。

② 対　流　　熱をもった流体自身の動きによって熱が移動する現象である。冷たい空気が熱源に接触すると膨張して周囲の空気より軽くなるので上昇する。その後に周りの冷たい空気が熱源に流れ込み，これも暖まって上昇する。このようにして発生する対流を自然対流（natural convection）という。これに対し，強制的に作られた流れが関与する対流を強制対流（forced convection）という。風にあたると涼しいのは強制対流の影響である。

③ 放　射　　熱エネルギーを電磁波（主に赤外線）によって伝える現象である。あらゆる物体は表面からその温度に依存したある特性と強度の電磁波を放出している。入射してきた放射エネルギーを吸収したり，透過したり，反射する性能は物体やそれらの表面状態によって異なる。

④ 水分の蒸発　　人体から潜熱を奪って熱が移動する現象である。

衣服着用下の熱の移動は，人体表面と直接接触している繊維に沿って，あるいは繊維と繊維の接触を通じた伝導により行われる。また，熱は人体表面での空気の限界層を通じても伝導され，その後は，繊維と空気を通じた伝導や，布の隙間を通じた空気の対流によって，布の外側の表面に運搬される。布表面では，外側の布表面に近い空気層を通じた伝導およびその後の対流や，環境にある冷たい物質表面への放射によって，熱は周囲に放散される。

しかしながら，布は熱の流れに対して抵抗を示す。環境の温度が体温よりも低い場合には，衣服が人体からの放熱を減少させて暖かく保つので布には保温性（thermal insulation）がある。環境温度のほうが体温より高い場合には，布の熱抵抗は熱的快適性に対してマイナス要因となるが，外部からの熱が人体表面に達するのを遮断する大切な役割を果たす。

[*1] 頭部や体幹の中心部は外界温に関係なく37℃以上の一定温に保たれており，その低温部の温度を核心温度という。その外側は被殻温度といい，外気温の影響を受けて温度は変動する。

(2) 保温性

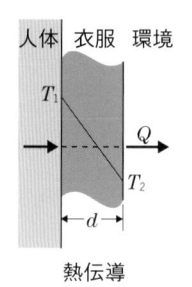

熱の流れる速度は材質の性質と温度勾配に依存する。いま，左図のように衣服が人体に密着している場合を考えると，熱は，厚さd，面積Aの衣服を厚さ方向に高温側（T_1）から低温側（T_2）に衣服内を移動して環境側へ放散する。衣服を一つの平板とみなせば，その内部の伝熱，すなわち単位時間に通過する熱量Q（W）は次式によって与えられる。

$$Q = \lambda A \frac{T_1 - T_2}{d}$$

ここで，比例定数λ〔W/m・K〕は熱伝導率（thermal conductivity）とよばれる。λ/dは熱の通しやすさを示し，その逆数d/λは熱抵抗とよばれる。

布の保温性を高めるためには，熱伝導率の小さいもの，厚さの厚いものを用いればよいことになる。実際の布では，固体の繊維，気体の空気，そして少量の水分が加わり，3成分系の複合体であるので，その保温性を定量的に評価することは簡単ではない。

表4-11[14]に各種素材の熱伝導率と空気のそれを基準としたときの相対値を示した。全般的に繊維自体の熱伝導率は小さい部類に属するので，繊維が人体表面と接触しても，人体の熱が外部へ伝導される程度は小さい。しかし金属が人体に接している場合には，厚さが同じとするなら，表4-11から熱の伝導性は繊維よりもはるかに大きくなることが分かる。空気の熱伝導率は，繊維よりさらに小さいので，空気は優れた熱絶縁体として機能させることができる。繊維が，糸となり，さらに，織物やニットのような材料となれば，繊維間や糸間に多くの空気を含むことになる。表4-11からも分かるように，綿布，毛布，フェルトなどは基本的に空気を多量に含むので，布としての熱伝導率は，繊維そのものの熱伝導率よりも，布中に存在する空気の熱伝導率が支配的になることを示している。一方，水の熱伝導率は空気に比べて約23倍大きいので，布が吸水すると，その熱伝導率も大きくなって熱絶縁性は低下し，そのうえ気化熱を奪うために保温性はますます低下する。

布がよい熱絶縁体となるもう一つの理由は，布が人体からの対流による熱伝達速度を遅くするからである。布中には糸間や繊維間の微小空隙に空気が細分化されている。布の隙間が直径1/4インチ（約6 mm）より小さいとき，対流は起こりにくい。また，糸間や繊維間の空気が伝導によって熱せられても，対流による熱伝達はすぐには起こりにくい。

さらに，布は空気が密着して離れない表面積をたくさん含んでいる。例えば，紳士用スーツ（布面積5 m^2）では，布中にある空気が付着している表面積は全

表4-11 各素材の熱伝導率

素材	熱伝導率〔W/m・K〕	相対値〔空気＝1〕
空気	0.024	1.0
水	0.56	23.3
繊維	0.2 - 0.3	8.3 - 12.5
絹布	0.05	2.1
毛布	0.04	1.7
綿布	0.08	3.3
フェルト	0.04	1.7
ガラス	0.55 - 0.75	22.9 - 31.3
コンクリート	1	41.7
銅	403	16,800
鉄	83.5	3,480
金	319	13,292

体で250 m² にも及ぶ[23]。空気の限界層は繊維表面にも布表面にも形成される。限界層理論によれば，固体物体と接触して流動している空気は摩擦力により，固体表面に密着して離れない。1/8インチ（約3 mm）以内にある空気は，ほとんど静止している。また，限界層の空気の密度は物体から少し離れたところにある空気の密度よりも高い。空気の密度が密になるほど熱絶縁性は増大する。衣服を着用したとき，人体表面には空気の限界層があり，衣服の外側の表面にはもう一つの限界層がある。これら2つの限界層は体産熱の損失に対してかなりよい熱抵抗となる。さらに，繊維表面にも空気の限界層が形成されているとすると，繊維表面に密着している密度の高い空気と繊維間にある静止空気の効果がこれに加わる。ミクロファイバーが布質量を増やすことなく保温性を高めることができ，防護服などの詰め材として利用されているのはこのような理由からである。

3.4 官能特性
(1) 表面摩擦特性

私たちが衣服を着用していると，手や肌などの皮膚と布との間で絶えず接触が生じるので，これにより皮膚に分布する感覚受容器が刺激され，布の粗さや表面の凹凸性が容易に感じられる[*1]。さらに，指先を布表面で注意深く動かしてみると，押圧力や動かす速度によっても異なるが，布表面の凹凸や粗さと指紋の形態的な引っ掛かりにより，さらさら感，しっとり感，ごつごつ感，ソフト感，滑らか感といった微妙な手触りが感じられる。着用時の衣服の動きやすさ，あるいはタイトフィットによる摩擦障害（皮膚の炎症の発生など）は衣服と皮膚との間の摩擦係数（coefficient of friction）や接触圧，表面の凹凸や密着性などの影響を強く受ける。布の表面摩擦特性（surface frictional property）は風合いや着心地と直接的にかかわる重要な性質であるが，布の構造や性質，その構成糸や繊維の特徴によって大きく影響を受ける。

摩擦の法則（law of fricition）[*2]に従えば，摩擦力Fは圧力Pに比例し，その比例定数は摩擦係数（μ）で，$\mu = \dfrac{F}{P}$の関係が知られている。しかし，繊維集合体の摩擦係数に関しては，この法則にあてはまるものがほとんどない。繊維 – 皮膚間の摩擦挙動も繊維 – 繊維間のそれとほぼ同様に

---
*1 例えば紡績糸織物とフィラメント織物では，私たちは大きな相違を知覚できる。
*2 アモントン（G. Amonton，フランス）が発見，クーロン（C. A. Coulomb，フランス）が確認した法則。アモントンの法則またはクーロンの法則ともいう。

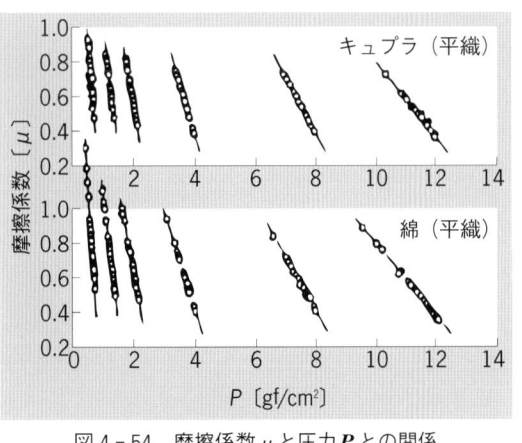

図4-54 摩擦係数μと圧力Pとの関係

図4-54に示されるように摩擦係数は圧力の増加とともに減少する[24]。この現象は凝着説を応用することによってある程度説明することができる[25]。

実際の接触面は凹凸が多く，接触点では圧力により凝着しているので，滑りが起こるようにせん断されなければならない。Aを点の接触面積，Sをこの点におけるせん断に抗する強さとすると，摩擦力Fは，a, nを材料によって決まる定数とすると，次の式によって示される。

$$F = AS$$
$$= aP^n$$

μとPの関係 $\mu = \dfrac{F}{P}$ を考えると次の式で示される。

$$\mu = aP^{n-1}$$

$\log\mu$と$\log P$の関係から，個体の特徴を示す$n-1$が実験的に求められる。

摩擦係数の測定には傾斜法[24]や水平法[25]などが利用されるが，現在広く用いられているKES-F計測システム[*1]においては，指紋をシミュレーションしたピアノ線から成る摩擦子により平均摩擦係数（MIU）を測定することができる。KESでは平均摩擦係数のほかにも摩擦係数の平均偏差（MMD）や表面粗さの平均偏差（SMD）も測定することができる。このうち，SMDに対するMMDの比（MMD/SMD）は肌触りの良し悪しに関係し，表面のタッチの滑らかさを評価するうえで重要である。しかしながら，MMDやSMDは平均値からの変位の平均であるので，布構造の凹凸の情報が平均化によって失われてしまい，凹凸性が異なってもMIUやMMDの値が同じになる場合がある[26]。

組織による規則性と表面の凹凸によるランダム性が含まれる布構造については，摩擦力波形の空間的な周波数特性を測定することにより，多くの情報を得ることができる。

図4-55[26]は摩擦力Fの測定により摩擦係数 $\mu = \dfrac{F}{P}$ に変換し，横軸に移動距離Xをとり，Xを試料表面上の位置としたときの代表的な摩擦係数（μ）の変動を示したものである。これらの摩擦係数の波形をフーリエ変換して得られたパワースペクトル[*2]が図4-56に周波数に対して示されている[26]。いずれの場合も最初のピークは摩擦子の凹凸に対応したものであり，第2番目のピークは布の凹凸に関係している。このような摩擦特性の解析は，MMDやMIUだけでは判断の困難な微妙な手触り感の違いや皮膚と布間の複雑な摩擦挙動[27]の解明に利用されている。

[*1] Kawabata's evaluation system for fabric mechanical propertiesの略。川端により開発され，布の基本的な力学的諸量が，容易かつ精度よく計測できる。

[*2] 変動する波形振動の周波数成分を示したもの。周波数解析の手段として用いられる。

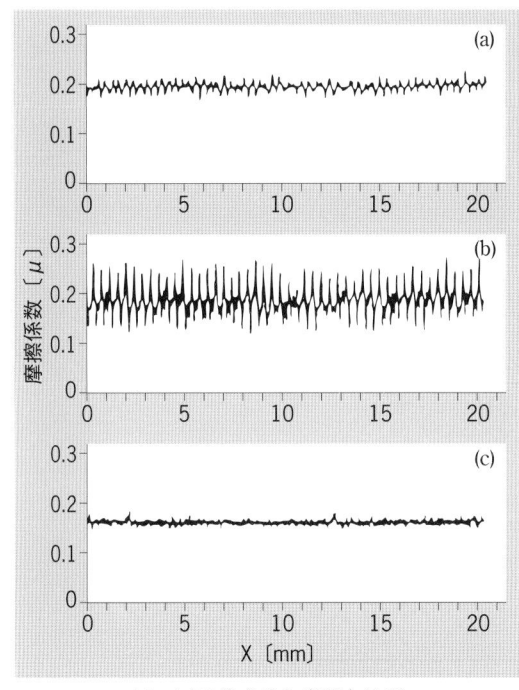

(a)〜(c)は代表的な摩擦力波形
図4-55　移動距離Xに対する摩擦係数μの変動

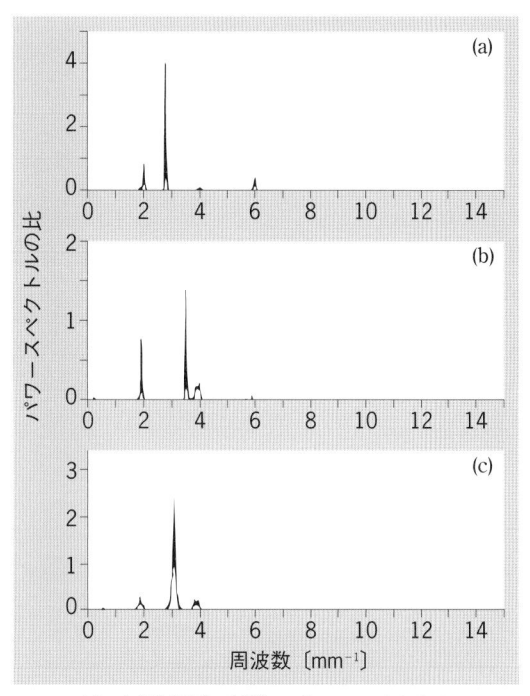

(a)〜(c)は左図の試料のパワースペクトル
図4-56　摩擦力のパワースペクトル

（2）風合い

布に手や肌を触れたりすると，軟らかい，弾力性のある，滑らかな，ざらざらとした，冷たいなどと感じる。これは布のもつ特有の力学的性質や物理的性質が作用して，私たちの感覚や感情を刺激するからである。このような手肌触りを一般に風合い（hand）とよび，私たちの心理や感性と深く連動して衣服にかかわる快適性や好みの問題，繊維製品の最終用途の良し悪しまでも決定する重要な性質である。

風合いには多くの定義があるが，いずれの場合も布に触れたとき，あるいは指で布を軽く操作したり動かしたりしたときに経験する総合的な感覚に関係している。風合いの評価を人間の主観的評価だけに頼るのでは，繊維製品の設計や開発あるいは製造において共通の品質評価を行うのに必要なガイドラインが得られにくい。そこで，繊維製品の好みや望ましい性質を的確に伝達したり，共通の解釈が得られるようにするために，風合い判断を標準化したり，尺度化したりすることが必要となる。

風合いは種々の力学的および物理的性質の総合的，複合的な結果として知覚されるので，どの物理的性質が最もよく風合いを反映するのかが問題となる。米国のASTM規格では，風合いに関係する因子として，表4-12に示す8項目

風合い

風合いに関連する用語は左記のように極めて多く，これらの意味内容は使う人によっても異なり，あいまいな点が多い。

美的価値観は基本的には人々の嗜好によるものという考え方に従えば，風合いは人々によって主観的に評価されるべきものである。日本では古くから，こし，はり，しゃり，ぬめり，きしみなど独特の用語を用いて，主観的に風合いを評価してきた。

現在までに世界中のテキスタイルやアパレルの関係者により，"布の風合いとは何か"，"風合いとはどのような方法で測定され，定量化することができるものであろうか"などの疑問に科学的に答えるために数多くの研究や努力がなされてきた。

ASTM
American Society for Testing and Materials

3. 快適性に関係する性質

表4-12　ASTM規格の風合いの要因

物理的性質	性質の説明	形容語
柔軟性（flexibility）	曲げやすさ	しなやか ⟺ 剛い
圧縮性（compressibility）	圧縮しやすさ	柔らかい ⟺ 硬い
伸長性（extensibility）	引っ張りやすさ	伸びやすい ⟺ 伸びにくい
反発性（resilience）	変形回復しやすさ	弾力のある ⟺ ぐんにゃりした
密度（density）	単位体積の質量	目のつまった ⟺ 目のあらい
凹凸性（surface contour）	視覚的な表面状態	あらあらしい ⟺ なめらかな
摩擦性（surface friction）	触覚的な表面状態	ざらざらした ⟺ すべりやすい
温冷性（thermal character）	手で触ったときの温冷	冷たい ⟺ 暖かい

出典）ASTM Proc, **44**, 543（1944）

表4-13　KES風合い計測システムの測定項目

特性ブロック	特性値	特性値の内容（単位）
1. 引張り	LT	引張り荷重－伸びひずみ曲線の直線性（－）
	WT	引張り仕事量（gf・cm/cm^2）
	RT	引張りレジリエンス（％）
2. 曲げ	B	曲げ剛性（cm^2/cm）
	2HB	ヒステリシス幅（gf・cm/cm）
3. せん断	G	せん断剛性（gf/cm・degree）
	2HG	せん断角0.5°におけるヒステリシス幅（gf/cm）
	2HG5	せん断角5°におけるヒステリシス幅（gf/cm）
4. 圧縮	LC	圧縮荷重－圧縮ひずみ曲線の直線性（－）
	WG	圧縮仕事量（gf・cm/cm^2）
	RG	圧縮レジリエンス（％）
5. 表面	MIU	平均摩擦係数（－）
	MMD	摩擦係数の平均偏差（－）
	SMD	表面粗さ（micron）
6. 厚さ	T	圧力0.5 gf/cm^2 における厚さ（mm）
質量	W	単位面積当たりの質量（mg/cm^2）

出典）丹羽雅子，家政誌，**34**, 909-920（1983）

を挙げ，風合いは少なくとも剛軟性，圧縮性，伸長性，反発性，密度，凹凸性，摩擦性，温冷性によって影響されると考えられている。

風合いを決定するための物理的性質の測定装置が種々提案されているが，特にKES風合い計測システムは，布の風合いを客観的に評価できるシステムとして世界的にもよく利用されている。KES風合い計測システムで測定される特性は6ブロックに分けられ，最少数の特性値を用いて，できる限り完全にブロックの特性を表現するために，表4-13に示される16個の特性値が選ばれている。また，表の力学的性質を用いて力学量－風合い値変換式により，こし，はり，しなやかさなどの基本風合いや総合風合いを数値として示すことができる。このほかに，最近ではFASTの実用化も行われている。

いずれの方法も人間の感覚に基づいて評価される官能量と，引張り，せん断，曲げ，圧縮などの測定可能な布の力学的性質との間の相関関係に基づいている。これらの方法は，布の製服性，風合い変化に及ぼす布構造の影響や，着用，洗濯，仕上げ加工の効果などを調べるのに大いに利用されている。

FAST
Fabric Assurance by Simple Testing

4. 帯電性，燃焼性

4.1 帯電性

衣服の帯電は，着用中に被服どうしあるいは衣服と他の物体との間に生じる摩擦，接触，はく離作用によって起こる。発生する静電気の種類（プラスとマイナス）やその量は条件によって変化する。2種類の繊維を相互に摩擦すると，その一方の繊維にはプラス，他方にはマイナスの電気が発生する。

図4-57は，いろいろな繊維について，そのうちの2種類の繊維を互いに摩擦したとき，＋に近い方の繊維はプラスに，－に近い方の繊維はマイナスに帯電することを示したもので，摩擦帯電列とよばれる[*1]。また，帯電量は着用する衣服の素材の組合せ方により異なってくる。

＋
ナイロン
毛
レーヨン
綿
絹
ポリエステル（テトロン）
アセテート
アクリル系（カネカロン）
ポリエチレン
ポリ塩化ビニル（テビロン）
－

図4-57 摩擦帯電列

繊維の帯電量は繊維の吸湿性や空気中の湿度によって大きく変化する。疎水性繊維は吸湿性が小さいから湿度による影響は小さいが，親水性繊維の帯電量は湿度によって著しく変化する。

物体の帯電量Qとその電気抵抗R〔Ω〕との間には次の関係がある。

$$Q = Q_0 \exp(-t/RC)$$

Q_0：初期の電気量，t：時間〔sec〕，
C：物体の静電容量〔F：Farad〕

したがって電気抵抗の大きいものほど発生した静電気が帯電しやすいことになる。

図4-58および59に，繊維の電気抵抗R_sの含水率Mおよび相対湿度RHに対する変化を示した。ここでR_sは質量比抵抗〔Ω・g/cm²〕を表す。繊維はいかなる相対湿度においても含水率に違いがあるため，帯電量に差が現れる。繊維の含水率が高くなると電気抵抗は著しく低下する。それゆえに，親水性繊維はたとえ静電気が発生しても瞬時に減衰して帯電しにくいが，疎水性繊維は発生した静電気が減衰しにくいので帯電する[*2]。

また，相対湿度が10％から90％まで変化するとき，相対湿度が10％増加するごとに電気抵抗はおよそ10分

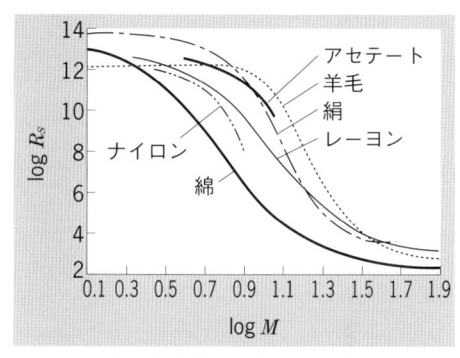

図4-58 繊維の電気抵抗R_sと含水率M
出典）図4-17の文献

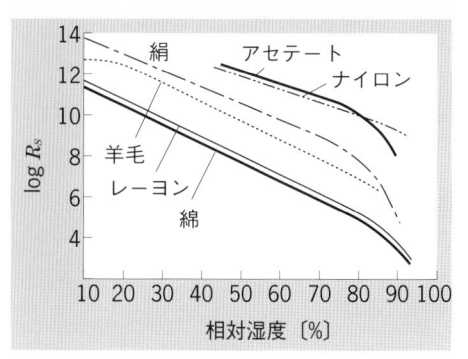

図4-59 繊維の電気抵抗R_sと相対湿度
出典）図4-17の文献

---

*1 例えば，レーヨンとアセテートを摩擦した場合には，レーヨンがプラスにアセテートがマイナスに帯電する。
*2 例えば，羊毛は静電気の発生がナイロンに次いで大きいが，含水率が非常に大きいため，発生した静電気は消失しやすく，帯電量は比較的小さいものになる。

の1に減少する。これは湿度が高くなると繊維は吸湿して含水率が増え，静電気を消失しやすくなるが，空気の導電性もよくなり，放電しやすくなるためである。

　これらのことから湿気の多い環境では帯電性はあまり問題とならないが，乾燥した冬季や冷暖房による室内湿度の低下により，静電気が発生しやすい環境下では帯電により衣服のまとわりつきなどいろいろな障害が発生する[*1]。

　衣服の帯電による障害を防止するために，発生した静電気を素早く漏洩できるように，繊維表面に導電性のよい薄膜を形成させたり，炭素繊維や金属繊維などの導電性繊維の混用などが施されている。簡易的には，アニオン系，カチオン系，非イオン系などの界面活性剤を帯電防止剤としてスプレーなどで衣服に付着させる方法もある。

4.2　燃　焼　性

　子どもの火遊びや寝タバコなどの不注意な動作が原因で火災が発生するとき，最初に炎が燃え移るのは衣服，屋内装飾用の繊維製品，シーツや枕カバー，ふとんの中綿や布である。カーペットや幕類などは火災の進展を助長するが，通常は最初に着火する材料とはならないことが多い。

　繊維製品には燃焼するものと燃焼しないものがある。石綿やガラス繊維から作られた布は発火源にさらされても着火しないので，不燃性（incombustibility）であるといわれるが，これらのものも火災の中で全く変化しないわけではない。高温度では，多くの繊維は溶融するが，溶融する前に強度や耐熱性，その他の性質が劣化する。不燃性の布は，全体的に炎によって影響されることがないので，耐火性（fire proof）があるといわれる。

表4-14　繊維の燃焼性による分類

分類	燃焼挙動	繊維
不燃性	燃焼しない	ガラス繊維，炭素繊維，金属繊維，アスベスト
難燃性	炎に触っている間は燃えるか，焦げるが，炎を遠ざけるとすぐ消える。（自己消燃性）	改質ポリエステル，アクリル系，芳香族ポリアミド，ポリクラール，ビニリデン，フェノール系樹脂，ポリ塩化ビニル，改質ポリノジック
可燃性	炎の広がりはゆるやかで，徐々に燃焼する。／溶解して燃焼する。／縮れて燃焼する。	ポリエステル，ナイロン／絹，毛
易燃性	炎をあげて速やかに燃え広がり，わずかに灰を残す。	キュプラ，レーヨン，綿
易燃性	溶融しながら炎を出して速やかに燃え，黒い塊状の灰を残す。	アセテート，アクリル，ビニロン，トリアセテート，プロミックス

出典）石川欣造編：『繊維製品試験マニュアル』，日本規格協会，東京，134（1981）

[*1] 衣服の着脱時におけるパチパチ放電，衣服への汚れ付着や寝具類のほこり吸着，カーペットの帯電によるドアノブに触れたときの人体への電撃ショックなどは誰もが経験している静電気障害である。

燃焼するものでも着火や着炎のしやすさ，燃え広がりの速さ，着火後溶融してドリップ（滴下）するかどうか，自己消燃性があるかどうか，その他の観測できる燃焼挙動により，燃焼性が大きく異なる。各種繊維の酸素指数LOIに基づいた燃焼性の分類を表4-14に示した。LOIは酸素と窒素の混合ガス中で，燃焼し続けるのに必要な最小の酸素濃度（体積％）で，この値が大きいほど燃えにくいことを表す。LOI値が25以上のものは実用的には難燃性繊維に分類され，20未満のものは易燃性に分類される。

LOI
Limiting Oxygen Index

綿，麻，レーヨンなどのセルロース繊維は紙と同様に燃えやすく，着炎すると燃焼が継続する。タンパク質繊維では特に羊毛は着火温度が高く，高い窒素含有率と高い含水率を有し，燃焼熱が低いため比較的燃えにくく，炎を遠ざけると自然に消える。ポリエステルやビニロンのような合成繊維は一度燃え始めると炎を遠ざけても消えにくい。熱可塑性の合成繊維は熱の作用によってまず軟化，溶融するため，着火温度に達するまでに溶融物がドリップする。これが皮膚などに付着すると取れにくいことから，火傷の危険があり注意を要する[*1]。

布の燃焼挙動は繊維の化学的組成により影響されるが，同じ繊維素材では，組織構造によって燃焼性が著しく異なる。特に目付（単位面積当たりの質量）の影響は大きい。布が接炎したとき，着火に要する時間は目付に比例して大きくなり，質量の大きな布ほど燃えにくいことになる。また，垂直につるすか，水平に置くか，布が接炎したときの状態によっても燃焼の速度は大きく異なる。

図4-60には綿布の置き方による燃焼速度と目付の関係を示した。目付の小さな薄地の布はカーテンのように垂直につるすと，燃焼速度は著しく大きくなるが，目付の大きい厚地の布はいずれの位置で着火しても燃焼速度は極めて小さくなる。燃焼速度は，目付と反比例の関係にあるので，いずれの位置でも目付が大きくなるほど燃えにくくなる。

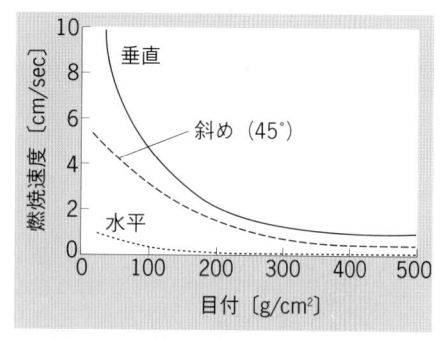

図4-60 種々の質量の綿布の置き方による燃焼速度
出典）岡部龍平：『繊維と防災』，日本防災協会，東京，132（1983）

繊維が燃焼する場合，まず繊維の一部が熱分解などによって分解ガスを発生し，これが空気と混合して燃焼することによって生ずる熱でさらに未燃焼部分を熱分解するというサイクルによって，燃焼が継続する。したがって，繊維を難燃化する方法としては，熱伝達や熱分解の制御，酸化機構の妨害，分解ガスの制御が考えられる。

高齢化社会が進展する中で，火災時にとっさの動作のとれない高齢者にとって，身近な生活環境で使用される繊維製品の防災性や安全性が，ますます要求される時代となってきている。

[*1] 資料編「5. 繊維鑑別のための各種繊維の性質表」を参照（⇨p.190）。

文献

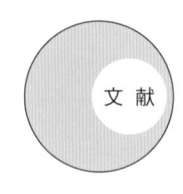

1) 日本繊維製品消費科学会編：『ニット衣料学』，日本繊維製品消費科学会，大阪，32 (1978)
2) 窪田一郎他：『TES品質情報』，日本衣料管理協会，東京，25 (1997)
3) 塚田益裕他：『衣料用天然繊維の最新知識』，繊維流通研究会，大阪，155 (1991)
4) 上記の3)の文献，104
5) М. Б. ネイマン（稲葉弥之助，飯山比呂美訳）：『高分子の劣化』，産業図書，東京，225 (1972)
6) 森 俊夫，岩佐美代子：組紐の伸長特性と応力緩和特性，家政誌，**36**，305-311 (1985)
7) 日本衣料管理協会刊行委員会編：『基礎知識シリーズ第一部 繊維に関する一般知識』，日本衣料管理協会，東京，25，26，95，97，98 (1995)
8) 中島利誠：『被服材料学』，光生館，東京，40，53 (1977)
9) J. Amirbayat and J. W. S. Hearle : The Anatomy of Buckling of Textile Fabrics ; Drape and Conformability, *J. Text. Inst.*, **80**, 51-70 (1989)
10) J. E. Booth : *Principles of Textile Testing*, Butterworths, London, 284, 286 (1986)
11) 日本工業規格：『一般織物試験方法JIS L 1096』，日本規格協会，東京，23，25 (1979)
12) W. J. Shanahan, D. W. Lloyd and J. W. S. Hearle : Characterizing the Elastic Behavior of Textile Fabrics in Complex Deformation, *Text. Res. J.*, **48**, 495-505 (1978)
13) 牧島邦夫：『衣服の科学 ヒトと衣服との関係』，東海大学出版会，東京，41 (1995)
14) 国立天文台編：『理科年表』，丸善，東京，404-405 (2008)
15) 脇田登美司：織物仕上の話(12)，繊維加工，**32**，62-67 (1980)
16) 柏崎 孟：外観について，繊消誌，**7**，110-119 (1966)
17) 森俊夫：視覚的しわ回復指数による布の折しわ回復の新しい評価法，家政誌，**55**，493-498 (2004)
18) 日本衣料管理協会刊行委員会編：『繊維製品試験』，日本衣料管理協会，東京，85，86，137 (1991)
19) 苦情処理技術ガイド編集委員会編：『繊維製品の苦情処理ガイド（損傷・形態変化等に関する苦情）』，日本衣料管理協会，東京，19 (1991)
20) J. D. Leeder : *Nature's Wonder Fiber*, The Australian Textile Publishers, Victoria, Australia, 106 (1984)
21) 金綱久明，神部倫子，竹中知子，真壁文子：セルロース繊維織物の透湿機構，繊学誌，**52**，224-233 (1996)
22) 増山君江，金綱久明：ウールおよび捲縮アクリルニット布の透湿機構の一考察，繊学誌，**54**，331-338 (1998)
23) E. E. Clulow, Thermal Insulation Properties of Fabrics, *Textiles*, **7**, 47-52 (1978)
24) 石川左武朗，西尾好子：皮膚と布の摩擦について，繊消誌，**22**，38-44 (1981)
25) L. Virto and A. Naik : Frictional Behavior of Textile Fabrics, Part I Sliding Phenomena of Fabrics on Metallic and Polymeric Solid Surface, *Text. Res. J.*, **67**, 793-802 (1997)
26) 木下瑞穂，野田早苗，秋山隆一，松尾達樹：布の摩擦力波形の周波数分析，繊学誌，**50**，T187-T195 (1997)
27) 鋤柄佐千子，石橋達弥：ちりめんの凹凸感に関する摩擦特性の解析，繊学誌，**50**，349-356 (1994)

第5章 衣服材料の染色加工

　色は繊維製品に装飾性や審美性を付け加え，私たちの感情や心理に強く影響を及ぼす。今日では，私たちの美的欲求を満足させる耐久性のよい色素が数多く開発されている。染色は繊維，糸，布地などに染料や顔料を用いて，いろいろな色を付与し，美的価値を高めるための仕上げ加工[*1]である。

色素
　物質を着色させる染料や顔料の総称。

1. 染料と繊維製品の染色

1.1 染料の種類

　染料（dye）には多数の種類があるが，次のように天然染料（natural dye）と合成染料（synthetic dye）に大別される[1]。

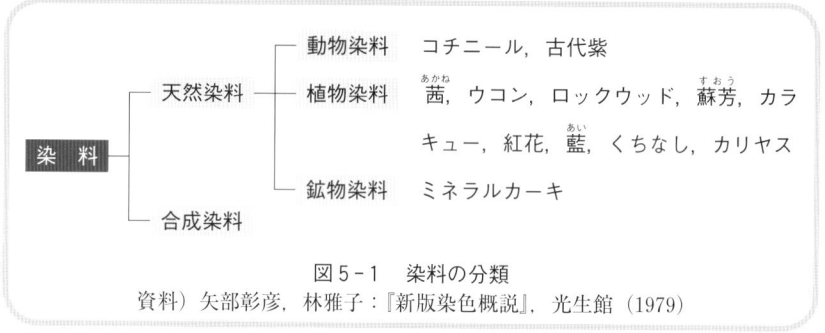

```
          ┬ 天然染料 ┬ 動物染料   コチニール，古代紫
          │          ├ 植物染料   茜，ウコン，ロックウッド，蘇芳，カラ
染 料 ─┤          │            キュー，紅花，藍，くちなし，カリヤス
          │          └ 鉱物染料   ミネラルカーキ
          └ 合成染料
```

図5-1　染料の分類
資料）矢部彰彦，林雅子：『新版染色概説』，光生館（1979）

天然染料
　天然物に含まれる成分が，防虫や殺菌の効果をもつこともあり，古くから野良着や産着，ふとん，茶道具，掛け軸を包む布に利用された。

　天然染料は動物，植物，鉱物から得られる染料の総称である。1856年にパーキン（W. H. Perkin，イギリス）が最初の合成染料モーブ（Mauve）を作り出すまでは[*2]，紀元前から3,000種以上の草根皮や動物などの天然物から色素を抽出して繊維や皮革を染めてきた。天然染料といっても，美しい自然の色にそのまま染まることは少なく，染色（dyeing）の方法も伝統工芸的な技法に基づき，簡単なものではない。素材によって染色方法が異なるが，アルミニウム，鉄，クロム，スズなどの媒染剤を使用して染めるものが多い。たとえ同じ素材でも，染める時間や温度，媒染などの微妙な違いにより，まったく同じ色を再現することは難しい。

モーブ（Mauve）
＝モーベイン
（mauveine）

モーブ（Mauve）

[*1]　目的の用途に適した効果を与えるために，糸や布地などに物理的あるいは化学的な処理を施す加工。これは主に外観・形態の改質や性能を改善して新しい機能を付加することにより，製品の実用性を高める目的でなされる。最近では，ハイテクノロジーによる特殊な加工を用いた素材開発も進んでいる。
[*2]　マラリヤの特効薬キニーネを合成しようとして偶然に得られた藤色の色素。

1. 染料と繊維製品の染色

SDC
　Society of Dyers and Colorists

AATCC
　American Association of Textile Chemists and Colorists

C. I. 名称
　一般染色を部属と色調によって，同一色調のものは番号を付して分類している。
　例）オレンジⅡ
　C. I. Acid Orange 7

C. I. 番号
　化学構造に従った5桁の番号が付けられている。
　例）オレンジⅡ
　C. I. 15510

　合成染料は，石炭タールや石油ナフサより得られるベンゼン，ナフタレン，アントラセンなどを主原料として有機合成の手法によって作られた染料である。染料は発色したときの色相，化学構造，適用できる繊維の種類，染色法によって分類することができる。今日用いられている染料のほとんどは合成染料であり，何千種もの化学構造の違う染料が市販されている。

　染料の商品名を見てその部属や染色特性を判断するのは容易でないので，染料を系統的に分類し，整理した染料表が刊行されている。最も多く用いられるのはSDCとAATCCによって出版用に出されたカラーインデックス（Color Index）である[2]。この場合，染料を表にするにあたり，部属別，色相別に系統的に表示するC. I. 名称と化学構造や構成を表示するC. I. 番号を与えている。一般には図5-2に示した染色法による実用的な分類が行われている[3]。カラーインデックスによる分類も染色法によるものである。

（1）直接染料（direct dye）

　直接染料は食塩やぼう硝などの中性塩を含む染浴から，綿，レーヨンなどのセルロース繊維に対して，媒染剤の助けを借りずに直接染着することのできる水溶性染料である。この性質を直接性という。その化学構造は直線的で細長い平面構造の共役系をもち，セルロース繊維に染着しやすい構造である。

　直接染料で染色するとき，染料が水浴に溶かされ，染料の染着速度をコントロールするために塩が加えられる。布はそれから染浴に浸漬される。染料の染着量は染料分子の大きさと繊維表面から内部へ通ずる間隙（pore）の大きさに依存する。直接染料は染色法が簡単で安価であるが，色調が比較的不鮮明で，酸化剤や還元剤により脱色されやすい。

　直接染料はその性能や用途から**一般直接染料**，**高級直接染料**および**後処理直接染料**に分類される。一般直接染料は堅ろう度[*1]の低い染料で，その耐光，洗濯堅ろう度を改良したものが高級染料である。後処理直接染料は濃色化したり，堅ろう度を向上する目的で開発された。高級直接染料のほとんどはアゾ系染料である。**発色団**（chromophore）[*2]として2つ以上のアゾ基あるいは1つのアゾ基とカルボニル基のような他の発色団をもち，モノアゾ，ジアゾ，トリアゾ，ポリアゾ染料とよばれている。**助色団**（auxochrome）[*3]にはアミノ基，ヒドロキシル基（水酸基），スルホン酸基がある。

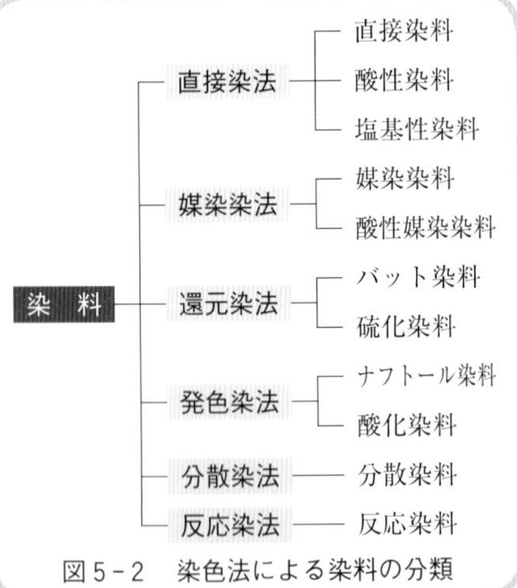

*1　染色した繊維の染色や退色の程度。
*2　有機化合物が色を生み出すのに必要なアゾ基やニトロ基のような不飽和結合を有する原子団。
*3　発色団との相互作用により色の強さや明るさと関係し，染料に水溶性を与え，繊維との結合を助ける原子団。

図5-2　染色法による染料の分類

- 染料
  - 直接染法 ─ 直接染料／酸性染料／塩基性染料
  - 媒染染法 ─ 媒染染料／酸性媒染染料
  - 還元染法 ─ バット染料／硫化染料
  - 発色染法 ─ ナフトール染料／酸化染料
  - 分散染法 ─ 分散染料
  - 反応染法 ─ 反応染料

直接染料の例を次に示す。

C. I. Direct Blue 11

(2) 酸性染料 (acid dye)

酸性染料は比較的低分子量の水溶性のアニオン性を示す染料で，各分子内に1～3個のスルホン酸基あるいはカルボキシル基をもっている。酸性あるいは中性浴から羊毛，絹，ナイロン，改質アクリル繊維などの窒素を含む繊維によく染まり，セルロース繊維に対して親和性はない。均染型[*1]とミリング型[*2]とに分けられる。合成染料中種類が最も多い。非常に明るい色でも利用できるが，染色堅ろう度は異なる。

発色団としてアゾ基，カルボニル基およびキノイド核などをもっている。助色団は染料と酸性浴の間の反応の結果として形成される場合がある。例としてオレンジⅡ（C. I. Acid Orange 7）の構造式を示す。

オレンジⅡ（Orange Ⅱ）
C. I. Acid Orange 7

アゾ基
$-N=N-$

カルボニル基
$>C=O$

アミノ基
$-NH_2$

ヒドロキシル基（水酸基）$-OH$

スルホン酸基
$-SO_3H$

カルボキシル基
$-C{<}^{O}_{O-H}$

キノイド（キノノイド）核

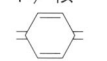

チアジン環

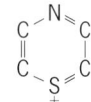

オキサジン環

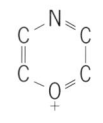

(3) 塩基性染料 (basic dye)

塩基性染料はアミノ基などの塩基性基を含み，水溶液中で染料イオンがカチオン（陽イオン）になっている。中性浴で羊毛，絹，ナイロン，皮革などに直接染着する。これらの繊維には酸性基があり，これに色素塩基が結合するからである。酸性基をもたないセルロース繊維は染まらないが，あらかじめタンニンなどで媒染しておけば染色できる。

塩基性染料は鮮明で濃色に染めることができるが，一般的には堅ろう度が乏しく，特に耐光性に劣る。しかしながら，アクリル繊維に対して最高の着色力を有し，比較的堅ろう度もよい。

発色団としてチアジン環，キノイド核（キノノイド核），オキサジン環を含み，助色団にはアミノ基，アミノ置換基などがある。代表的な染料メチレンブルーの化学構造を右に示す。

メチレンブルー（Methylene Blue）（酸化型）
C. I. Basic Blue 9

塩基性染料は直接染料，酸性染料，硫化染料（⇨p.143）とよく結合するので，しばしば色柄の鮮明さや堅ろう度を増進させるために，トッピング（上掛け）として用いられる。

[*1] 酸性浴から染められ，均染性はよいが，湿潤堅ろう度に劣る。

[*2] 弱酸性または中性浴から染色し，湿潤堅ろう度はよいが，染めむらを生じやすい。

（4） 媒染染料 (mordant dye)

繊維への親和力がないために直接には染まりにくい。そこで綿，絹，羊毛などをクロム，アルミニウム，鉄，スズなどの金属塩（媒染剤）で前処理することにより染色する。染料分子中には金属と結合できるヒドロキシル基があり，このヒドロキシル基に対してオルト位にあるヒドロキシル基，カルボキシル基，ニトロソ基，アゾ基などの基と不溶性の金属レーキを形成する。

水に難溶性であるが，アルカリ性で可溶となる。金属の種類により異なる色相に発色する。日光，洗濯に対する堅ろう度は優れている。色相は一般にくすみがちであり，再現性に乏しく，色合せが困難であるので，最近では伝統工芸染色を除いて，ほとんど使用されていない[2]。天然染料の茜（あかね）から得られるトルコ赤の基になるアリザリン (C. I. Mordant Red 11) は代表的な媒染染料である。

ニトロソ基
−N=O

アリザリン (alizarine)
C. I. Mordant Red 11

（5） 酸性媒染染料 (acid mordant dye)

酸性染料と媒染染料の両方の性質を備えている。媒染剤としてクロム塩が最もよく用いられるので，クロム染料とよばれている。染色する直前あるいは染色中に金属が染料分子に加えられる。金属は染料と結合して日光や湿潤堅ろう度をよくする不溶性の染料を形成する[4]。クロムと錯塩結合できる官能基としてはヒドロキシル基，アミノ基，カルボキシル基などがあり，左に示すような染料ではクロムと1：1型および1：2型の錯塩を形成する。現在でも羊毛用染料の中では最も需要が多く，紺，黒，茶色などの濃色染めに用いられている。

C. I. Mordant Black 11

（6） バット染料（建染め染料）(vat dye)

バット染料[*1]は水に不溶性の染料で，アルカリ性水溶液で可溶な物質に変えられるまでは染着性をもたない。発色団のタイプに基づいてインジゴ系とアントラキノン系に大別される。助色団にはアミノ基と，アルカリとの反応によって形成される基がある。古くから最もよく利用されてきたバット染料には天然染料藍の色素成分であるインジゴ (C. I. Vat Blue 1) がある。

すべてのバット染料はカルボニル基の存在によって特徴づけられる。還元過程（建化）によってロイコ体とよばれる水溶性化合物に変化し，水酸化ナトリウムで可溶な塩となり[*2]，この形で綿やレーヨンなどのセルロース繊維を染色することができる[*3]。空気酸化により，繊維上で再

インジゴ (Indigo)
C. I. Vat Blue 1

[*1] 1910年頃，ヨーロッパにおいて開発され，染色するのに用いられた大きな桶（バット）からその名が由来し，還元浴を建浴という。
[*3] 羊毛，ナイロン，ビニロンの染色にも一部用いられている。

[*2]
$$\text{>C=O} \underset{\text{酸化}}{\overset{\text{還元}}{\rightleftarrows}} \text{>C-OH} \underset{H^+}{\overset{\text{アルカリ NaOH}}{\rightleftarrows}} \text{>C-ONa}$$
染料　　　　　ロイコ体　　　　ロイコ体
　　　　　　　　（酸）　　　　（可溶性塩）

び元の水に不溶性の染料となる。この時に発色した色が最終的な色となる。

バット染料では幅広い色の選択ができ、日光、水洗、洗濯、熱、摩擦などにきわ立った堅ろう性を示す[5]。

(7) 硫化染料 (sulfur dye)

芳香族化合物と多硫化ナトリウムとを融解して得られるので、硫黄が含まれる。化学組成が分からないものが多く、サルファーブラック1は次のような構造をとると推定されている。

2, 4-dinitrophenol　　　　　　　　　　　　　　　　Sulfur Black 1

染料はアルカリ水溶液で還元され、この状態で綿、レーヨンなどのセルロース繊維に吸着される。染料は空気にさらされたり、過酸化水素のような酸化剤で再び酸化されると、繊維上で不溶性の染料に戻る。茶、黒、紺色のような暗い色合いのものが多い。安価で性能はよいが、脆化のおそれがある。堅ろう度に優れ、特に日光、水洗には強いが、塩素系漂白には敏感である。

(8) ナフトール染料 (naphthol dye)

下漬け剤[*1]（カップリング成分）と顕色剤[*2]（ジアゾ成分）を繊維上で結合（カップリング反応）させて不溶性のアゾ色素を形成する[*3]。アゾイック染料 (azoic dye) ともよばれる[1]。下漬け剤と顕色剤との組合せにより、望みの色と堅ろう度を得ることができる。発色団は両アゾイック成分に存在し、ジアゾ成分とカップリング成分との間の反応の結果、発色団の数が増大する。

セルロース繊維、ナイロン、ポリエステルなどに対して用いられ、赤、黄、オレンジ、紫などの幅広い色相と明るい色合いが得られる。洗濯、日光、塩素や過酸化水素漂白によい堅ろう度を示すが、摩擦堅ろう度は悪い。

(9) 酸化染料 (oxidation dye)

芳香族アミンやアミノフェノールなどを繊維に吸着させ、これを酸化剤で酸化すると繊維上で重合または縮合反応を起こして不溶性染料を生じて発色する。

---

*1　β-ナフトールやナフトールASが用いられる。
*2　ベース類（芳香族アミン）とソルト類（ジアゾニウム塩）の2種類がある。
*3　カップリング反応によるアゾ色素生成反応はジアゾカップリングともいい、右式で表される。

p-ニトロアニリンジアゾニウム　＋　β-ナフトール　→　パラレッド

アニリンを酸化して得られる黒に発色するアニリンブラック[*1]が代表的である。黒色，褐色など数種類に限られるが，日光，洗濯，酸，アルカリに対して極めて堅ろうである。主に綿の染色に用いるが，毛皮，羽毛，毛髪などへの用途もある。

(10) 分散染料 (disperse dye)

分散染料はアセテート用染料として開発されたものである。水中に染料を分散状態にして疎水性繊維の染色に用いる難溶性の染料である。アセテート，ポリエステル，トリアセテートを染色する唯一の実用的な染料で，アクリル，アラミド，ナイロン，ポリプロピレンなどに対して適用することができる。

アゾ系とアントラキノン系に大別され，本質的に非イオン性分子で，荷電したカチオン基やアニオン基を全く含まない。アゾ系は幅広い範囲の色相が得られるが，アントラキノン構造をもつものは主にオレンジ色，赤色，青色に限られる。発色団にはアゾ基，アントラキノン核，ニトロ基があり，助色団としてはアミノ基，ヒドロキシル基などがある。Disperse Blue 1 は代表的な分散染料である。

C. I. Disperse Blue 1

分散染料はほんのわずかしか水に溶けないので，洗濯に対する堅ろう度は良い。日光やドライクリーニングに対する堅ろう度も良いが，染料は圧力下で高温にさらされると昇華する恐れがある。アントラキノン系は大気中の窒素酸化物と反応してガス退色を生じやすい[*2]。

(11) 反応染料 (reactive dye)

繊維の官能基と共有結合を形成することのできる反応基をもつ染料で，最初にプロシオン染料が綿用に開発されたが，今では他のセルロース繊維，羊毛，絹，ナイロンなどにも利用されている。反応染料は付加あるいは置換によって繊維分子と反応する。置換型にはクロロトリアジン系，クロロピリミジン系が，付加型にはビニルスルホン系，アクリルアミド系がある。主な発色団はアゾ基，アントラキノン核などがあり，代表的な染料に C. I. Reactive Blue 4 がある。日光や洗濯に対して優れた堅ろう度を示し，明るい色を提供するが，塩素漂白により損傷しやすい。

C. I. Reactive Blue 4

[*1] アニリンブラックはアニリン $C_6H_5NH_2$ 11分子が縮合した化合物と考えられている。基本構造は下記のように考えられている。

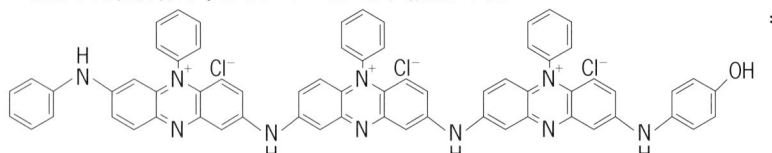

[*2] 青色のアセテート裏地がガス熱でピンク色に変化したり，多湿地域においてナイロンカーペットがオゾン退色することもガス退色の例である。

1.2 繊維と染色の機構

水溶液中で繊維が染色されるとき，染料も繊維も水に取り囲まれている。水の中に溶け込んでいる染料があたかも繊維（糸や布）の中に溶け込むような現象がいわば染色である。熱力学的には染色系全体がエネルギー的に安定な状態になる方向に染料が移行することにより染色が進行する。

染料も繊維も分子内に水と強い親和性をもつ極性基や解離基などの親水性部分を多かれ少なかれもっている。親水性部分には配向して水和している水分子が，疎水性部分には氷の構造に似た規則正しい氷状構造（ice berg）[6] をとる水分子が強く束縛されている。水溶液中で動き回っている染料が，繊維表面に達するとそこで繊維に吸着され，さらに繊維内部に拡散して，内部の非晶領域（アモルファス領域）[*1] に保持される[7]（図5-3）。このとき，繊維と染料間に引き合う力が働いて，染料－水，繊維－水の結合が部分的に切断され，染料と繊維の間に新しい結合が生じる。これらの結合の様式には，イオン結合，配位結合，共有結合，水素結合，ファンデルワールス力や疎水結合[*2] があるが[1]，実際の染色では染料分子と繊維高分子の化学構造に依存しながら，これらの結合は複雑に重なり合って起こると考えられる。

極性基
-OH, -NH$_2$,
>C=O など

解離基
-COONa,
-SO$_3$Na など

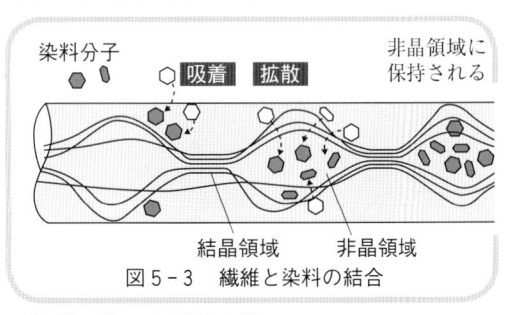

図5-3 繊維と染料の結合

染料の助色団は染料を水に溶けやすくすることから，染料の均一な吸着を助ける。また，助色団は染料と繊維の間に生じる種々の結合を可能にする。染料は比較的分子量が大きいが，染料分子が小さいほど，染料は繊維の中に拡散しやすい。しかし，染料分子が大きいほど，繊維中に保持されている染料分子は水中に溶け出しにくくなるので，水洗堅ろう度は向上する。

一般に染料の形状は，長さと幅をもつが厚さのほとんどない薄い細長い板状のものとして描かれている。この直線的で平面的な形状は繊維中への染料の吸着を妨げるバルキー（かさ高）な側鎖基がないことを意味している。したがって，このような染料の形状は染料を繊維高分子と繊維高分子の間に配列させることを容易にし，染料と繊維の間の結合力を増大させる。

（1）イオン結合 (ionic bond)

酸性染料や塩基性染料の色素イオン（D）は羊毛，絹，ナイロンなどの繊維（F）と次のようにイオン的に引き合って結合する[7]。イオン結合が主体であるが，水素結合，ファンデルワールス力や疎水結合などの寄与もある。

---

*1 無定型の非晶領域は組織は柔らかく，染料分子が浸透しやすいので染色されやすいが，結晶領域は組織が緊密で固いので，染料分子は浸透しにくくなり，染色が困難となる。

*2 水などの極性溶媒中で疎水性部分をもった物質が集合して安定化すること。

酸性染料の場合

$$F-NH_2 + D-SO_3H \longrightarrow F-NH_3^+ \ {}^-O_3S-D$$
（繊　維）　（酸性染料）　　　　イオン結合

塩基性染料の場合

$$F-COOH + D-NH_2 \longrightarrow F-COO^- \ {}^+H_3N-D$$
（繊　維）　（塩基性染料）　　　　イオン結合

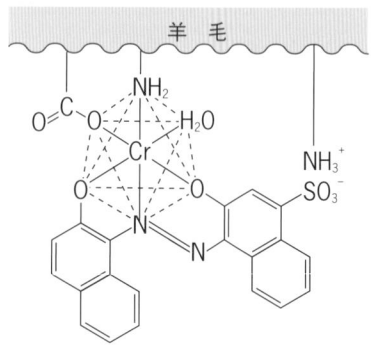

（2）配位結合（coordinate bond）

　酸性媒染染料で羊毛やナイロンを染色した後，二クロム酸塩（重クロム酸塩）で処理すると，クロム金属と錯塩化した染料が繊維との間でも金属錯塩結合を生じる。羊毛のアミノ基やカルボキシル基は左のように配位結合に関与していると考えられるが，染着機構は非常に複雑である。

（3）共有結合（covalent bond）

　反応染料は色素母体（D）に連結基（T）を通して結合している反応基（X）がセルロース繊維のヒドロキシル基（Cel-OH）と次のように化学反応して，共有結合する。結合が強いので染色堅ろう度が高い。

$$Cell-OH + X-T-D \longrightarrow Cell-O-T-D + HX$$
（セルロース繊維）（反応染料）　　　　共有結合

（4）水素結合（hydrogen bond）

　水素結合は，直接染料，バット染料，硫化染料，ナフトール染料によるセルロース繊維への染着，分散染料によるアセテート，ポリエステルへの染着に重要な役割を果たしている。直接染料はヒドロキシル基やアミノ基などの極性基を多数もち，セルロース繊維のヒドロキシル基と次のような水素結合によって染着する[6]。

（セルロース繊維）　（直接染料）　　　　水素結合

（5）ファンデルワールス力（van der Waals force）と疎水結合（hydrophobic bond）

　分子間引力に基づくファンデルワールス力は多くの染色現象で若干の寄与が認められている。ファンデルワールス力は分子間距離の6乗に反比例するので，この微弱な力を考える場合には染料分子と繊維高分子の部分が立体的にうまく接近できなければならないことになる。

親水基をもっていない分散染料が水中に分散した状態でアセテートやポリエステルのような疎水性繊維に染着するのはイオン結合や水素結合では説明できないところがある。疎水性部分の大きい分散染料でも水にわずかに溶けるが，その周りは氷状構造をとる水分子が強く束縛されて，水分子は自由度を失っている。しかし，このように水和された染料分子が同じような氷状構造で水和されている繊維の疎水性部分に吸着すると，図5-4に示すように両者の氷状構造は疎水性部分との接触面積をできるだけ少なくしようとして部分的にこわれて，束縛されていた水分子が解放される。この結果，染色系全体としてはエネルギー的に安定化し，疎水結合が起こると考えられる[8]。

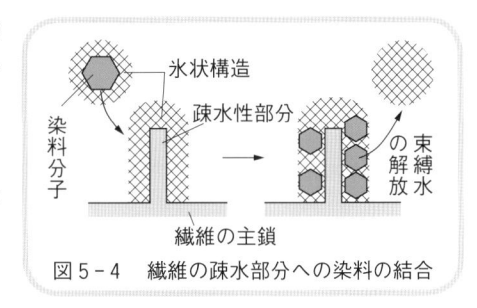

図5-4 繊維の疎水部分への染料の結合

以上述べたように染料は特定の繊維に対して特別な親和性をもつが，実際の染着機構は複雑で種々の要因により影響を受ける。しかし，染料と繊維の間に生じる結合力は染色された繊維製品の染色堅ろう度を支配する重要な要因となる。表5-1に染料と繊維の染色適用性と主な染色堅ろう度の良否を示した。

2. 繊維製品の加工

繊維製品の加工には一般加工と特殊加工がある。一般加工は編織後に通常どの布にも共通して行われ，その工程には毛焼き，起毛，せん毛，縮充，つや出し，幅出しなどがあり，布の種類や用途に応じて各種の工程を組み合わせて行う。特殊加工は，繊維，糸，布に物理的あるいは化学的処理を施して，(1)布の風合い，テクスチャー，外観を変えたり，(2)特殊な機能を付け加えたり，取扱い性能を改善したりすることを目的とする[*1]。

表5-1 繊維の染色適用性と染色堅ろう度

染料	繊維	染色機構	染色堅ろう度			
			日光	水洗	摩擦	漂白
直接	セルロース，羊毛，絹	直接性	悪い	悪い	良い	——
酸性	ナイロン，羊毛	強いイオン的親和性	良い	変色	良い	普通
塩基性	アクリル，羊毛，絹，ナイロン，塩基性染料用ポリエステル	強いイオン的親和性	変色	優秀	優秀	悪い
媒染	綿，羊毛，絹	媒染剤に対する親和性	変色	普通	普通	変色
バット	セルロース	不溶性染料の形成	優秀	優秀	良い	優秀
硫化	セルロース	不溶性染料の形成	優秀	優秀	良い	悪い
ナフトール	セルロース	不溶性染料の形成	優秀	優秀	優秀	優秀
酸化	羊毛，絹，ナイロン	不溶性染料の形成	優秀	優秀	良い	——
分散	アセテート，ポリエステル，アクリル，ナイロン	単純な可溶化	良い	良い	良い	良い
反応	セルロース，羊毛	繊維との化学反応	良い	優秀	優秀	悪い

出典) *Textile Science*, West Publishing Co., 405, 422, 433 (1993)

[*1] 本書では特殊加工について物理加工と化学加工に分類して扱っているが，加工のプロセスが両者にまたがったり，両者の方法が併用されることが多い。

2.1 物理的加工
（1） 外観，風合いを変える加工
1） エンボス加工（embossing）

エンボスカレンダーには内側からガス炎で加熱できるようになっている浮型に彫刻した金属ローラーとこれの2倍の大きさの紙ローラーがある（図5-5）。両者のローラー間に布を通し，金属ローラーの紙ローラーへの加圧によって布表面に浮き彫りのある模様やモチーフが生まれる。通常は平織や朱子織の綿，レーヨン，絹，アセテート，ナイロンなどに適用され，三次元的に凹凸のある模様が得られる。凸部と凹部の間の光反射の差によって，浮き出した模様がはっきりと現れる。

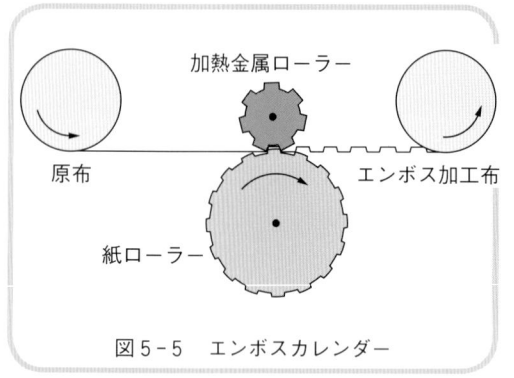

エンボス加工によって付与された模様の耐久性は繊維の種類，布構造，模様の複雑さにもよるが，熱固定されたポリエステル布の場合には永久的に保存される。ナイロン布の場合も熱可塑性をもつため半永久的であり，綿布の場合には加工する前に樹脂で処理しておいて熱固定すると寿命が長くなる。

> カレンダー
> 布表面を平滑にして光沢を出すために布が通される大きな金属ローラーのこと。

図5-5 エンボスカレンダー

2） モアレ加工（moire finish）

同一布の同じ面を向かい合わせに2枚重ねてカレンダーに通し，熱と圧力により木目模様や波状模様を施す加工である。布表面の平行な畝線から反射した光線間の干渉によって生み出される光学的効果やソフトな光沢感はモアレ模様（図5-6）の特徴である。したがって細かい畝のあるアンバランスな平織，例えばタフタ，ポプリン，ファイユなどに最も適している。ニット製品にもモアレ加工されるものもある。

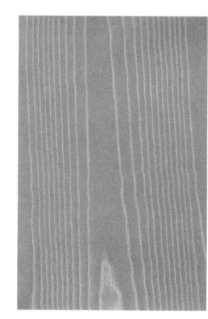

熱可塑性の繊維製品の加工は効果的で耐久性がよいが，天然繊維の場合には着用中の作用や洗濯操作などによって模様が消えやすいので，あらかじめ樹脂加工剤を含ませておくと効果的である。

図5-6 モアレ模様

3） プリーツ加工（pleating）

ナイロンやポリエステルなどの熱可塑性を利用して耐久性のあるプリーツ（ひだ）をつける加工である。機械的あるいは加熱ローラーと接触させて熱固定するが，プリーツの深さ，頻度，分布は自由に調整することができる。

4） シュライナー加工（schreiner finish）

シュライナーカレンダーで処理することにより布に光沢を与える加工である。カレンダーローラーには布構造に対して約20°の傾斜角をもつように1cm当たり約100の細い線条が彫られている[9]。この傾斜角は通常糸のよりに合わせられている。刻線をもつ大きなローラーと小さな加熱されたローラーの間に布を通し，糸を平らにして，平滑でち密な布表面をつくり出す。

●第5章 衣服材料の染色加工

この加工は綿や麻にソフトで絹様の光沢をもたせるが、ナイロン、ポリエステルなどのトリコット編地に対しては不透明な仕上げ加工となる。綿や麻はあらかじめ樹脂処理がなされていると耐久性がよくなる。

5) **起毛加工**（raising finish）

エメリー起毛、針金起毛、アザミ起毛などがある。サンドペーパーで布表面をこすり、天然スエードあるいはセーム革の外観や感触をもたせたり、アザミの実や針金を用いて布の表面をひっかいて短く光沢のある毛羽をつくり、ソフトで柔軟な風合いと保温性をもたせる加工である。

エメリー起毛機による加工は軽量でセーム革のようなソフトな風合いを与える。これはサンドペーパーの代わりにエメリー布が用いられるので、穏やかな起毛ができ、繊細に仕上げられる。極細繊維を少し毛羽立てたピーチスキン（新合繊）はエメリー起毛の代表である。縮充[*1]や起毛した毛羽を経方向にねかせて刈りそろえ、ビーバーの皮に似せたビーバー起毛や、表面の毛羽を短くカットしてファー（毛皮）の感覚に仕上げるファー起毛などがある。縮充、起毛、せん毛[*2]を組み合わせることにより独特の風合いをもった起毛製品を得ることができる。

6) **フロック加工**（flock finish）

接着剤を塗った布表面に短い繊維（フロック）を機械的方法あるいは静電気を利用して付着固定する加工である。機械的フロック加工は立毛度が悪いことからほとんど利用されていない。現在では、静電気の吸引力を利用した電気植毛が主流となり、**電着加工**、**植毛加工**ともいわれる。接着剤でプリントのような柄をつくって部分的に植毛したものは**フロックプリント**という。

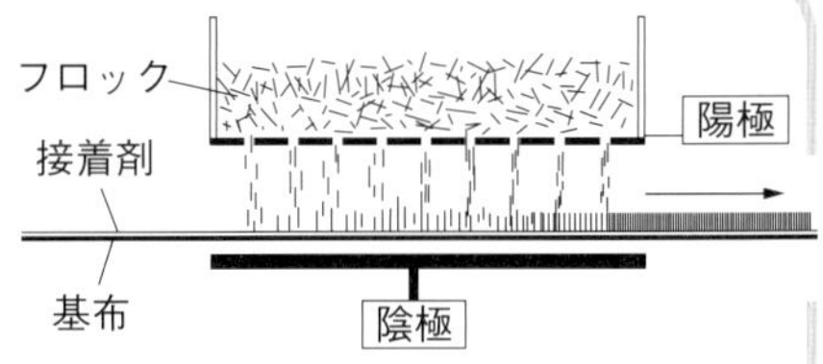

フロック加工を化学的加工とみなす考え方もある[10]。

静電気フロック加工では、布表面に塗られた接着剤にフロックが垂直にささり、布上に林立する。植毛後は余剰フロックを吸引除去して乾燥させる[11]。この加工法では立毛度が非常によく高さの均一な植毛ができ、より高い電圧を加えると長繊維にも用いることができる。

布が陽極と陰極の間の静電界を通過するとき、フロックは陽極から陰極に向かって真っすぐ下に配向するように引っ張られるので、接着剤にフロックが垂直にささる。

図5-7　静電気フロック加工

フロック加工はビロードやカーペットのパイルや毛羽、人工スエードなどの効果を出すことができるので、これらの代用品として衣服用および室内装飾用など幅広い分野で使われる。高温で使用しない限り、洗濯に対しては比較的耐久性がよいが、ドライクリーニングは接着剤を溶かしたり軟化させたりするので、外観を損ねる。

[*1] 毛製品をセッケン水で湿らせ、回転ローラー間を通していると、スケール同士が絡み合ってフェルト化して縮み厚くなることを縮充という。

[*2] 起毛した毛羽を一定の長さにそろえること。シャリングともいう。

（2） 特殊な性能を与える加工
　1） サンフォライズ加工（Sanforizing）

　綿，麻布の防縮を目的として機械的に行われる圧縮または圧縮収縮加工である。布を十分な吸湿状態に保ち，製織時のひずみを解放しやすくした後，布表面に対して平行な圧力を加え，たて糸を押しこみ過収縮させて，そのままセット仕上げをする。この加工は収縮率が1％以下に抑えられている。

　2） ヒートセット加工（heat set）

　熱可塑性の合成繊維が洗濯や熱によって緩和収縮したり形状が変化しないようにするために，熱処理によって寸法や形態の安定性を得ることを目的とする。その他に風合いや染色性などを変える目的も含まれる。

　熱可塑性繊維は熱を加えると，繊維を構成している高分子が自由に動き，繊維の微細構造が変化する。このとき，紡糸時や布の製造工程で受けた内部ひずみが解放され，冷却すると内部ひずみの少ない状態でそのまま安定した形態にセットされる。このような熱処理を行う温度範囲はガラス転移温度以上であり，融点よりもずっと低い軟化点以下でなければならない。表5-2に合成繊維の最適セット温度を示した。例えばポリエステルのセット温度はその融点（270℃）よりはずっと低い。

表5-2　合成繊維の最適セット温度（単位：℃）

繊　　維	液セット[*1]	蒸熱セット[*2]	乾熱セット[*3]
ポリエステル	120～130	120～130	190～210
ナイロン6	100～110	110～120	150～180
ナイロン66	100～120	110～130	170～190
アクリル	――	80～100	90～110

出典）『基礎知識シリーズ第1部　繊維に関する一般知識』，日本衣料管理協会，127（1996）

2.2　化学的加工
（1） 外観，風合いを変える加工
　1） シルケット加工（mercerization）

　綿糸や綿布を水酸化ナトリウム水溶液で無緊張下で処理し水洗すると，長さ方向に収縮するとともに，強度，伸度，吸水性，吸湿性，染色性が増大するなどの現象が起こる。これは1884年イギリスのJohn Mercerによって見い出されたので，発見者の名にちなんでマーセル化と名づけられた。その後，1890年Horace Loveにより綿糸や綿布を収縮させないように緊張下でこの処理を行うと，絹のような光沢が付与され，形態安定性が向上するなどの効果があること

[*1]　100℃の湯中でセットする方法と，100℃以上の高温でセットする方法があるが，100℃以上の高温湿熱セットのほうが重要視される。
[*2]　糸や布を巻いてオートクレーブに入れて十分排気してからスチーミングする。糸や編物のセットに広く適用されている。
[*3]　加熱ローラー，溶融金属の接触セット，熱風や燃焼ガス加熱蒸気によるセットの3つの方法がある。

が分かった。今日ではシルケット加工とよばれ広く行われている。

水酸化ナトリウム水溶液に浸された綿繊維は，分子間の水素結合やファンデルワールス力が切れて膨潤し，高分子鎖が自由に動いて再配向する。水酸化ナトリウムが除去されると，再び組織化された高分子鎖間に新しい結合が形成される。マーセル化により繊維の断面は円に近くなるが，緊張下で処理したものはより円形に近い断面となる。これが布に光沢を与える原因になる。また，膨潤過程で繊維のリボン状のねじれはほとんどなくなり，円筒状の形状となる。乾燥すればルーメンが消失した円形繊維となる（図5-8(c)）。

マーセル化された繊維の微細構造では結晶領域が少なくなるが，各高分子鎖が引き合う力が均等になるように配列することによって分子間結合が強くなり，繊維の強度が増大する。また，繊維構造が拡張されて水や染料が浸入できるボイド（空隙）が大きくなるので，吸水性や染色性が増大する。

水酸化ナトリウムを利用したシルケット加工はアルカリの回収や除去，排水による環境汚染などの問題がある。これらの改善策として液体アンモニアによるマーセル化がクローズアップされている。液体アンモニア処理により深色に染めることができ，光沢や吸湿性が付与されるが，これらの効果はシルケット加工よりも若干劣るといわれる。しかしながら，液体アンモニア処理したほうが強度が大きく，柔軟性のある風合いが得られる。

図5-8には，未処理綿(a)と，液体アンモニア処理後，C. I. Direct Blue 1で染色した綿繊維(b)の断面を示した。未処理綿に比べて断面は丸くなり，染料は一層内部まで拡散している。他方，マーセル化綿(c)では染料は繊維の中心部まで完全に拡散している。またマーセル化後に液体アンモニア処理した場合(d)は染料拡散が低下し，リング染色となる。これはマーセル化によって引き起こされたルーズな構造が，液体アンモニア処理により逆に一層緻密な構造に変化したことを示している。シルケット加工や液体アンモニア処理は形態安定性を付与するために他の加工と組み合わせて用いられることがある。

2） リップル加工（ripple finish）

綿布を水酸化ナトリウム水溶液に浸すと縮む性質を利用して部分的な縮みを与えることができる。濃い水酸化ナトリウムを含む糊を綿布にプリントすると糊の塗られた部分が収縮するので，糊付けしない部分は布表面より浮き上がってシボ状の凹凸や縮みを形成する。また，あらかじめ水酸化ナトリウムを防染する糊をプリントしたのち，水酸化ナトリウム水溶液につけると，プリントしていない部分が収縮するので，防染した部分にシボ状の凹凸や縮みができる。

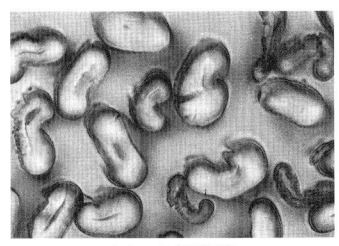

(a) 未処理綿

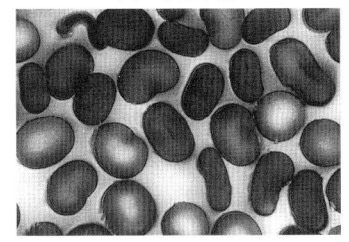

(b) C. I. Direct Blue 1で染色

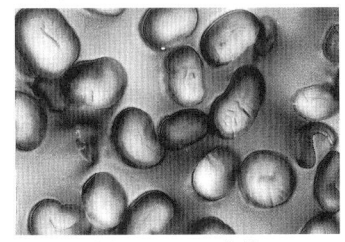

(c) マーセル化綿

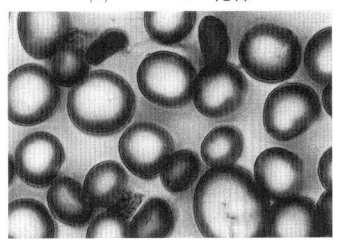

(d) マーセル化後アンモニア処理

図5-8 C. I. Direct Blue 1で染色した綿繊維の断面

出典) T. Wakida, M. Lee, S. Niu, *JSDC*, **111**, 152-158 (1995)

このような方法によりシボ状のクレープのようなものやシアーサッカーに似たものが得られる（図5-9）。ほとんどのリップルは比較的耐久性がある。

3） アルカリ減量加工（alkali weight loss treatment）

ポリエステル製品に風合い調整の目的で行われる加工法である。高温のアルカリ水溶液に浸すとポリエステルの加水分解は繊維表面から行われるので，表面に凹凸が生じていくのと平行して，繊維が細くなる。これにより繊維間にすきまが生じるので，ふっくらとしたしなやかな感触やシルキーな風合いが得られる（⇨p.20）。

図5-10にアルカリ減量加工したポリエステル繊維の表面状態を示した。

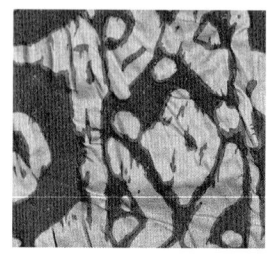

図5-9　リップル加工布

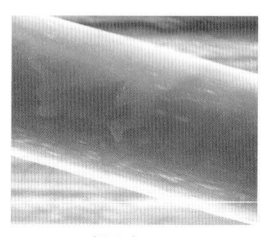

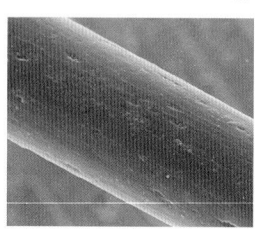

減量率0％　　減量率15％　　減量率30％
図5-10　アルカリ減量加工

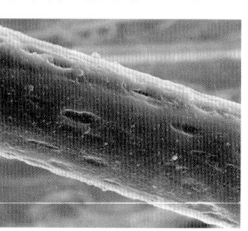

減量加工により平滑な表面はクレータ状の侵蝕を受ける。侵蝕状況は繊維軸方向に不均一に起こり，侵蝕されたくぼみの形，大きさ，深さは減量の進行につれて増大する。一般にシルキーな風合いを得るにはポリエステル織物を15〜30％溶解させる必要があるが，30％を超えると強度や弾性が低下して，しわや寄れが発生するおそれがある。

4） オパール加工（opal finish）

混紡，交織，交ねん糸使いの布に対して一方の繊維だけを薬品によって溶解，除去してレースのような透かし模様（図5-11）を出す加工で，抜蝕加工の代表例ともいえる。一方の繊維のみが溶解して抜け落ちる薬品が選ばれるので，溶解しなかった他の繊維による透き通った部分が残って強度を与える。

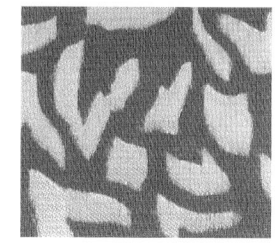

図5-11　オパール加工布

セルロース繊維は酸によって分解・炭化してもろくなるので，このことを利用してポリエステルやアクリルのような耐酸性のある繊維が混用された布に対してオパール加工を行うことができる。これらの布に通常硫酸を含む糊を印捺し，乾燥後，高温度で熱処理すると印捺部が炭化する。これをもみ洗いすることにより，炭化部分のセルロース繊維が除去され薄地の透かし模様を得ることができる。

5） 柔軟加工（softening）

繊維製品に平滑でしなやかな風合いを与えるために行われる加工法である。繊維の摩擦抵抗は，繊維表面にある柔軟剤（softening agent）の存在により低下してお互いに滑りやすく，動きやすくなるので，手で触れた時には平滑で柔軟

性のある感触が得られる。柔軟剤にはアニオン系，カチオン系，非イオン系のものがあり，アニオン系は絹やセルロースに，カチオン系は合成繊維を中心に，非イオン系はセルロースやアクリル，アクリル系に用いられる。

6）擬麻加工，硬化加工（linen like finish, stiffening）

硬仕上げ剤により綿やレーヨンの布に麻のような腰，張り，シャリ感のある風合いや外観を与えることができる。デンプンによる糊付けは古来から用いられた方法であるが，現在ではゼラチン，こんにゃく，アパラチン，メラミン系や尿素系の合成樹脂などが用いられる。

（2）特殊な性能を与える加工

1）防縮加工（shrink-resistant finish）

布の収縮は内部ひずみ，膨潤，フェルト化が原因となり起こるので，防縮加工は収縮の原因に応じた方法がとられる。

① ひ ず み（strain）

布の生産工程中（製布，精練，漂白，染色などの工程）の張力によって生じたひずみは湿潤，蒸熱，湿度変化により布に収縮をもたらす。引っ張られた状態にある布は水中で攪拌されたり，湿った空気中でタンブル回転されたりすると，内部ひずみが解放されて布は収縮する。このような緩和収縮を防ぐため，過収縮仕上げ（⇨p.150）やロンドンシュランク仕上げ[*1]，樹脂加工などが行われる。ひずみは繊維内部にも存在する。合成繊維は延伸による内部ひずみを解放して熱収縮（heat shrinking）を起こすので，これを防ぐためにヒートセット（⇨p.150）が行われる。

② 膨　　潤（swelling）

綿やレーヨンなどのセルロース繊維の膨潤は樹脂の適用によって抑制することができる。膨脂加工は非晶領域にあるセルロース分子鎖間に架橋をつくり，分子相互の滑りを防ぐことによって防縮性と同時に防しわ性も向上させる。しかし，樹脂加工布は吸湿性や強度が低下するとともに風合いも変化するので，最近では樹脂加工を施さなくても物理化学的な処理によってセルロースの内部構造を変え，顕著な防縮を達成することが可能となっている。

③ フェルティング（felting）

羊毛は繊維表面にスケールがあるので，これが原因でフェルト収縮が起こる（⇨p.115）。これを防ぐために次のような方法が行われている。

(1) 次亜塩素酸ナトリウムなどの酸化剤で塩素化してスケール構造を除去し，スケールの引っ掛かり性を減少させる。

[*1] イギリスで考案された高級毛織物の機械的加工。水分を与え，低温で無張力乾燥させ，縮むだけ縮ませてそのままセットする。

(2) 繊維表面の2％を樹脂によりコーティングしてスケールをマスクする。コーティングする前と樹脂の接着性をよくするために塩素化が行われる。

(3) 繊維の長さ方向に沿って樹脂で繊維間を点接着させ，繊維間の移動を防ぐ。

2） 防しわ加工（crease resistant finish）

布に発生するしわを防いだり，しわ回復性を向上させるために行われる。綿やレーヨンなどのセルロース繊維は弾性回復（⇨p.106）が小さいのでしわになりやすい。樹脂加工では乾燥状態でセルロース分子間に架橋を与え，繊維の弾性を高めるので，乾燥時の防しわ性が向上する。

3） ウォッシュ アンド ウェア（W&W）加工（wash and wear finish）

洗濯してもしわにならず，速乾性で型くずれもないのでアイロンをかけずに，そのまますぐに着られる性質がウォッシュ アンド ウェア性である。この性質を得るためには，湿潤時の防しわ性の改善が必要となる。このために，布を平らに保ち湿潤状態で膨潤繊維内のセルロース分子間に架橋結合を付与するが，乾燥時の防しわ性が得られないので，従来の樹脂加工と併用させて行うことも多い。また，綿やレーヨンなどの繊維はポリエステルなどの合成繊維との混紡によってもかなりのウォッシュ アンド ウェア性が得られる。

4） パーマネントプレス（PP）加工（permanent press finishing）

防しわ加工やウォッシュ アンド ウェア加工により，着用中や洗濯中における布のしわ回復が改良されても，衣服などの製品として縫製すると洗濯後にシームパッカリング（seam puckering）が起こったり，折り目が定まらないなどの欠陥が生じた。このため，これらの加工をさらに発展させ，縫製品においても永久に型くずれせず，パッカリングや小じわの発生を防ぎ，形態保持ができるようにしたのがパーマネントプレス加工であり，アメリカではデュラブルプレス（durable press, DP）加工とよばれる。

パーマネントプレス加工では樹脂が2つのセルロースポリマーのヒドロキシル基と反応して次のような架橋を形成する。最も広く用いられる加工用樹脂はジメチロールジヒドロキシエチレン尿素（DMDHEU）である。

> **シームパッカリング**
> 縫い目線の近くに生じるしわ。

> **DMDHEU**
> dimethyloldihydroxyethyleneurea

セルロース —OH + HOH$_2$C—N(C=O)N—CH$_2$OH + HO— セルロース
（中央：DMDHEU、HC—CH、HO　OH）

$\xrightarrow[\text{熱}]{\text{触媒}}$ —O—H$_2$C—N(C=O)N—CH$_2$—O— + 2H$_2$O
（HC—CH、HO　OH）

架橋されたセルロース

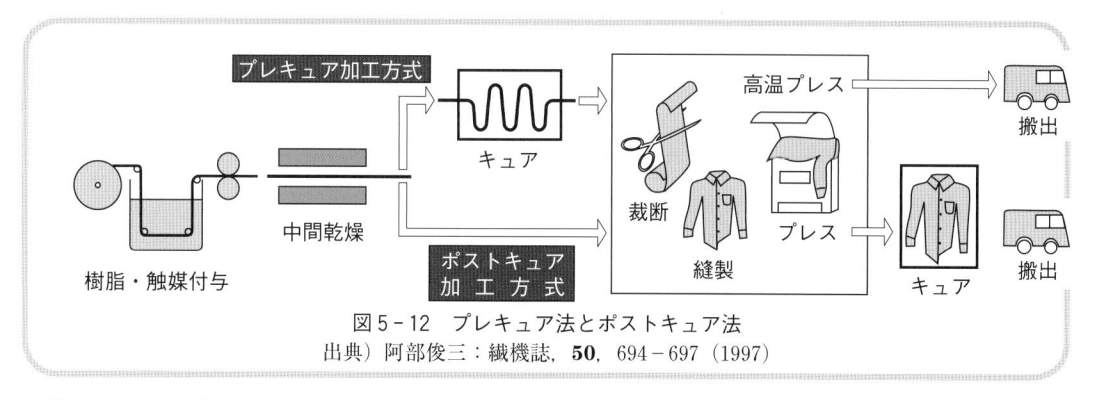

図5-12 プレキュア法とポストキュア法
出典）阿部俊三：繊機誌, **50**, 694-697（1997）

代表的な加工法としてキュア（熱処理）を縫製前に行うプレキュアと，縫製後に行うポストキュアがあるが，それらの工程を図5-12に示した。

架橋により繊維の弾性は向上するが，強伸度，摩擦抵抗や柔軟性が低下し，硬さが増大する。パーマネントプレス加工は100％綿製品の強さを50％に減少させるので，通常加工用樹脂の影響を受けないポリエステル繊維と混紡して処理される。しかし，最近ではさらに進歩して，綿繊維の強度低下や風合い硬化を抑えるために前処理として液体アンモニア処理（⇨p.151）が行われる形態安定加工や形状記憶加工が賞用されている。表5-3に従来品と形態安定加工品との物性比較を示す。

プレキュア
前キュア
ポストキュア
後キュア

表5-3 綿100％ドレスシャツの従来品および形態安定加工品の特性（洗濯20回後）比較

加工方式	W＆W[a]（タンブル）級	パッカリング[b]（前立て）級	寸法変化率[c]（袖下丈）％	引き裂き強さ[d]（ヨコ）gf	風合い
形態安定加工品	3.2～3.5	2.5～3.0	−0.8～−1.3	750～850	ソフト
従来品（プレキュア）	2.8	2.0	−1.8	850	やや硬い
未加工品	1.0	1.0	−3.7	1550	非常にソフト
基準値[e]	3.0以上	2.5以上	±1.5以内	—	—

a）AATCC Test Method 124 1984（レプリカ法），b）JIS L 1905 5.1（レプリカ法），c）JIS L 1909-1995，
d）JIS L 1096-1990（ベンジュラム法），e）アパレル製品等品質性能対策協議会基準値
出典）図5-12の文献

5）防水加工（waterproofing），はっ水加工（water repellent finishing）

① 完全防水加工

布表面を塩化ビニルや合成ゴムなどでコーティングして，水の漏れや浸透を完全に防ぎ，強い雨でも水を通さない加工である（図5-13）。布目間隙が完全に埋めつくされるために内部の空気や湿気も通さないので不通気性防水加工とよばれる。防水性は高いが，むれやすく，風合いに難点があるので，シート，テント，傘などの限られた用途に用いられている。

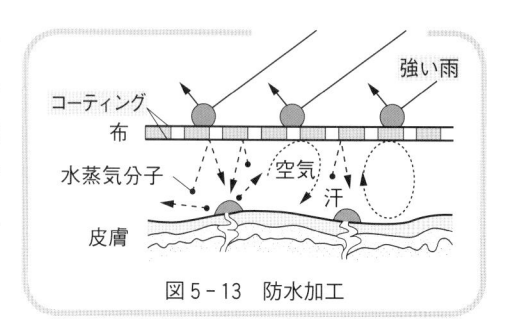

図5-13 防水加工

図5-14 はっ水加工（通気性加工）

疎水化
布
水蒸気分子
弱い雨
空気
皮膚

図5-15 接触角と界面張力

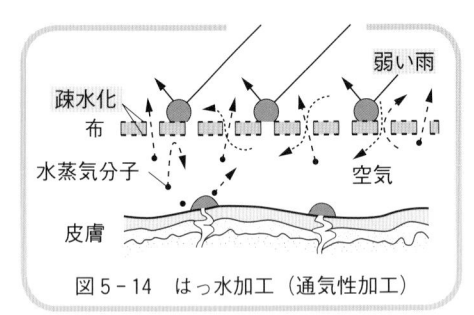

A（水の表面張力）
（布の表面張力） C ←　水　布
B
（布／水の表面張力）

液体（水）が固体（布）をよくぬらすときには θ は小さくなる。

② はっ水加工

布表面で水をはじいて水玉状になるよう（はっ水性）にするために布を構成している繊維を疎水化して，布表面と水との界面張力を低下させる加工である。布目の間隙はふさがれないため，空気や水蒸気は透過できるので通気性防水加工（図5-14）とよばれる。

界面張力　水が布表面に付着した状態での布と水と空気との界面には図5-15のような力がはたらき，次式のような関係が成立する。

$$C = B + A\cos\theta$$

したがって

$$\cos\theta = \frac{C - B}{A}$$

θ は接触角で，$\theta = 0°$ では布は完全にぬれるが，θ が大きくなるほどぬれにくくなる。水よりずっと低い表面張力（$C \ll A$）をもつ表面では水の接触角は大きくなり，水玉状になる。

ワックスやロウなどの疎水性物質で処理された布表面は水の表面張力よりもずっと小さくなるのではっ水性が得られる。はっ水加工は弱い雨のときには透過を防ぐが，強い雨のときには十分ではない。

現在では，シリコーン化合物やピリジニウム塩化合物などを用いた耐久性のあるはっ水加工やジルコニウム塩などを用いた半耐久性のはっ水加工がある。また，一時的なはっ水性を得るためにアルミニウム塩あるいはセッケンを併用して行う方法もあるが，この場合には洗濯後に再処理する必要がある。

主にレインコート，アノラック，スキー服に，また室内装飾用布などにも用いられる。

③ 透湿防水加工

人体から発生する水蒸気を衣服内部から外へ出し，しかも外からの強い雨による水滴は衣服内部へ通さないように透湿と防水の両機能をもたせる加工である。一般的には，水蒸気を自由に通過させるのに十分大きな孔（約 $0.0003\mu m$ より大きい）をもち，水滴が通過するには小さすぎる（約 $100\mu m$ より小さい）微細な孔の多孔構造とはっ水加工を組み合わせて行っている。微多孔構造としてはポリウレタン樹脂などを用いたコーティングタイプ，樹脂フィルムを接着するラミネートタイプ，非常に細かい繊維を使った高密度織物の利用が一般的である。その他にもアミノ酸ポリマー膜やキチン質膜の利用など新技術も開発されている。

むれずに水をはじく機能性がスポーツウェア素材として注目されている。

$1\mu m = 10^{-6} m$
　　　　$= 10^{-3} mm$

6） 防汚加工（antisoiling finish）

① ソイルリペレント加工（soil repellent finish）

布の汚れやしみは，洗濯やドライクリーニングによって除去された汚れによる再汚染，空気中の乾いたほこりの帯電吸引や汚れ物質との直接接触などの原因によって起こる。これらの汚れを付着しにくくしたり，汚れが付いても落ちやすくするために，フッ素系樹脂を塗布して繊維表面の表面張力を低下させてはっ水・はつ油性を付与したり，ほこりが固着しないように表面を平滑化させたりするなどの防汚加工が行われている。

再汚染
洗剤によって落とされた汚れが再び布表面に付着すること。

② ソイルレリース（SR）加工（soil-release finish）

一般的に合成繊維は油汚れを除去するのは困難であるので，ソイルレリース加工では合成繊維の表面を親水化して，洗濯時の油汚れの除去を容易にすることを目的としている。これにより静電気の発生を低下させてほこり汚れも防止することができる。ポリオキシエチレンテレフタレートなどの加工剤を用いてポリエステルなどの繊維表面に親水性を付与する方法が一般的である。

繊維製品には油性汚れを付着しにくくすること（ソイルリペレント性）と同時に偶然付着した油性汚れを通常の家庭の洗濯で落ちやすくすること（ソイルレリース性）が望まれる。前述したように繊維表面を疎水化してその表面張力を低下することにより汚れは付着しにくくなるが，付着した油性汚れを落ちやすくするためには繊維表面を親水化する必要があるので，相反する性質を繊維表面に付与することになる。

図 5-16 に示すブロックコポリマーは，繊維が水中にあるときと空気中にあるときではポリマーの 2 つの異なるセグメントがその環境に順応して繊維表面での配置を変える。フルオロカーボンのセグメント（F）は空気環境下で使用するとき，汚れを防止する。親水性のセグメント（O）は水中で繊維表面を親水性にして汚れを落ちやすくする。したがって布が洗濯・乾燥された後はフルオロカーボンのセグメントは繊維表面から外へ出るが，水中では繊維の内部に入り込む。このような加工はポリエステル／綿混紡製品などに施される。

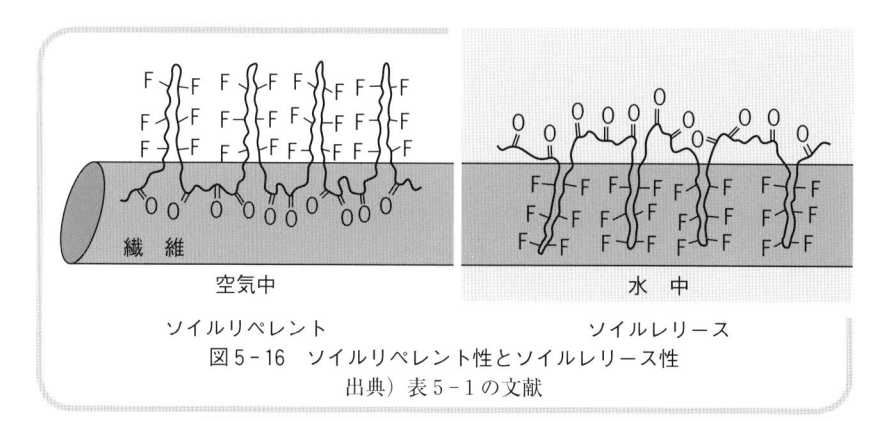

図 5-16 ソイルリペレント性とソイルレリース性
出典）表 5-1 の文献

7) 抗菌防臭加工（antiodor and antimicrobial finish）

　人間の皮膚の表面には各種の細菌が生息し，肌着や下着，靴下などへも移行する。これらの細菌は皮膚表面から出る汗や皮脂，垢（あか）や食物の汚れなどを養分として増殖する。この結果，細菌が汚れを分解して悪臭を発生させる。細菌などの微生物の発生を防止するために抗菌防臭加工が行われている。処理剤として銀系，第四アンモニウム塩系，脂肪族イミド系，キトサンなどの天然抗菌物質，金属化合物などを用いるさまざまな方法が開発されている。加工法としては，紡糸段階で処理剤を繊維の中に練り込む練込型と，吸着処理などによって処理剤を付着させる後加工型があるが，前者は洗濯耐久性がよく，後者は抗菌性の即効性に優れている。

　近年の過剰なまでの清潔志向や無臭志向が消臭問題への関心をますます高めている。また，高齢社会に伴い，家庭内や養護老人ホームでの介護などにおける糞尿対策は，悩みの種となっている。このような問題解決にあたり環境にも十分に配慮すべく，天然抽出物などの消臭性能を持った物質や酸化チタン微粒子などの光触媒を繊維に練りこみ，消臭機能を付与した消臭加工の開発が脚光を浴びている。光触媒による消臭は，化学的な分解作用によるものであるが，触媒自身は何ら変化を起こさないので消臭剤一般に見られるような飽和点もなく，消臭効果が持続することが長所である。

> キトサン
> 天然の抗菌防臭成分。カニやエビなどの甲羅から抽出される。

文献

1) 矢部彰彦，林　雅子：『新版染色概説』，光生館，東京，2, 26, 27, 28, 29（1979）
2) 赤土正美：『染色・加工学』，三共出版，東京，52（1989）
3) 日本繊維製品消費科学会編：『新版繊維製品消費科学ハンドブック』，光生館，東京，163（1988）
4) 安田貞治，今田邦彦：『解説染色化学』，色染社，大阪，73（1989）
5) 染色教育研究会編：『染色―理論と実技―』，建帛社，東京，44（1983）
6) G. Nemethy and H. Sheraga : Structure of Water and Hydrophobic Bonding in Proteins, I，II，*J. Chem. Phys.*, **36**, 3382–3401（1962）
7) 文化服装学院編：『文化ファッション講座　アパレルの素材と製品』，文化出版局，東京，94（1994）
8) 木村光雄，清水慶昭：染料の構造と染色現象，表面，**26**, 58（1988）
9) D. S. Lyle著（藤本晨教，軍司敏博，矢上一夫共訳）：『繊維製品総説』，建帛社，東京，207（1979）
10) 日本学術振興会染色加工第120委員会編：『新染色加工講座11』，共立出版，東京，8（1972）
11) 増田俊郎，塩沢和男：『新版繊維加工技術』，地人書館，東京，296（1976）

第6章 繊維化技術の発展と新素材

　第1章で述べたように，私たちはさまざまな種類の繊維を利用して，豊かな衣生活を演出している。人類の衣生活の歴史は膨大な年月にわたる（⇨p.2）が，今日私たちが豊かに装うことができるのも，先人の知恵と努力のおかげである。このように長い衣生活の歴史の中で，天然繊維は衣服材料の原点ともいえる。

　そして化学繊維（人造繊維）の登場からはようやく一世紀が経過したところである。しかしながら，この一世紀の間に化学繊維は飛躍的な発展を遂げた。特に1960年代のシルクライクの追求に始まり，1970年代に開発された極細繊維化技術から80年代後半にかけての技術開発の成果としての"新合繊"の登場に見られる繊維化技術の進歩は，繊維を素材とした"衣服材料"の今後を考えるためにも，学んでおかなくてはならないフィールドである。

　本章では新合繊を中心とした繊維化技術の新展開と，技術の成果の例としてバイオミメティクな考え方に立った新素材を紹介する。また，21世紀を迎えて，人類が築こうとしている新しい共同体の中で，環境問題も含めて繊維と繊維化技術が目指していく方向について概説する。

1. 繊維化技術の新展開

1.1　シルク感性への挑戦

　従来，紡糸金口（ノズル）細孔は円型孔がほとんどであった。結果として繊維の断面は基本的には丸い形状になる。第1章で述べたように，レーヨンやアセテート，アクリル（有機溶媒系で湿式紡糸）などは円型断面ではないが，これは紡糸原液が凝固する過程での不均一構造形成が原因であって，技術的にコントロールされてできたものではない。溶融紡糸では，丸型細孔からはほとんど例外なく円型断面糸が生成するが，恣意的につくられた円型断面以外の断面形状をもつ繊維を**異型断面繊維**（または特殊断面繊維）という[1]。

　絹は古来から高級繊維の代名詞であったが，フィブロイン繊維の断面は三角断面に近い形で，これが絹独特の光沢や，"絹鳴り"とよばれる耳に心地よい音の原因であることはすでに述べた（⇨p.19，図1-13）。

　この絹の三角断面に学び，1960年頃から合繊各社は異型断面繊維の開発に力を入れてきた。また，絹は精練工程でセリシンをアルカリで溶解除去するの

で，これに学んで，ポリエステル織物を約25％アルカリ減量して，織物の柔軟性とドレープ性を得る技術が開発された（1960年代後半）。そして1970年代の前半には，繊維の太さをなるべく細くして（極細繊維化）絹繊維のもつ繊細さと，柔らかさを表現し，異収縮混繊糸の開発で柔らかさとかさ高さをもつ風合いを付与した。さらに1970年代後半から80年代には，繊維に不均一性を与えて，自然な風合いを再現することが試みられた。以上のような繊維化技術の発展の系譜をシルクライク化[2]という。

シルクライク化の技術開発は1980年代半ばまでに成熟したが，70年代後半から顕著になってきた社会ニーズの多様化，高級化などが，自然の風合いを超えた合繊独自の風合いや機能をも求めるようになった。そこで上述の技術を生かして，新合繊の開発，さらには新合繊ブームへと移行していった。

1.2　新合繊と要素技術

このような時代背景のもとに，新合繊[*1]が登場したのは1987年頃からであるといわれている。新合繊の定義としては，

> 「1985年以降，高度技術によって開発され，改良された高付加価値のポリエステルフィラメント糸織物で，これまでのポリエステルフィラメント織物や天然繊維織物がもっていない新しい洗練された風合いをもつ。」

などが挙げられる[3]。すなわち新合繊の繊維高分子材料は，主にポリエステルであることが重要である。

新合繊の商品は非常に多い。"市販されているポリエステルのブラウスは，ほとんどが新合繊でできている"という極端な言い方も，過言ではないかもしれない。このような新合繊商品の開発コンセプトは，時代とともに多様化してきているが，図6-1のように，ニューシルキー，ドライ，薄起毛，ニュー梳毛の4タイプに分類される[5]。

図6-1のような各コンセプトを実現するための**要素技術**[*2]としては，主に次の4点が挙げられる。

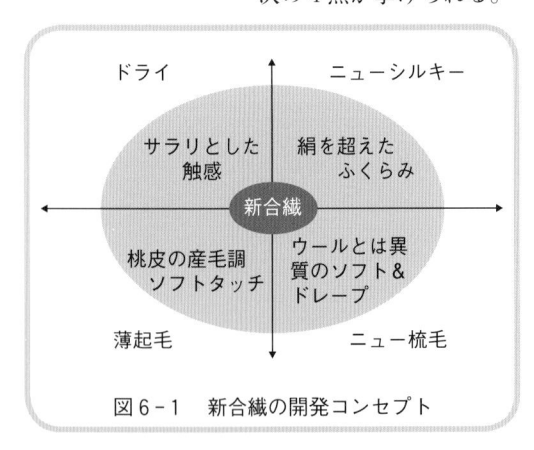

(1) 異収縮混繊糸技術
(2) 異型断面繊維技術
(3) 粒子添加技術
(4) 極細繊維技術

図6-1　新合繊の開発コンセプト

*1　英語においても，"Shingosen"で通用するといわれている[4]。直訳では"New Synthetic Fiber"である。

*2　工業製品は設計から製造，品質管理まで，1つのシステムであると考えられる。このシステムを構成する個別の技術のうちで，どれか1つが欠けてもシステムが成立しない技術，または技術群を要素技術という。"Key Success Factor"，"Key Technology"などとよばれる。

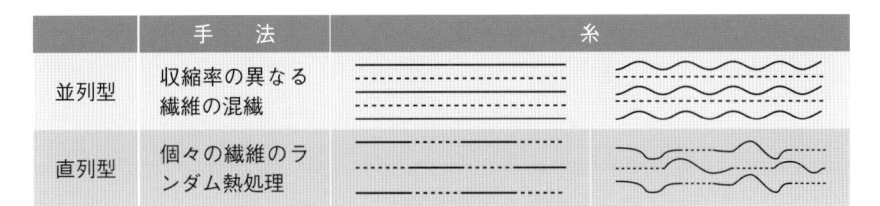

手法		糸	
並列型	収縮率の異なる繊維の混繊		
直列型	個々の繊維のランダム熱処理		

図6-2 異収縮混繊糸の種類
出典）鞠谷雄士：繊維学会誌，**54**(2)，40（1998）

(1) 異収縮混繊糸技術

2種類以上のフィラメントを混合することを，混繊という。異収縮混繊では同じ種類のフィラメントであるが，熱収縮性能の異なるものを混合して，1本の糸にする。糸，または織物にした後に熱処理を施すと，熱収縮率の違いで糸や織物にふくらみをもたせることができる。基本的には図6-2の"並列型"に示すように，2種類の混繊であるが，"直列型"に見られるように1本の繊維の中で収縮率が不均一に分布している繊維でも製造可能である。

(2) 異型断面繊維技術

上述のように，溶融紡糸で異型断面繊維を製造するためには，紡糸口金の加工が必要である。口金の形状と成形される繊維断面の模式図を図6-3に，異型断面繊維のSEM像を図6-4に示す。繊維の中空化は，セルロース繊維のルーメン（空洞）でも説明したように，衣服の保温性向上に寄与している。

SEM
Scanning Electron Microscope
（走査型電子顕微鏡）

(3) 粒子添加技術

粒子添加はつや消し，発色性の向上，高比重化によるドレープ性向上の他，

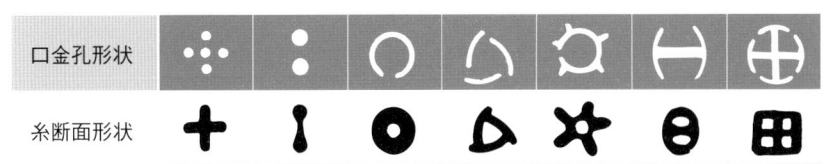

図6-3 口金孔形状と異型および中空繊維断面形状の関係

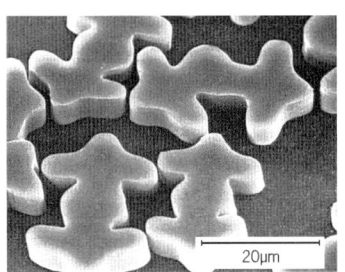

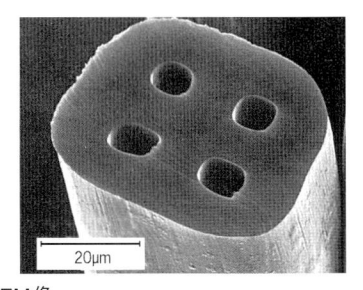

図6-4 異型断面および中空繊維の断面SEM像
出典）繊維学会編：『図説繊維の形態』，朝倉書店，170-175（1982）

1. 繊維化技術の新展開●

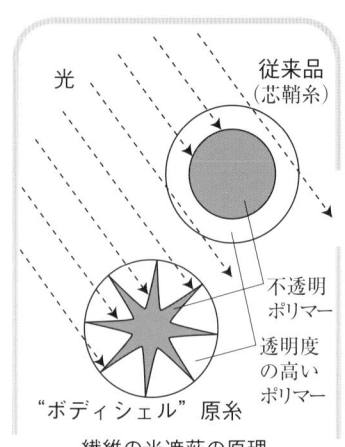

アルカリ減量処理により粒子が脱落した後の表面の痕跡によるドライタッチ効果が重要である。添加粒子には酸化チタン（チタンホワイト）などの無機系や，有機系のものも用いられている。

1994年に開発された"透けない白い水着"の素材繊維は，酸化チタンを適正に添加した繊維を，星型断面にしてそのまわりを粒子無添加の繊維で包み込む芯・鞘構造で，光の遮蔽効果と白度の向上を達成している（図6-5）。

図6-5 透けない繊維の光遮蔽原理と繊維断面写真
出典）加藤哲也，丹波氏輝：繊維と工業，**51**(7)，294（1995）

(4) 極細繊維技術

1本の繊維を細くしていくと，非常に柔らかい感触になるというのは誰でも考えつくことである。しかしながら，現実の工業生産で従来の紡糸技術を用いて生産性を落とさずに，1デニール（直径約10μm）以下の繊維を安定に得ることは相当困難である。その理由は，吐出量を少なくした場合には糸切れ，細孔を小さくした場合には吐出圧の上昇，詰まりやすさ，吐出口の汚れの影響などにより，本来連続であるべき工程を中断しなくてはならないことなどである。

極細繊維の太さについての名称に定義はないが，おおむね次のように分類されている。

普通繊維：　6　～1.5 D
極細繊維：　1.5～0.6 D
超極細繊維：0.6～0.1 D

第1章で，羊毛はオルソコルテックス，パラコルテックスのバイラテラル構造から成り，クリンプを発現していることを述べた（⇨p.16）。細い繊維をつくる技術は，このバイラテラル構造を合成繊維でも実現するための複合化研究に源を発している。

化学繊維によるクリンプの発生は，2成分複合繊維（コンジュゲート繊維）が基本である。コンジュゲート繊維は，熱収縮率の異なる2種類の繊維を縦割りに貼り付けて紡糸繊維化した後に，延伸，緊張巻取り，緩和により繊維に収縮を起こしてクリンプを発生させる（図6-6）[6]。この技術はわが国においても1960年代に繊維各社が製品を発表している。その後各社ともコンジュゲート繊維を多層構造化した後，分割法を用いて極細繊維を製造する技術を開発した。この方法を複合紡糸法という。

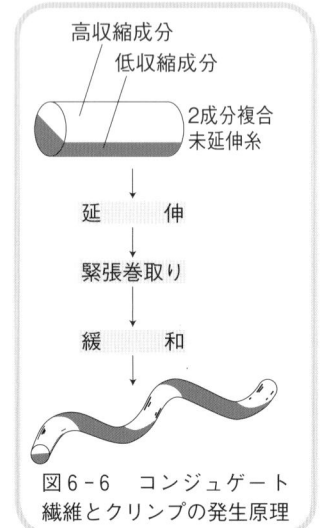

図6-6 コンジュゲート繊維とクリンプの発生原理

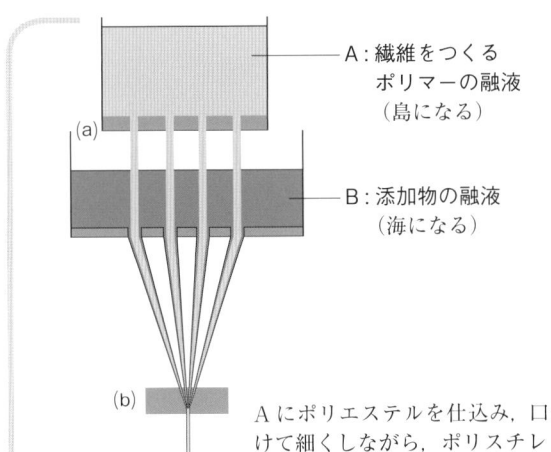

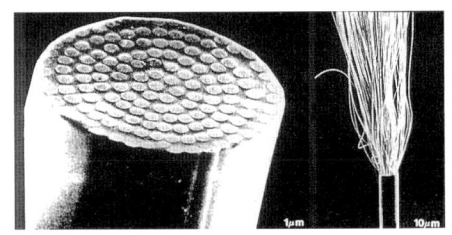

図6-8 海島型構造体(左)と，海成分を溶解除去したときの超極細繊維の生成のようす(右)
出典）宮坂啓象，岡本三宜：『新合成繊維』，大日本図書，115（1996）

A に ポリエステルを仕込み，口金(a)から溶融ポリエステルを吐出する。張力をかけて細くしながら，ポリスチレンを仕込んだ B を通すことで，回りにポリスチレンを付着させて集束し，口金(b)に集めて再紡糸する。紡糸された繊維は，A で作る微細繊維を島，B を海とする海島型構造の高分子配列体繊維である。

図6-7 複合紡糸法の原理図
出典）宮坂啓象他：『高分子新素材 One Point 16 機能性繊維』，共立出版，11（1988）

図6-7に複合紡糸法の原理図を示す。工程は2段階より成っている。

出来上がった繊維のSEM像を図6-8に示す。断面はポリエステルの島がポリスチレンの海の中に浮かんだような構造に見えるので，海島型構造ともよばれる。海成分であるポリスチレンを溶解除去すると，ポリエステルのみが残り，超極細繊維が生成する（ポリスチレンのみ溶解する溶媒を使用する）。この方法を用いて，現在製造可能な最も細い繊維[*1]は，1万分の1デニール（0.1μm）といわれている[7]。超極細繊維の製造法としては，この他に"剥離型複合繊維"，"多層型複合繊維"などがある。

以上の4つの要素技術が，図6-1の新合繊の開発コンセプトにそれぞれどのように対応しているかを表6-1に示す。ニューシルキーでは，しなやかさとふくらみを表現するために，異収縮混繊糸技術と異型断面繊維技術が重要である。ドライでは，粒子添加による表面加工と，異型断面繊維技術が必要である。薄起毛は，そのソフトタッチを極細繊維技術で実現している。ニュー梳毛では，糸加工時のよりが重要な要素技術となっている。

表6-1 新合繊の開発コンセプトと要素技術の対応

	異収縮混繊糸技術	異型断面繊維技術	粒子添加技術	極細繊維技術	(仮より加工)
ニューシルキー	◎	◎			
ド ラ イ		◎	◎		
薄 起 毛	○			◎	
ニュー梳毛				○	◎

◎は技術として，より重要であることを示す。

*1 1万分の1デニールの糸の場合，およそ4gの原料ポリエステルから，月までの距離（約38万km）に匹敵する糸ができる。ちなみに婦人用の夏物のブラウス（ポリエステル100％）1着の質量は約120g，私たちが日常使っているPETボトル（原料は同じくポリエステル）の質量は約60gである。

1.3　新合繊の今後

　従来の工学の範疇では，強さ，太さ，均一性などを制御して，繊維の品質を一定にする技術は確立されているといえよう。しかしながら例えば，異型断面や太さの不均一性を通じて，**審美性**の面からも快適な繊維を得ようとすると，人間の感覚との接点においてどのような評価項目を設定していけばよいのか，未解決の部分が多い。繊維化技術の先達たちはさまざまな模索を行ってきているが，衣料用繊維で重要なことは，"服に仕上げてみて，着心地のよい素材が一番よい"のである。これからの新合繊においても，着る側（使う側）とつくる側のコミュニケーション，ネットワークがあってこそ，付加価値の高い繊維が創製されうるのである。

2. バイオミメティクスと繊維

biomimetics
bio：生物の，生体の
mimetics：模倣する学問

　"バイオミメティクス"の語源は，1972年にアメリカ・コロンビア大学のブレスロウ教授が，新しい研究の分野として提唱したことに始まる[8]。もともとは酵素機能に関する研究が主であったが，対象が生体系から高分子機能をもつものを合成した実用の目的に応用しようとする方向にシフトしている。生体の構造と機能は極めて精緻であって，この構造を解明し機能の発現メカニズムを明らかにして，その知見をミクロからマクロに至る材料設計に生かせば，新規材料の創製に大いに貢献すると考えられる。

　生体系の重要な機能としては，形態機能，生体機能，化学機能，物理機能などがある。前項で，合成繊維の技術が"絹"の構造に学んだことを述べたが，繊維技術の発展は常に生体に学び，生体に教えられてきたともいえる。レーヨンの誕生から始まり，新合繊の開発にいたるまで，繊維産業は，バイオミメティクスの方法論に支えられてきた。このことは，多くの産業界の中でも，とりわけ繊維産業に特徴的な現象である。

　本項では，高機能性繊維の研究開発によって，実際に実用化された新しい繊維を例にとり，バイオミメティクスの考え方が，繊維の開発研究にどのように用いられたかを概説する。

　南米ブラジル，ギアナ等に生息するレテノールモルフォ蝶は，コバルトブルーの透き通るような青さと，メタリックな光沢をもつ，世界で最も美しい蝶であるといわれている。このモルフォ蝶の羽の鱗片を電子顕微鏡で観察したものが図6-9である[9]。鱗片の表面はスリット状のひだが規則正しく平行に並び，ひだのピッチは約700nm[*1]である。断面は，

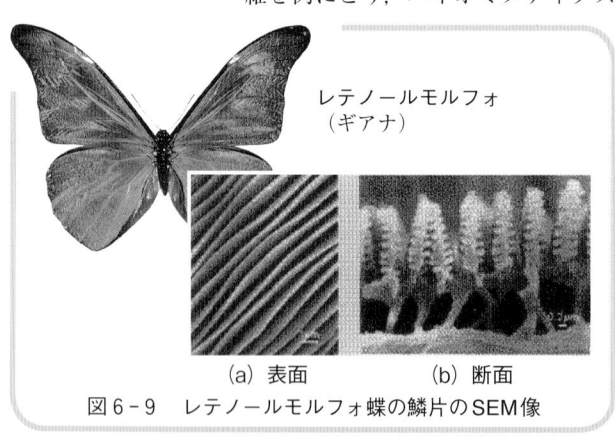

図6-9　レテノールモルフォ蝶の鱗片のSEM像
レテノールモルフォ（ギアナ）
（a）表面　　（b）断面

約200 nmのピッチではしご状に9～10の段をもっていることが分かる。可視光の波長は約380～780 nmであり，スリットの中に入射した光は，壁内部の突起部分で反射，屈折，干渉を繰り返し，増幅されて，深い色を発色するのである。モルフォ蝶では，ブルーの波長を増幅する構造になっており，これがモルフォ蝶が美しいとされるメカニズムである。

では，このメカニズムをどのように繊維に応用しているのであろうか。ここでは，市販されている構造発色繊維"モルフォテックス"について説明する[10]。図6-10(a)にモルフォテックスの断面模式図を示す。発色を担うコア部は，ナイロン（屈折率1.53）とポリエステル（屈折率1.58）を約60層交互に積層した構造になっている。コア部のまわりは使用時に積層構造が壊れないように保護層で覆われている。積層構造の一層の厚さは約70～100 nmである。図6-10(b)に示すように，積層構造に入射した光はナイロンとポリエステルの屈折率の差に従って，層の界面で屈折と反射を繰り返す。表面に出てきた反射光の間で干渉が生じ，染料を用いることなしに深い色が発色される。製品では，層の厚さを変化させることにより紫，青，緑，赤の発色が可能となっている。

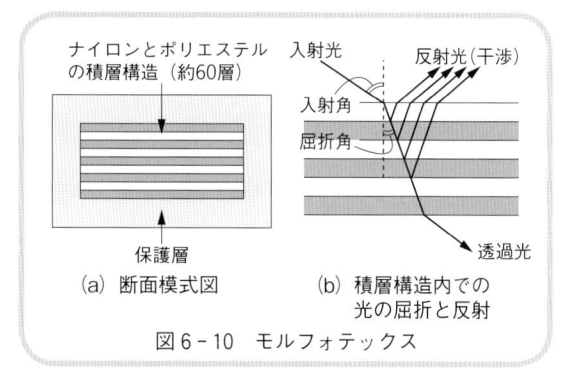

図6-10　モルフォテックス
(a) 断面模式図
(b) 積層構造内での光の屈折と反射

モルフォテックスの用途としては，衣料では絹や綿との交織でレディース用のジャケットなど高級アパレル向けに展開すると同時に，ウエディングドレスなどの照明の効果が顕著に現れる用途開発も進められている。またカーテン，カーシートなどのインテリア素材としての展開も行われている。

以上の例では，モルフォ蝶の鱗片の発色メカニズムを完全に模倣しているわけではないが，その原理を十分に理解したうえで，繊維化技術をナノスケールで制御することにより商品化に成功している。

3. これからの繊維　—衣生活のアメニティと感性の向上を目指して—

3.1　21世紀の地球

地球環境保全が叫ばれるようになって久しい。人類だけではなく，地球に住むすべての生物と存在する資源とが共生できる環境を，次の世代に伝えていく使命を私たちは背負っている。従来の物質フローによる経済，言い換えれば大量生産大量消費を基本としたシステムでは，生産プロセスで消費される莫大なエネルギーと，その結果排出される炭酸ガスによる温暖化，さらには使命を果

＊1　ナノメートル。SI接頭語を参照（⇨p.179）。ナノメートルのサイズの制御を行う技術をナノテクノロジー（nanotechnology）という。

たした製品の処理の問題など，相乗効果をなして状況は悪化する一方である。この問題に対して，"情報フロー型の経済"など，過剰生産とエネルギーロスを抑制できるシステムが提唱されている[11]。

一方，自然科学の発展とともに，いわゆる"科学万能主義"といわれた20世紀に比較して，この21世紀には"人間の時代"が到来するといわれてきた。人間が画一的ではなく，一人一人が個性を発揮して豊かに暮らす世紀であるという意味である。

では，このような2つの条件が満たされる時代，すなわちゼロエミッションに近い新しい生産と経済のシステムのもとで，人々が生き生きと輝いて暮らす時代には，どのような衣生活が演じられ，そしてそのためにはどのような衣料用繊維材料が必要とされるのだろうか。

3.2 インテリジェント繊維

上述のようにこれからは人間の時代，あるいはまた"人に優しい時代"という傾向が一層進展するだろう。繊維にも"人に優しい"性能が求められると予想される。これに対応するのは，繊維自体が外部の環境変化を検知して応答する自律応答性機能と，自己修復機能をもち合わせたインテリジェント繊維があるだろう。例えば，夏の温湿度が高い時には織目が粗となり熱を放散させ，冬の低温乾燥時には織目が密となって保温してくれる，そのような一着のウェアのための繊維は，まさにインテリジェントである。最近，繊維メーカーからは冷房設定温度28℃に対応した，"涼・軽・易・優"をコピーとした快適シャツブランドが発表されている[12]。これなどは技術的には全くインテリジェントではないが，コンセプトとしては次世代の要求に応えようとしている。

これに関連して，繊維のリサイクル（⇨第7章）に関してもインテリジェントな素材，例えばアポトーシス*1の機構を備えた繊維などは，地球環境保全の面からも望まれるかも知れない。現在でもバクテリアにより分解する高分子材料の開発が進められているが，繊維製品が単一成分でないので，製品のリサイクルは，現状ではほとんど不可能であるといわざるを得ない[13]。アポトーシス繊維は，利用し終わった繊維製品から，各構成繊維が順次分解して原料に戻っていく，あるいはすべてバクテリアに消費されていく，そのような機能が，使い終わった後の何らかのトリガーによって発現するような繊維である。

その外にもインテリジェント繊維のコンセプトはさまざまに考えられるが，読者も一度考えてみてはいかがだろうか。

---

*1　1972年にスコットランドの病理学者カー（J. F. R. Kerr）らによって新しく定義・提唱された細胞死の過程または様式の一種。現在生物学や医学の分野で盛んに研究が進められている。アポトーシスとは遺伝子にプログラムされ，高度な制御機構をもった能動的な細胞の「自殺過程」であり，細胞分裂・増殖と表裏一体となって生体の発生や恒常性維持に必須の役割を担っている。

```
快適性 ─┬─ 生理的快適性 ─┬─ 運動機能的快適性
(広義)  │  (狭義)        │  (ストレッチ感, 拘束感, フィット感など)
        │                └─ 衛生機能的快適性
        │                   (寒暑感, むれ感, べとつき感)
        ├─ 感覚的・感性的快適性
        │  (風合い, ドレープ, 絹鳴り, 香りなど)
        └─ 心理的快適性
           (流行, ブランド, 新奇性など)
```

図6-11　衣料品の快適性

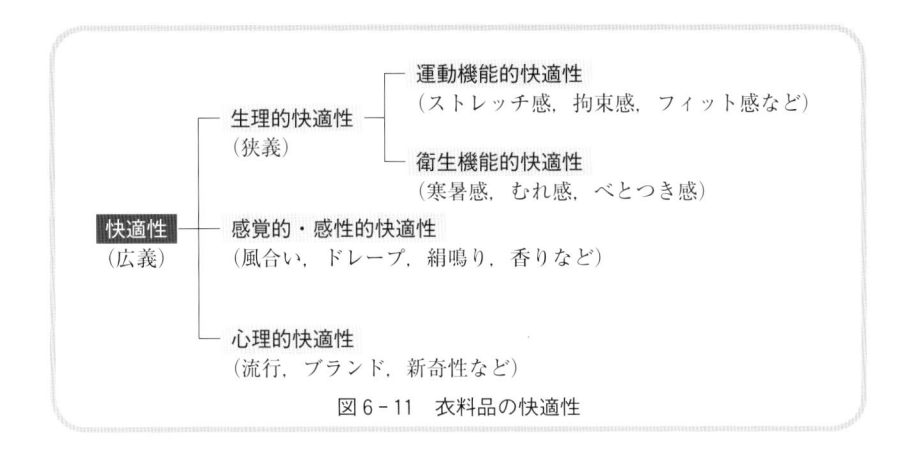

3.3　超快適衣料

衣料品の快適性は図6-11に示すように、生理的快適性、感覚的・感性的快適性、心理的快適性に大別される[14]。狭義に快適性というときには、一般に生理的快適性を指す。感覚的・感性的快適性には、風合いのような触感覚的性能、ドレープのような視感覚的性能、絹鳴り・衣擦れのような聴感覚的性能、繊維の香りや臭いのような嗅感覚的性能がある。これらの性能では、人間の感性に訴える心地よさと審美性を与えることが必要である。このように感覚的・感性的快適性においては、触、視、聴、嗅が衣料に直接かかわるので、より付加価値の高い素材が求められるようになる。

現在でもフォトクロミック繊維（光感変色）、サーモクロミック繊維（温感変色）が実用化されているが、変色速度や繰返し特性などはまだ十分に満足な状態とはいえない。また芳香繊維も開発されているが、香りの場合には、その香りをすばやく消す技術を同時に開発してシステムとして提供しなければ、使う側の満足感は得られないであろう。

さらにこれらの感覚を組み合わせた複合的な性能も当然要求されるだろう。例えば、森の木陰の木漏れ日と小川のせせらぎの音などを、同時に感じ取ることができれば実にリラックスできる。光と音波という波の制御を行うのであるから、技術的にはフーリエ変換や、ウェーブレット変換[*1]機能を繊維に付与することになるだろう。

感覚的・感性的快適性の追求は、人類が審美性を持ち続ける限り今後ともますます隆盛の傾向にあるといえる。

次世代の繊維について、その方向性を述べてきた。将来において私たちに本当に必要な衣服材料とは何かを、一人一人がそれぞれの立場に立って考えてみることは興味深いことであろう。

---

*1　フーリエ変換、ウェーブレット変換はともに、波動の解析を行うための数学的手法である。

文献

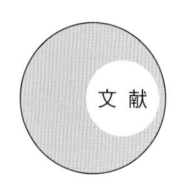

1) 宮坂啓象,岡本三宜:『新合成繊維』,大日本図書,東京,108 (1996)
2) 宮本武明,本宮達也:『新繊維材料入門』,日刊工業新聞社,東京,104 (1992)
3) 丹羽雅子:新合繊の可縫性について,繊維製品消費科学,**35**(1),20 (1994)
4) 例えば,http://www.ag.ohio-state.edu/~ohioline/hyg-fact/5000/5546.html
5) 佐々木久衛:新合繊の最近の動向について,繊維製品消費科学,**35**(1),4 (1994)
6) 上記2)の文献,106
7) 吉村三枝:最も細い繊維は,高分子,**47**(6),416 (1998)
8) 次世代繊維科学の調査研究委員会編:『新繊維科学―ニューフロンティアへの挑戦―』,通商産業調査会出版部,331 (1995)
9) 石川県工業試験場ホームページ:
URL:http://www.irii.go.jp/theme/h13/pdf/study05.pdf
10) 吉村三枝他:光干渉繊維"MORPHOTEX(R)"(モルフォテックス(R)),繊維と工業,**56**(12),P-348 (2000),吉村三枝:モルフォ蝶の光沢をもつ繊維―構造発色繊維"モルフォテックス(R)"―,高分子,**52**(11),826 (2003),能勢健吉,発色繊維「MORPHOTEX(R)」,繊維製品消費科学,**45**(6),403 (2004)
11) 清水義雄:情報フロー型経済に向かって,繊維製品消費科学,**39**(12),733 (1998)
12) 東洋紡,Webページ,URL:http://www.toyobo.co.jp/press/press049.html
13) 平塚尚三郎:繊維製品のリサイクルについて,繊維製品消費科学,**37**(10),496 (1996)
14) 上記8)の文献,229 (1995)

第7章 衣服と資源・環境問題

　多様な素材を用いてメーカーは衣服を製造し，流通を経てそれを消費者が購入する。現在，わが国の既製服化率は極めて高い水準にあり，大部分の衣服はこのような経路を経て消費者の手に渡る。そして着用された衣服は，何らかの理由で消費者が利用しなくなり，保有する意志を失えば，その大部分は廃棄されてゴミとなる。このような製品の生産・廃棄の現状は，将来的にどのような問題を引き起こすのであろうか。

　近年，生活環境における資源・環境問題がクローズアップされているが，衣服分野においても，いくらか新しい流れが起こりつつあるとはいえ，まだこれから本格的に取り組まなくてはならない問題である。第7章では，このような現状を理解し，衣服学に携わる者の現在，あるいは将来的な課題について考えてみたい。

1. 繊維原料の現状

　天然繊維の生産は，植物繊維，動物繊維のいずれであっても，広大な土地を必ず必要とする。したがって，私たちが必要とする衣服原料をすべて天然繊維で賄おうとする場合には，それこそまず膨大なスペースを確保しなければならない。しかし実際に第2次世界大戦以降，世界において明瞭な増産傾向を維持できた唯一の天然繊維は，綿花だけであり，羊毛はほぼ横ばいに近く，絹は多少の増加傾向をもってはいるが，絶対量自体が極めて少ない[1]。したがって地球規模で世界の人々の繊維需要を考えた場合には，天然繊維の生産量のみでは全く問題にならないであろう。

　その点から化学繊維は，重要な意味をもっていることになる。レーヨンやアセテートに代表される再生繊維や半合成繊維は，天然の植物資源を原料としてはいるが，そのままでは繊維として利用できない資源を化学的手法を駆使して繊維に転換できる意味は大きい。さらに合成繊維は，化石資源から得られる低分子（炭化水素）から高分子を合成するもので，高性能な繊維を多量にしかも安価に供給できる点が最大限活用されてきた。世界の合成繊維生産量は，1995年についに綿繊維と逆転するほどに生産量を伸長させており[2]，わが国においては合成繊維比率が50％を超える水準にある（⇨p.5）。

　それでは以上述べてきた化学繊維の原料からみた生産系統はどのようになっ

三大合成繊維
ポリエステル，アクリル，ナイロンを指すが，現在，わが国では生産量において，ポリプロピレンがナイロンを若干上回っている。

ているのであろうか。図7-1は，化学繊維の原料生産系統の現状を示したものである。ここでは化学繊維の中で重要な位置を占める合成繊維に着目してみよう。三大合成繊維の中で最初に工業化されたナイロンの場合，この繊維を売り出すにあたり，デュポン（Du Pont）社は「水と空気と石炭とから得られた合成繊維」として宣伝した[3]。このことからも分かるように，かつての合成繊維原料は，石炭・カーバイト系原料への依存度がある程度高かったのである。しかし今日では，図7-1に示されているように，あらゆる合成繊維は，石油資源に全面的に依存している。したがって私たちが使用している合成繊維は，ひとたび石油が供給されない状況となれば，生産に支障をきたす状態となってしまうことをよく理解しておかなければならない。

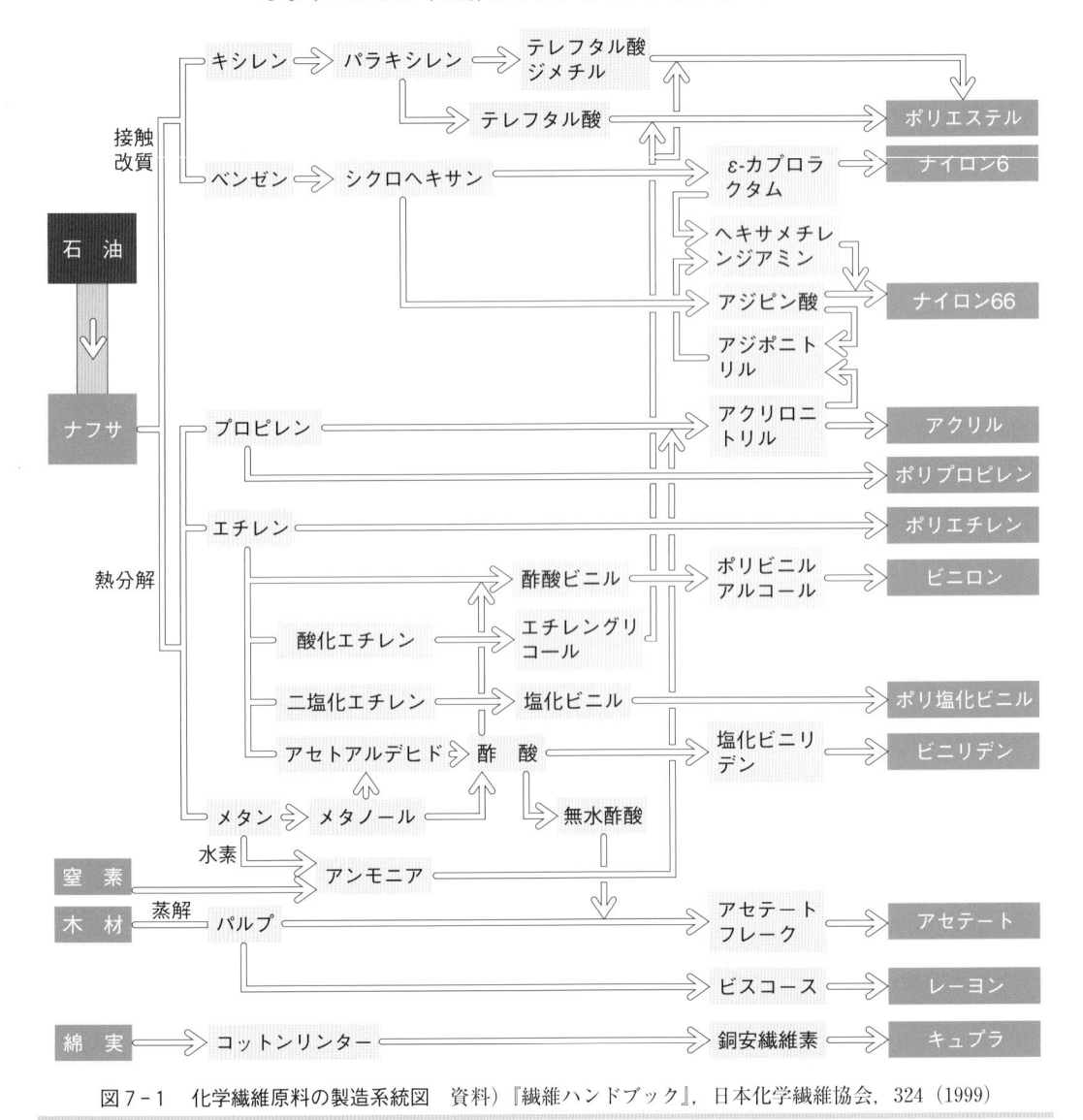

図7-1　化学繊維原料の製造系統図　資料）『繊維ハンドブック』，日本化学繊維協会，324（1999）

2. 衣服リサイクルの必要性

前節で述べたように合成繊維原料は石油に全面的に依存しており，世界レベルでみて今後さらに増えるであろう繊維需要に対処するためには，石油は一層重要なものとなろう。しかし，石油鉱業連盟の世界規模の資源評価調査では，石油の可採年数（あと何年間にわたって石油を掘り続けられるかということ）は1995年末時点で41年間と試算されており，近い将来には生産減退段階に入ると予測されている[4]。このことは，現在の社会の諸システムが遠くない時期に大きな見直しを迫られることを意味するが，シェールオイル・ガスの採取に見られるように技術的進展との関係もあり，見通しは明確ではない。

資源保護という視点から浮上してくる有効な対策が3Rである。しかもこの3Rは，わが国で，大きく社会問題化しているゴミ・環境問題の解決策とも重要な関係をもっている。むしろわが国においては，資源問題というよりは，環境問題がクローズアップされている傾向がある[5]。たしかにプラスチックゴミは膨大な量にのぼるので，焼却処理による大気汚染，二酸化炭素排出，ダイオキシン（dioxins）問題などと関連して，ゴミの減量化は社会の要請である。

最近では，資源・環境の両面から「ポリ乳酸繊維」が注目されている。ポリ乳酸繊維はトウモロコシを原料とする脂肪族のポリエステル繊維[13]で，製造時のエネルギー使用量が少なく，生物分解性を持つなど，その将来に大きな期待がかけられている。しかしながら現状では，プラスチックや衣服のリサイクルは，資源問題，環境問題のどちらの立場に立っても，私たちの社会が精力的に進めていかなければならない課題といえる。

行政の動きとしては，環境基本法に基づいて循環型社会形成基本法が制定され，さらに改正廃棄物処理法や資源有効利用促進法が制定されるなど，大きな動きがあるが，繊維は対象となっていない。

3. 衣服リサイクル技術

前節で「リサイクル」という言葉を使ったが，「リサイクル」をどのように定義するかということは議論の分かれるところである。本来の「リサイクル」とは，例えばビールびんのように同じ目的に何度も反復使用することを指すのであるが，ここでは再利用を含めた広い範囲のものとして考えていくことにしよう。現在のところ，プラスチックや繊維製品のリサイクル技術にはケミカルリサイクル，マテリアルリサイクル，サーマルリサイクルなどがある[6],[7]。以下，これらの技術について簡単に説明してみよう。

3.1 ケミカルリサイクル

このリサイクルは，繊維やプラスチックを解重合して，モノマーに戻した後，

3Rとは
Reduce（リデュース：減量），
Reuse（リユース：再利用，p.175参照），
Recycle（リサイクル）
のことで，最初の2つのRは最後のR（リサイクル）以前に，あるいは並行して優先的に実施すべきことである。

ポリ乳酸
⇨p.34

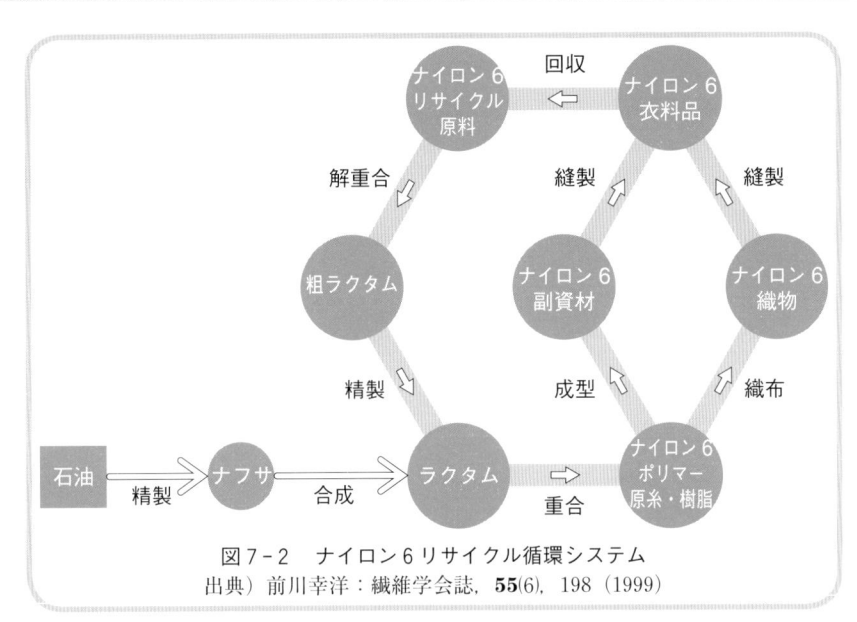

ラクタム
　原子団 –NH–CO– を含む環式化合物の総称

図7-2　ナイロン6リサイクル循環システム
出典）前川幸洋：繊維学会誌, **55**(6), 198（1999）

これを原料として再びポリマーを製造するものである。したがってこれが経済的に行うことができるなら，最も本質的なリサイクル[5]といえる。ここではナイロン，ポリエステル，アクリルの三大合成繊維[6,7]について，現状を簡単に説明しておくことにする。

① ナイロン

　汎用なナイロンには，ナイロン6とナイロン66とがあるが，ナイロン6に関しては原料が1成分のモノマーであり，技術的にリサイクルしやすい要件を備えている。実際にナイロン6についてはケミカルリサイクル技術が実用化されており，ナイロン6のリサイクル循環システムを示せば図7-2のようである。ナイロン6の廃棄物は，リン酸触媒（酸性触媒）下で加熱され，加水分解されてカプロラクタムとなる。図7-2のような循環システムを実際に機能させるには，後述するようなリサイクルしやすい衣服，すなわち「易リサイクル衣服」といった考え方が必要となる。

　ナイロン66のリサイクルは，解重合は技術的に可能であるが，主原料が2成分である（図7-1）ので，ナイロン6のように容易ではない。アンモニア分解法による解重合技術がデュポン社によって開発されている。

② ポリエステル

　国内の動向としては，すでに帝人，旭化成などの合繊会社で実用段階に入っている。例えば帝人ファイバー㈱の徳山事業所では，回収したPETボトルや繊維製品から，ポリエステル原料であるDMT（テレフタル酸ジメチル）を製造し，それを原料としてポリエステルポリマーを合成し，再び衣料などの繊維製品や各種用品・資材を製造するというケミカルリサイクルシステムが実現している[14]。

DMT
　dimethyl terephthalate

③ アクリル

アクリル繊維は，最もケミカルリサイクルしにくい繊維であり，現状ではポリマーをモノマーに戻すという解重合技術はまだ確立されていない。

3.2 マテリアルリサイクル（メカニカルリサイクル）

マテリアルリサイクルは，機械的，あるいは熱的手段により，再び繊維製品や樹脂成型品に加工して再利用することである。このリサイクルは，過去に最もリサイクルの実績があるものの，その再生品は品質グレードがオリジナルな製品と比べて低下することが避けられない点が問題である。したがって何度も再生利用を繰り返すことが不可能である。マテリアルリサイクルを具体的に示せば，以下のような方法がある[6]。

（1）解繊処理による反毛化

繊維製品を解繊処理するわけであるから，その処理の過程において繊維が損傷したり，短繊維化したり，捲縮が消失したりする。解繊以前の製品にどのような染色，加工がなされていたかというようなことも，再利用にあたっては重要なことである。

（2）リメルト法による利用

熱可塑性繊維であれば，熱で溶融して繊維化したり，成型加工して利用することができる。アクリル繊維の場合には，溶剤で溶解することにより，繊維化して利用することが可能である。しかし，繊維を熱溶融（リメルト）すると，熱分解を起こすためにポリマーの品質が低下することがどうしても避けられない。ポリエステル繊維の実施例を紹介すると，繊維としての再利用は難しいので，樹脂の成型品としての利用が試みられている。また着色品かどうかということも価値を大きく左右する。

現在，PETボトルからの繊維化による衣服への利用が比較的広く行われている[8]。再利用された繊維は，通常のポリエステル繊維と比較しても品質に遜色はない。これはボトル用樹脂の重合度を繊維用より高めてあり，またバージン素材（未使用の新しい素材）を混入するなどして，品質が管理されているからである。

カーペットなどもリサイクルが実施段階に入っており，たとえば住江織物㈱のタイルカーペットでは，糸にはボトルからのポリエステル再利用繊維を使用し，ポリ塩化ビニルのバッキング材は回収してリサイクルパウダーとし，それもバッキング材として再利用している[15]。

3.3 サーマルリサイクル（サーマルリカバリー）

サーマルリサイクルは，燃焼したときに発生する熱を回収（有効活用）する

方法である。基本的には焼却という方法であるために，二酸化炭素の排出問題をはじめ資源・環境問題と関連して，この方法はできるだけ最後の手段として考えるべきと思われる。しかし石油燃料が現在，相当量用いられていることを考えれば，石油節減に寄与する方法であるという見方もできる。

さてサーマルリサイクルには，必要な分別・破砕等の前処理を経て，そのまま燃焼されるものと，燃焼性の改善や取扱いの向上のために一旦，燃料加工化される場合がある。なお後者には，可燃ゴミを固形燃料化して利用するRDFが含まれる[6]。なお分別等の前処理においては，カーペットなどでは塩化ビニル成分の分離除去が必要となり，このコスト負担も問題となる。

RDF
refuse derived fuel

4. 衣服の利用と処分の現状

前節で述べたように繊維製品のリサイクルには，大きくケミカル，マテリアル，サーマルの各リサイクル手法が存在する。わが国の合成繊維メーカーの工場段階においては，生産効率は高く，工場屑の発生は少ない。例えば三大合成繊維（ポリエステル，ナイロン，アクリル）の生産に伴う産業廃棄物は，生産量の4％程度である。しかもこの廃棄物は，アクリルを別にすれば90％がリサイクルされている。このように工場段階でリサイクル率がかなり高く維持できているのは，リサイクル対象物の素性が分かっており，単一素材でしかも異物の混入が少ないからである[6]。

それでは，私たちが着用した衣服や繊維製品の場合はどうなのであろうか。1993年度の調査では，繊維系廃棄物は一般廃棄物の中の3～5％程度であり，全体からみれば多いとはいえない。しかしそのほとんどは，可燃ゴミとして処理されているとみられ[6]，処理方法として問題が残る。

以上のことから分かるように，私たちが不要と判断した多くの衣服，繊維製品に関しては，基本的に余り有効な再利用やリサイクルが行われていないことになる。この理由としては，回収システムの未整備とともに，再利用のシステムも未整備なこと，またリサイクルの視点からは，製品に使われる繊維素材が複合化されることが多く，染色や加工においても種々のものが混在することが大きな障害となっている。

私たちの生活において，衣服の利用，処分に関してその経路の概略を示したのが，図7-3である。図中におけるいくつかのポイントを次に説明してみよう。

① 保存衣服

各家庭においては，多数の衣服が着用目的によって収納・保管されている。しかしこれとは別に，実際には長い間，着用されずに保存されている衣服が相当量あるとの調査結果が出されている。

具体的には，和服類を中心に全く着なかった衣服がかなり存在し，将来的に

図7-3　衣服の利用と処分の概略

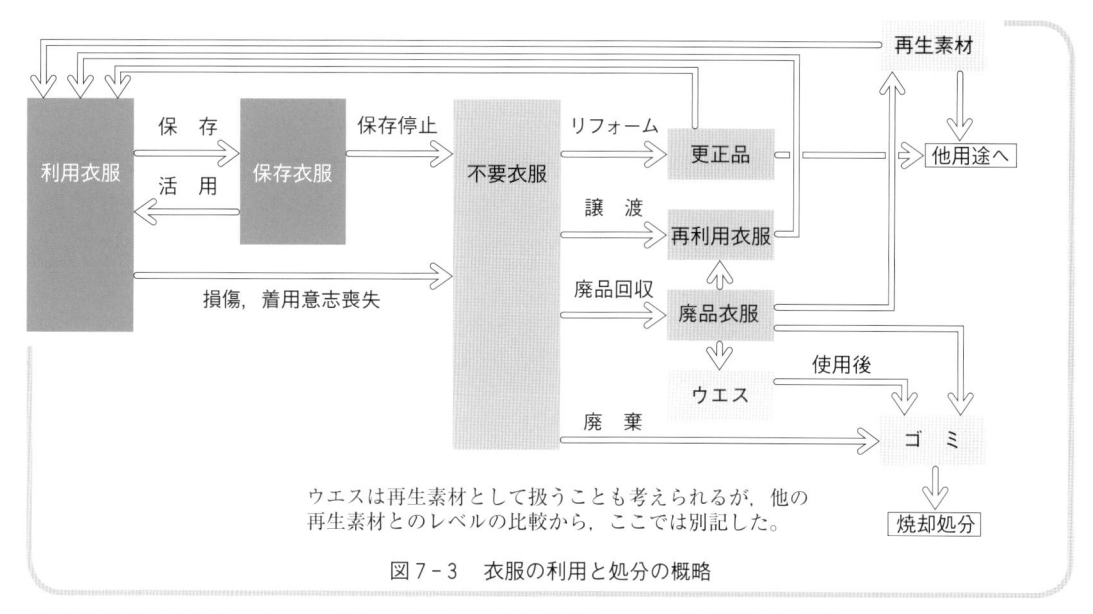

ウエスは再生素材として扱うことも考えられるが，他の再生素材とのレベルの比較から，ここでは別記した。

着る意志はあまりないものの「もったいないから保存している」衣服が相当量ある。これらの衣服は，いわゆる「箪笥の肥やし」という存在で，各家庭では飽和状態になっていると見られる[9]。ここでは以上のような衣服を総称して「保存衣服」とよぶことにしよう。保存衣服は何かの折に再び着用される可能性もあるが，何かをきっかけに保存が停止され，不要衣服となって譲渡されたり，廃棄される可能性をもつ被服である。

② 不要衣服

不要と判断され，もはや家庭において保存されない衣服で，その理由にはさまざまなものがある。例えば衣服そのものが着用によって変形，破損，変色などを生じ，製品寿命がつきたと判断された場合，あるいは製品寿命は十分ではあっても，着用者の好みの変化，体型変化，またはファッション変化などの理由により不要と判断される場合もある。購入時の選択が不適当で，着用してはみたものの期待はずれだったり，手入れ保管が面倒などの理由もある。

不要衣服は，リフォーム，譲渡（無償，有償）されたり，廃品回収に回されるか，あるいは家庭ゴミとして廃棄されることになるが[10]，先に述べたようにゴミとして廃棄された衣服は，現状では，全量が焼却処分されることになる。

③ 更 生 品

経済状態が悪かった昭和20～30年代頃は，各家庭で盛んにリフォームが行われた。例えば，婦人雑誌にはよくリフォーム記事が掲載されており，仕立て直しが一般に行われた。また子供も多かったため，兄弟間，姉妹間で寸法直しをして着用することも多かった。現在はこのような更生衣服は，極めて少ないものと予想される。家庭においては，せいぜい「雑巾」の製作，あるいは趣味の「作品」作りなどで利用される程度であろう。

④ 再利用衣服

これは知人などに譲渡したりして、そのまま利用される衣服である。しかし最近では、リサイクルショップ、フリーマーケットなどを通して、不特定多数の間で衣服が再利用されるケースが増えてきた。欧米では、以前からこのような利用パターンが定着しており、わが国においてもこれからさらに盛んになっていくものと考えられる。最近では、再利用の和装品が流通している。

⑤ 廃品衣服

廃品回収された衣服を指すが、これにはさまざまな服種、さまざまなグレードのものが混入している。したがってまず廃品衣服を分別し、用途を定めることが必要である。そのまま着用できるものは中古衣服、解繊して反毛となり再利用されるもの、比較的大きな面積で切りとれるものはウエス（工場での油拭き取り布）、以上のいずれにも利用できないものは廃棄されて、ゴミとなる[10]。

さて廃品衣服から分別された中古衣服は、再利用される衣服であり、国内のリサイクルショップなどに利用経路を求めることもあるが、現在、かなりの量が東南アジア方面へ輸出され、活用されている[11]。

反毛の利用は、毛繊維を紡毛糸に加工し直して、衣服材料として利用することが従来から行われてきたが、最近の新しい動きとしては、ザ・ウールマーク・カンパニー（旧IWS：国際羊毛事務局）、大手紳士服販売業者、紡織会社が連携して、粉砕方式によって中古衣服を反毛繊維とし、油吸着マット、緑化・園芸資材、断熱材などとして、衣服用途とは別に有効活用している事例[12]がある。

以上で述べた利用は、いずれもマテリアルリサイクルに属するものである。完全なリサイクルという意味ではケミカルリサイクルが望ましいが、廃棄品については、現状ではあまり実績がない状況である。その技術的理由はこの節の冒頭に述べたとおりであり、ケミカルリサイクル技術の発展とリサイクルしやすい「易リサイクル衣服」の開発と普及が待たれるところである。現在、一つの注目されるを動きを紹介すれば、大手合繊メーカー（東レ）によるナイロン6の単独素材構成による「易リサイクルユニフォーム」[*1]によるケミカルリサイクル（図7-2）への取り組みである。このような取り組みが、さらに一般消費者を巻き込むようになれば、理想のリサイクル社会に一歩近づくことになろう。

5. 衣服リサイクルの課題

わが国においては、紙、金属、ガラスなどの材料に関しては、ある程度のリサイクルが行われているのに対し、衣服のリサイクルはようやくいろいろな形で進展の芽が出始めたというのが現状であろう。本章でも述べてきたように、

---

*1　表地だけでなく、ファスナーを始めさまざまな副資材にもナイロン6素材を使用している。

リサイクル技術そのものがまだ完成されたとはいえない面が多く，本格的なリサイクル社会への道はまだ相当遠い。第6章でも触れたようなアポトーシス機能を備えた繊維によって，利用が済んだものは直ちに分解し，それがモノマー原料として再利用できる技術などというのは，現在のところ"夢のまた夢"という状態である。そこまで理想的なものではなくとも，今後は社会に受け入れ可能なリサイクル技術が急速に進展することを望みたい。

　一方，衣服のリサイクルを進展させるためには，リサイクルしやすい衣服，いわゆる「易リサイクル衣服」の導入はどうしても必要となろう。将来あるべきリサイクル社会においては，図7-3における廃品回収システムをどう構築するかということと，廃品衣服がケミカルリサイクルを中心にして有効に動いていくようなシステムが望まれる。もちろん従来，ゴミとして焼却処分されていた衣服についてもリサイクル可能な技術を追究しなければならない。この実現には，リサイクル技術とともに，行政による法的規制やリーダーシップが必要になろうが，それとともにリサイクルに対する消費者，メーカーの意識改革は絶対に欠かすことができない。そのためには，社会における啓発活動や若年期からの消費者教育が，極めて重要であることを指摘しておきたい。リサイクル社会の構築は，リサイクル技術というハードの部分と，社会の生活者に根ざした回収システムのようなソフトの部分が車の両輪のように有機的に機能することが必要なのである。

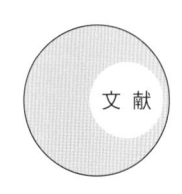

文献

1) 日本家政学会編：『日本人の生活』，建帛社，東京，414（1998）
2) 日本化学繊維協会編：『繊維ハンドブック』，日本化学繊維協会，東京，173（1999）
3) 井本稔：『ナイロンの発見』，東京化学同人，東京，122（1975）
4) 石油鉱業連盟編：『石油・天然ガス等の資源に関するスタディ』，石油鉱業連盟，東京，16（1997）
5) 奥　彬：繊維学会誌，**55**(5)，166（1999）
6) 日本化学繊維協会編：『「合成繊維リサイクルの総合的検討」調査報告書』，日本化学繊維協会，東京（1997）
7) 山崎義一：繊維学会誌，**55**(5)，170（1999）
8) 菅井敏文：繊維学会誌，**55**(6)，201（1999）
9) 日本衣料管理協会編：『衣料の使用・廃棄の動向』，日本衣料管理協会，東京，62（1987）
10) 酒井豊子：『衣生活論』，放送大学教育振興会，東京，45（1992）
11) 上記10)の文献，46-47
12) 大内輝雄：繊維学会誌，**55**(6)，205（1999）
13) 望月政嗣：繊維機械学会誌，**55**，P133（2003）
14) 帝人パンフレット「エコ派宣言」
15) 住商インテリアインターナショナルパンフレット「SUMI GREEN SG-300」

資料編

1. SI単位記号について

1991年（平成3年）に改正された新計量法で「法律で定める計量単位」（法定計量単位）」として「国際単位系（SI）」を用いるよう規程された。同法では従来単位のうち，使用頻度が最も高く影響が大きい単位については猶予期間が設けられていたが，それも1999年（平成11年）9月30日をもって終了した。したがってこれ以降は，基本的にSI単位を使っていくことになるが，しばらくは混乱も予想される。本書においても，非SI単位を使っている箇所があるので，必要に応じて参照してほしい。

(1) SI接頭語

接頭語	読み	単位に乗じる倍数	接頭語	読み	単位に乗じる倍数	接頭語	読み	単位に乗じる倍数
G	ギガ	10^9	da	デカ	10	μ	マイクロ	10^{-6}
M	メガ	10^6	d	デシ	10^{-1}	n	ナノ	10^{-9}
k	キロ	10^3	c	センチ	10^{-2}	p	ピコ	10^{-12}
h	ヘクト	10^2	m	ミリ	10^{-3}			

〔使用例〕 1.2×10^4 N は 12 kN，0.00552 m は 5.52 mm，3.1×10^{-8} s は 31 ns のように書く。

(2) 基本単位，組立単位の例

	SI単位	備考		SI単位	備考
長さ	m（メートル）		表面張力	N/m	
質量	kg（キログラム）		仕事，エネルギー，熱，熱量	J（ジュール）	1 J = 1 N·m 1 J = 0.2389 cal*
時間	s				
角度	rad（ラジアン）		仕事率，動力，電力，音響パワー，熱流	W（ワット）	1 W = 1 J/s
面積	m^2				
体積，容積	m^3	$1 m^3 = 1 kl$*	熱力学温度	K	
速度	m/s		セルシウス温度	℃	
加速度	m/s^2		熱伝導率	W/m·K	1 W/m·K = 8.6×10^{-1} kcal/m·h·℃*
周波数，振動数	Hz（ヘルツ）	1 Hz = 1 s^{-1}			
密度	kg/m^3		熱伝達率	W/m^2·K	1 W/m^2·K = 8.6×10^{-1} kcal/m^2·h·℃*
力	N（ニュートン）	1 N = 1 kg·m/s^2 1 kgf* = 9.807 N	比熱容量，比熱	J/kg·K または J/kg·℃	
圧力，応力	Pa（パスカル）	1 Pa = 1 N/m^2 1 kgf*/cm^2 = 9.807×10^4 Pa	物質量	mol（モル）	
			モル質量	kg/mol	
粘度	Pa·s	1 Pa·s = 1×10 P*（ポアズ）	モル体積，モル容積	m^3/mol	
動粘度	m^2/s	$1 m^2$/s = $1 \times 10^4 St$*（ストークス）	モル濃度	mol/m^3	
			質量モル濃度	mol/kg	

注）備考における＊印は，非SI単位を意味する。

(3) 繊維固有の単位について

繊維の分野で用いられている固有の単位として，繊度や強度があるが，これは計量法の対象外で，かつSI単位にも規程されていない。したがって，従来からのデニール，番手，テックスやgf/デニールなどの単位は使用可能である。しかし本文中においても述べたように，ISO（国際標準化機構）では繊度の単位としてテックスを規程している（したがって強度は，ニュートン/テックス）。国際整合性の観点からJISではテックスなど新しい単位への切り替えがすでに完了しており，業界でも急速に切り替わる情勢にある。

繊度，強度（力），引張り強さに関して，従来単位との関係は，次のようになる。

$$1 D = \frac{10}{9} \overset{\text{デシテックス}}{\text{dtex}}$$

$$1 gf = 0.9807 \overset{\text{センチニュートン}}{\text{cN}}$$

$$1 gf/D = 0.9807 \times \frac{9}{10} \text{ cN/dtex}$$

2. 化学繊維，糸，織物，ニットの国内生産量

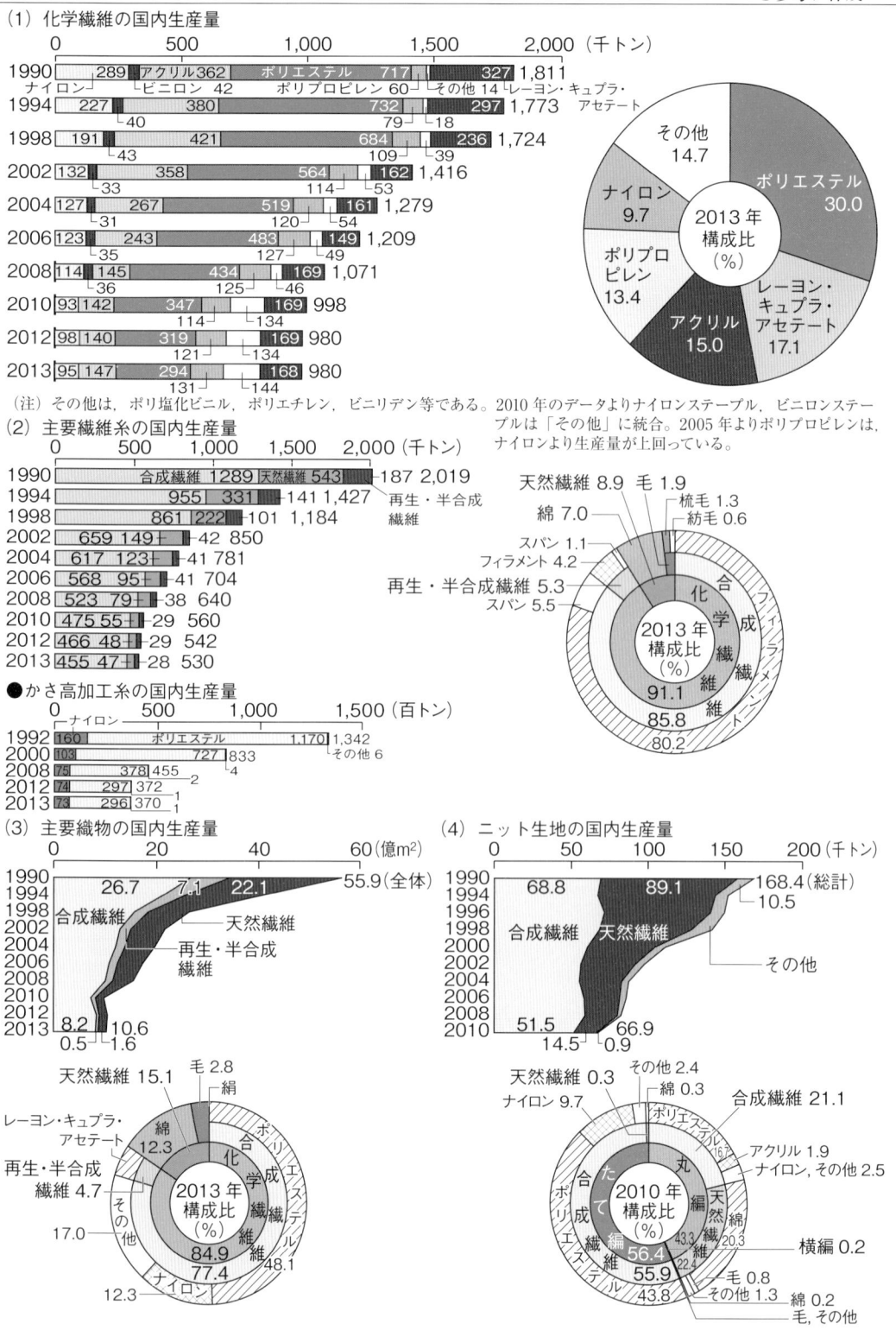

資料）繊維ハンドブックを参考に作成

(1) 化学繊維の国内生産量 (千トン)

年	ナイロン	アクリル	ビニロン	ポリエステル	ポリプロピレン	その他	レーヨン・キュプラ・アセテート	合計
1990	289	362	42	717	60	14	327	1,811
1994	227	380	40	732	79	18	297	1,773
1998	191	421	43	684	109	39	236	1,724
2002	132	358	33	564	114	53	162	1,416
2004	127	267	31	519	120	54	161	1,279
2006	123	243	35	483	127	49	149	1,209
2008	114	145	36	434	125	46	169	1,071
2010	93	142		347	114	134	169	998
2012	98	140		319	121	134	169	980
2013	95	147		294	131	144	168	980

(注) その他は，ポリ塩化ビニル，ポリエチレン，ビニリデン等である。2010年のデータよりナイロンステープル，ビニロンステープルは「その他」に統合。2005年よりポリプロピレンは，ナイロンより生産量が上回っている。

2013年構成比（％）
- ポリエステル 30.0
- レーヨン・キュプラ・アセテート 17.1
- アクリル 15.0
- ポリプロピレン 13.4
- ナイロン 9.7
- その他 14.7

(2) 主要繊維糸の国内生産量 (千トン)

年	合成繊維	天然繊維	再生・半合成繊維	計
1990	1289	543	187	2,019
1994	955	331	141	1,427
1998	861	222	101	1,184
2002	659	149	42	850
2004	617	123	41	781
2006	568	95	41	704
2008	523	79	38	640
2010	475	55	29	560
2012	466	48	29	542
2013	455	47	28	530

2013年構成比（％）
- 化学繊維 91.1／85.8／80.2
- 合成繊維
- 天然繊維 8.9（毛 1.9／梳毛 1.3／紡毛 0.6／綿 7.0）
- フィラメント 4.2／スパン 1.1
- 再生・半合成繊維 5.3／スパン 5.5

●かさ高加工糸の国内生産量 (百トン)

年	ナイロン	ポリエステル	その他	計
1992	160	1,170		1,342
2000	103	727	6	833
2008	75	378	2	455
2012	74	297	1	372
2013	73	296	1	370

(3) 主要織物の国内生産量 (億m²)

年	合成繊維	再生・半合成繊維	天然繊維	全体
1990	26.7	7.1	22.1	55.9
2013	8.2	0.5	1.6	10.6

2013年構成比（％）
- 化学繊維 84.9／77.4／48.1
- 天然繊維 15.1（毛 2.8／絹／綿 12.3）
- レーヨン・キュプラ・アセテート
- 再生・半合成繊維 4.7
- ナイロン 12.3
- その他 17.0

(4) ニット生地の国内生産量 (千トン)

年	合成繊維	天然繊維	その他	総計
1990	68.8	89.1	10.5	168.4
2010	51.5	14.5	0.9	66.9

2010年構成比（％）
- 合成繊維 21.1（ポリエステル／アクリル 1.9／ナイロン，その他 2.5）
- 天然繊維 0.3（綿 0.3）
- その他 2.4
- ナイロン 9.7
- 丸編 56.4／55.9／43.8
- たて編 43.3／22.2
- 横編 0.2
- 綿 20.3／0.2
- 毛 0.8／毛，その他
- その他 1.3

●資料編

3. 布地の名称と特徴

布，特に織物には組織や繊維素材による名称以外にも，よく用いられるよび名がある。主として織物について，比較的よく用いられるものを選択し示す。

あ行

アストラカン（astrakhan）
布面を輪奈または毛房で玉状にしたパイル織物を指すが，ニット生地の場合にはループ糸を編み込んだアストラカン状の生地を意味する。アストラカン（旧ソ連）に産する小羊の毛皮に由来する名称である。

アムンゼン（amunzen）
薄地の変わり綾の梨地織物。元来は梳毛織物であるが，現在は綿織物が多い。

イタリアンクロス（italian cloth）
服裏地，かさ，婦人服地などに用いられる綿のよこ朱子織物の一種。

オーガンジー（organdie, organdy）
たて糸，よこ糸に細糸を使用した透けるような手ざわりのこわい薄地織物で，平織組織が多い。綿織物が中心である。

オックスフォード（oxford）
ワイシャツ，婦人服地などに用いられる比較的厚地の柔軟な光沢のある斜子組織の織物。

オットマン（ottoman）
比較的強ねんの糸を使用したたて畝織の織物。主として婦人服地に用いる。

お召
たて糸，よこ糸に練染めの絹糸を使用し，よこ糸に通称お召よこ糸と称するSZ強ねん糸を2本交互に使用した着尺用小幅織物，またはこれに類似の織物。

か行

金巾（shirting）
肌着，敷布，裏地などに使用される平織物。たて糸，よこ糸に12〜23.5 tex程度の綿糸，または30 tex以上のスパンレーヨン糸を使用している。

カルゼ（karsey）
たて糸に霜降りの双糸またはもく糸，よこ糸に単糸を使用した主として紡毛の斜文織物。

ギンガム（gingham）
たて糸，よこ糸に色糸またはさらし糸を用い，主として平織としたたて縞，格子柄，勾配柄の織物。夏の衣服やテーブルクロスなどとして用いられる。綿織物が中心である。

キャンブリック（cambric）
緻密な金巾を漂白して裏のりを施し，カレンダーで光沢をつけるいわゆるキャンブリック仕上げをした織物。ハンカチーフ，シャツ，婦人子供服地などに利用される。

ギャバジン（gaberdine）
斜文線がよこ糸の方向に対して45°以上をなすようにたて糸密度を多くした2/2または3/1の斜文織物で，一般に無地染めである。羊毛（梳毛織物）をはじめ，綿やその他の繊維も使われる。

キャラコ（calico）
金巾（かなきん）の一種で，さらしてのり付け加工したもの。

クラッシュ（crash）
56 tex程度の亜麻糸を使用した，たて糸，よこ糸の合計密度が180本/5 cm程度の平織物。シャツ地，服地，テーブルクロスなどに用いられる。

クレープ（crepe）
強ねんの糸を使用して布面にしぼを現した縮み織物。

クレトン（cretonne）
たて糸に細糸，よこ糸に太糸を使用，平織，綾織，朱子織または梨地織とし，主として捺染した厚地織物。

絹紬（けんちゅう）（pongee）
たて糸，よこ糸に柞蚕糸を使用した薄地の平織物。野蚕絹特有のスラブ（slub）といわれる節が存在する。

琥珀（こはく）
たて糸に諸より本練糸，よこ糸に本練糸を使用してよこ畝を現した平織物。

さ行

サージ（serge）
斜文線がよこ糸の方向に対しておおむね45°の2/2斜文織物。本来は絹織物を意味し，後に梳毛織物となったが，現在では他の繊維素材も使用される。

細布（さいふ）（sheeting, heavy shirting）
たて糸，よこ糸に主として22.5〜30 tex程度の糸を使用した平織物。

サッカー（sheersucker）
たて糸の縞目にあたる部分を織り方などにより縮ませた波状の凹凸を現した織物。シーヤーサッカーとも

サンクロス（sun cloth）
　たて糸を緑，よこ糸を赤などに染め分けた玉虫のような外観の綾織物。

シール（seal skin cloth）
　毛足の長い密度の粗いたてパイル織物。あざらしの毛並に似せたもので，室内装飾，いす張り，婦人子供用オーバー地などに使用される。ニットでは毛皮のような外観をもたせたニット生地を指す。

塩瀬（しおぜ）
(1)たて糸，よこ糸ともに生糸を使用した重目の羽二重。
(2)たて糸，よこ糸にレーヨンフィラメント糸などを使用した，密度が比較的緻密な平織物。

シホン（chiffon）
　たて糸，よこ糸に片弱よりの生糸を使用し，密度を比較的粗く織り上げた薄い平織物で，製織後完全精練を施さない織物。

シャークスキン（shark skin）
(1)異色の糸を交互に配列して2/2の斜文織としたさめの皮のような外観を現した梳毛織物。
(2)たて糸を1～2本，よこ糸を1～3本引き揃えて平織または斜文織で織った比較的厚地の織物。

シャンブレー（chambray）
　たて糸に1色の糸，よこ糸にさらし糸または未さらし糸を使用して，霜降効果を現した織物で，組織は主として平織である。

ジャージー（jersey）
　より方向の異なった紡毛単糸を1本おきに使用し，軽く縮充してメリヤスの風合いをもたせた織物，またはこれに類似の織物。ニットにも同じ用語があるが，その場合には外衣用ニット生地の総称である。

シャンタン（shantung）
　よこ糸に節糸を使用して布面に不規則な節を出した織物であるが，もとは野蚕絹による絹織物である。

上布（じょうふ）
　麻糸（16.5～21 tex）を使用した上質の薄地の硬い夏物の着尺地。

ジョーゼット（georgette crepe）
　たて糸，よこ糸にSZ強ねん糸を2本ずつ交互に使用し，しぼを現した比較的密度の粗い平織物。

ジンス（jeans）
　たて糸，よこ糸に14.5～30 texの綿糸を使用した2/1の細綾織物。デニムと異なりたて糸とよこ糸は同一色である。

人平（じんびら）（rayon taffeta）
　たて糸，よこ糸に無よりのレーヨン糸を使用し，その密度が比較的大きくない平織物。

スムース（interlock fabric）
　両面編機で編んだ両面生地（ニット）。

セル
　通常，梳毛糸を使用して約150 g/m²に製織した和服用織物。

た　行

タッサー（tussah, tussah poplin）
　ポプリンの一種。よこ糸は特に太目で，よこ畝が粗大に現れた比較的厚地の織物。

タフタ（taffeta）
(1)たて糸に諸より本練糸，よこ糸に片より本練糸を使用した密度の緻密な平織物。
(2)無よりまたは甘よりの化学繊維フィラメント糸を用いた密度のやや緻密な平織物。

縮緬（ちりめん）（crepe）
　たて糸に生糸，よこ糸に強ねんの生糸を使用し，精練によりしぼを現した織物，またはこれに類似の織物。

ツィード（tweed）
　太い羊毛を用いた平織または主として斜文組織で，縮充起毛をしない粗剛な感じの厚地の紡毛織物。

つむぎ
　真綿を手つむぎした糸をたて糸，よこ糸に使用して手織でかすり，縞，白などに織り上げた先練織物，またはこれに類似の織物。

デニム（denim）
　たて糸に30 tex以上（20ˢ以下）の色糸，よこ糸にたて糸より細目のさらし糸を用い，斜文織にした厚地織物。ジーンズともいう。

テレコ
　フライス生地などで表裏に針抜き編を施した生地（ニット）。

天竺（てんじく）（sheeting, grey sheeting）
　たて糸，よこ糸に30 tex程度の未精練の綿糸を使用し，たて糸，よこ糸の密度がほぼ等しい平織物。

ドスキン（doeskin）
　5枚朱子織の柔軟で光沢のある目のつんだいわゆる

ドスキン仕上げをした高級毛織物，またはこれに類似の織物。主として礼服などに用いられる。

ドリル（drill）
　たて糸，よこ糸に30 tex以上（20^{s}以下）の主として綿糸を使用した2/1または3/1の斜文織物で，一般にカーキ色などの無地染めである。丈夫な生地で作業服，運動服などに用いられる。

トロピカル（tropical suiting）
　主として夏服用の薄地の平織梳毛織物，またはこれに類似の織物。

どんす（緞子）
　たて糸に諸より先染め糸，よこ糸に先染め糸を使用し，昼夜朱子組織によって紋様を現した比較的重目の絹織物。

な 行・は 行

ネル（flannel）
　甘よりの太番手の糸を用い，平織または斜文織の両面または片面を起毛した織物でフランネルともいう。もともとは紡毛織物である。

羽二重（はぶたえ）
　たて糸，よこ糸に無よりの生糸などを使用した主として平織の後練織物（織ってから精練した織物）。組織により平羽二重，綾羽二重などとよぶことがある。

フライス生地（circular rib fabric）
　フライス編機（円形ゴム編機）で編んだゴム編生地（ニット）。

プラッシュ（plush）
　比較的毛足の長いたてパイル織物。

フラノ（flano）
　平織または斜文織で軽く縮充起毛した比較的薄地の紡毛織物，またはこれに類似の織物。

ブロード（broad cloth）
　地合いが密で光沢があり，柔軟な仕上げをしたポプリンでよこ畝の目立たないもの。綿あるいは綿と合成繊維（ポリエステル）との混紡のブロードが多いが，ウールブロードもある。

ベネシャン（venetian）
　朱子または綾の変化組織で光沢のある織物。

ポーラ（poral）
　たて糸，よこ糸にポーラ糸を使用して平織または変化織とした密度の粗い織物。夏服地などに用いられる。もともとは梳毛織物である。

ボイル（voil）
　たて糸，よこ糸に同方向の比較的強いよりの糸を使用したやや粗い薄地平織物。

ホップサック（hopsack）
　2～3本の引き揃え糸をたて糸，よこ糸に使用して斜子織にした織物。

ポプリン（poplin）
　たて糸の密度をよこ糸より大きくして，よこ方向に畝を出した平織物。もともとは毛織物であったが，現在は，綿織物が主体である。

ポンジー（pongee）
　もともとは柞蚕糸を使った粗い平織物であったが，その感触に似せた斜子織物の一種。

ま 行

銘仙（めいせん）
　たて糸に練染めの絹糸または絹紡糸，よこ糸に練染めののし糸または玉糸もしくは絹糸を使用した主として平織の着尺用小幅織物，またはこれに類似の織物。

メルトン（melton）
　縮充加工して地組織を羽毛で覆った紡毛織物，またはこれに類似の織物。

モケット（moquette）
　いす張り地などに使用するたてパイル織物。

モスリン（muslin）
　たて糸，よこ糸に紡績単糸を使用した平織，または斜文織の柔軟な織物。日本では薄手の毛織物をさすが，欧米では綿を中心としたソフトな織物をさす。

や 行

揚柳縮緬（ようりゅうちりめん）（youryu crepe）
　たて糸に生糸またはレーヨンフィラメント糸，よこ糸に片強ねんの生糸またはレーヨンフィラメント糸を使用し，精練などをした後で，たて方向のしぼを現した平織の縮緬。

ら 行

綸子（りんず）
　たて糸，よこ糸に無よりの生糸を使用し，表朱子と裏朱子によって紋様を織り出した絹織物，またはこれに類似の織物。

ローン（lawn）
　たて糸，よこ糸に通常は細番手の綿糸を使用した地の薄い糸数の密な平織で，漂白して薄のり仕上げをした織物およびその生機（織り上げたままの織物）。ハンカチーフ，ブラウスなどに用いられる。

4. 繊維の性能表

資料）日本紡績協会，繊維技術データ集

性能＼品種		天然繊維				
		綿（アプランド）	羊毛（メリノ）	絹	亜麻	ラミー
引張り強さ〔gf/D〕	標準時	3.0～4.9	1.0～1.7	3.0～4.0	5.6～6.3	6.5
	湿潤時	3.3～6.4	0.76～1.63	2.1～2.8	5.8～6.6	7.7
乾湿強力比〔%〕		102～110	76～96	70	108	118
引掛強さ〔gf/D〕					8～9	9.3
結節強さ〔gf/D〕				2.9	4.5～4.8	5
伸び率〔%〕	標準時	3～7	25～35	15～25	1.5～2.3	1.8～2.3
	湿潤時		25～50	27～33	2.0～2.3	2.2～2.4
伸長弾性率〔%〕（3%伸長時）		74（2%） 45（5%）	99（2%） 63（20%）	54～55 （8%）	84 （1%）	48 （2%）
初期引張り抵抗度（見掛けヤング率）	〔gf/D〕	68～93	11～25	50～100	185～405	
	〔kgf/mm²〕	950～1,300	130～300	650～1,200	2,500～5,500	
比重		1.54	1.32	1.33～1.45	1.5	
水分率〔%〕	公定	8.5	15	11.0	12.0	
	標準状態(20℃, 65%RH)	7	16	9		
	その他の状態(20℃)	95%RH：24～27	95%RH：22	100%RH：36～39	100%RH 23	31
熱の影響		120℃ 5時間で黄変。150℃で分解。	130℃熱分解。205℃で焦げる。300℃で炭化。	235℃で分解。275～456℃で燃焼。366℃で発火。	130℃ 5時間で黄変。200℃で分解。	
耐候性（屋外暴露の影響）		強度低下し黄変する傾向がある。	強度低下し、染色性やや低下する。	強度低下著しく60日で55%，140日で65%低下。	黄褐色となり強度低下する。	
酸の影響		熱希酸，冷濃酸で分解。冷希酸には影響なし。	熱硫酸により分解。強酸，弱酸には加熱しても抵抗性あり。	熱硫酸により分解。他の酸に対しても羊毛より抵抗性が低い。	硝酸で黄色。濃硫酸で膨潤。	熱酸液に侵される。
アルカリの影響		水酸化ナトリウムで膨潤（マーセル化）するが損傷しない。	強アルカリにより分解，弱アルカリにより侵される。冷希アルカリ中で縮充。	セリシンは溶解し，フィブロインの一部も侵されるが，羊毛より抵抗性あり。	膨潤するが損傷なし。	
他の化学薬品の影響		次亜塩素酸塩，過酸化物により漂白。	過酸化物，亜硫酸ガスにより漂白。		酸化剤に対する抵抗性が弱い。	
溶剤の影響*1		一般溶剤に不溶。				
染色性		直接，バット，アゾ，塩基性，媒染，硫化染料で染まる。顔料でも染まる。	酸性，ミリング，クローム，媒染建染，インジゴ各染料で染まる。	直接，酸性，塩基性，媒染で染色。アルカリを使用するときは保護剤を要する。	直接，ナフトール，バット染料で染まる。	
虫・カビの影響		虫には十分抵抗性あり。カビに侵される。（漂白，アセチル化したもの良好）	虫に侵されるがカビには抵抗性あり。	カビに対しては抵抗性あるが，虫に対しては綿より弱い。	虫に対しては抵抗性あり。	
商標		（省略）				

*1 一般溶剤：アルコール，エーテル，ベンゼン，アセトン，ガソリン，テトラクロロエチレン

レーヨン						キュプラ	
ステープル		フィラメント		ポリノジック		ステープル	フィラメント
普通	強力	普通	強力	ステープル	フィラメント		
2.5～3.1	3.6～4.2	1.7～2.3	3.4～5.2	3.5～5.2	2.2～2.9	2.9～3.4	1.8～2.7
1.4～2.0	2.7～3.3	0.8～1.2	2.5～4.1	2.6～4.2	1.3～1.9	2.0～2.5	1.1～1.9
60～65	70～75	45～55	70～80	70～80	55～70	70～75	55～70
1.2～1.8	1.8～2.6	3.0～4.1	5.0～5.8	1.0～2.2	2.7～4.0	2.8～3.0	2.7～3.9
1.2～1.7	2.0～2.5	1.4～2.0	1.9～2.6	1.0～2.5	1.0～2.0	2.4～2.6	1.5～2.4
16～22	19～24	18～24	7～15	7～14	8～12	14～16	10～17
21～29	21～29	24～35	20～30	8～15	9～15	25～28	15～27
55～80		60～80		60～85	55～80	55～60	55～80
30～70	50～90	65～85	110～160	70～110	60～100	60～80	50～75
400～950	650～1,200	850～1,150	1,500～2,200	950～1,500	800～1,350	800～1,000	700～1,000
1.50～1.52						1.50	
11.0						11.0	
12.0～14.0						12.0～14.0	10.5～12.5
20%RH：4.5～6.5						20%RH：4.0～4.5	
95%RH：25.0～30.0						95%RH：21.0～25.0	
軟化，溶解しない。260～300℃で着色分解。							
強度やや低下する。							
熱希酸，冷濃酸に強度低下し，さらに分解。							
強アルカリに膨潤し，強度低下するが，2%水酸化ナトリウム溶液で強度ほとんど低下なし。			強アルカリに膨潤し強度低下するが4.5%水酸化ナトリウム溶液で強度ほとんど低下なし。				
強酸化剤に侵されるが，次亜塩素酸塩，過酸化物等による漂白で損傷なし。							
一般溶剤には不溶。銅アンモニア溶液，銅エチレンジアミン溶液に溶解。							
一般に用いられる染料：直接，バット，塩基性，ナフトール，媒染，硫化，反応染料，顔料。						レーヨンと同様であるが，初期の染色速度大。	
虫には十分抵抗あり，カビに侵される。							
省略				ソフテル，タフセル，ハイポラン，ジュンロン，○○ポリノジック，コプロン，○○ポリノ		ベンベルグ，ベンベルグⅡ世	

4．繊維の性能表

性能 \ 品種		アセテート ステープル	アセテート フィラメント	トリアセテート フィラメント
引張り強さ 〔gf/D〕	標準時	1.3～1.6	1.2～1.4	1.2～1.4
	湿潤時	0.8～1.0	0.7～0.9	0.8～1.0
乾湿強力比〔%〕		61～67	60～64	67～72
引掛強さ〔gf/D〕		1.0～1.4	2.2～2.6	2.0～2.4
結節強さ〔gf/D〕		1.0～1.3	1.1～1.3	1.0～1.2
伸び率〔%〕	標準時	25～35		
	湿潤時	35～50	30～45	30～40
伸長弾性率〔%〕（3%伸長時）		70～90	80～95	
初期引張り抵抗度（見掛けヤング率）	〔gf/D〕	25～40	30～45	
	〔kgf/mm²〕	300～500	350～550	400～500
比重		1.32		1.30
水分率〔%〕	公定	6.5		3.5
	標準状態(20℃, 65%RH)	6.0～7.0		3.0～4.0
	その他の状態(20℃)	20%RH：1.2～2.4 95%RH：10.0～11.0		95%RH：8.8
熱の影響		軟化点：200～230℃ 溶融点：260℃ 軟化収縮しながら徐々に燃焼。		軟化点：250℃以上 溶融点：300℃ 軟化収縮しながら徐々に燃焼。
耐候性（屋外暴露の影響）		強度ほとんど低下なし。		
酸の影響		濃塩酸，濃硫酸，濃硝酸により分解。		濃強酸により分解するが，希酸では強度ほとんど低下なし。
アルカリの影響		強アルカリによりけん化され強度低下。		強アルカリによりけん化され強度低下するが，水酸化ナトリウム溶液では表面のみけん化。
他の化学薬品の影響		強酸化剤に侵されるが次亜塩素酸塩，過酸化物等の漂白で損傷なし。		
溶剤の影響		アルコール，エーテル，ベンゼン，テトラクロロエチレン等に不溶。アセトン，氷酢酸，フェノールに溶解。		アルコール，エーテル，ベンゼン等に不溶。アセトンに膨潤し部分溶解。メチレンクロリド，氷酢酸に溶解。
染色性		一般に用いられる染料：分散，顕色性分散，ナフトール。その他バット，媒染，酸性，塩基性の染料でも染色可能。		一般に用いられる染料：分散，顕色性分散，酸性。
虫・カビの影響		虫には十分抵抗性あり，カビに抵抗性が強い。		
商標		○○アセテート，エステラ，カロラン		ソアロン

	ナイロン			ナイロン66
ステープル	フィラメント			フィラメント
	普通	強力		
4.5〜7.5	4.8〜6.4	6.4〜9.5		5.3〜6.4
3.7〜6.4	4.2〜5.9	5.9〜8.0		4.7〜5.9
83〜90	84〜92	84〜92		89〜93
7.0〜11.0	8.5〜11.5	10.7〜14.3		9.0〜11.5
3.7〜5.5	4.3〜6.0	5.4〜6.5		4.8〜6.0
25〜60	28〜45	16〜25		28〜38
27〜63	36〜52	20〜30		33〜43
95〜100	98〜100			
8〜30	20〜45	27〜50		30〜50
80〜300	200〜450	280〜510		300〜500
1.14				
4.5				
3.5〜5.0				
20%RH：1.0〜1.8 95%RH：8.0〜9.0				
軟化点：180℃ 溶融点：215〜220℃ 溶融しながら徐々に燃焼。自燃性なし。				軟化点：230〜235℃ 溶融点：250〜260℃ 溶融しながら徐々に燃焼。 自燃性なし。
強度やや低下し，わずかに黄変する場合あり。				
濃塩酸，濃硫酸，濃硝酸で一部分解を伴って溶解。				
濃水酸化ナトリウム水溶液，濃アンモニア水で強度ほとんど低下なし。				
一般に良好な抵抗性あり。				
一般溶剤に不溶。 フェノール類（フェノール，m-クレゾール等），濃ギ酸に溶解，氷酢酸に膨潤，加熱により溶解。				
一般に用いられる染料：酸性，分散，反応染料，クロム				
完全に抵抗性あり。				
○○ナイロン				プロミラン，レオナ

性能 \ 品種		ビニロン			
		ステープル		フィラメント	
		普通	強力	普通	強力
引張り強さ〔gf/D〕	標準時	4.0～6.5	6.8～10.0	3.0～4.0	6.0～9.5
	湿潤時	3.2～5.2	5.3～8.5	2.1～3.2	5.0～8.5
乾湿強力比〔％〕		72～85	78～85	70～80	75～90
引掛強さ〔gf/D〕		3.2～5.2	5.0～5.8	4.5～6.0	7.0～13.0
結節強さ〔gf/D〕		2.4～4.0	4.5～5.2	2.2～3.0	2.7～5.0
伸び率〔％〕	標準時	12～26	9～17	17～22	8～22
	湿潤時	12～26	9～17	17～25	8～26
伸長弾性率〔％〕（3％伸長時）		70～85	72～85	70～90	70～90
初期引張り抵抗度（見掛けヤング率）	〔gf/D〕	25～70	70～130	60～90	70～250
	〔kgf/mm²〕	300～800	800～1,500	700～950	800～2,900
比重		1.26～1.30			
水分率〔％〕	公定	5.0			
	標準状態(20℃, 65%RH)	4.5～5.0		3.5～4.5	3.0～5.0
	その他の状態(20℃)	20%RH：1.2～1.8　　95%RH：10.0～12.0			
熱の影響		軟化点：220～230℃，溶融点：不明瞭，軟化収縮しながら徐々に燃焼。			
耐候性（屋外暴露の影響）		強度ほとんど低下なし。			
酸の影響		濃塩酸，濃硫酸，濃硝酸で膨潤あるいは分解。			
アルカリの影響		濃水酸化ナトリウム水溶液で強度ほとんど低下なし。			
他の化学薬品の影響		一般に良好な抵抗性あり。			
溶剤の影響		一般溶剤に不溶。熱ピリジン，フェノール，クレゾール，濃ギ酸に膨潤あるいは溶解。			
染色性		一般に用いられる染料：バット，硫化バット，可溶性バット，金属錯塩，硫化，ナフトール，直接，顔料，酸性分散，顕色性分散。			
虫・カビの影響		完全に抵抗性あり。			
商標		○○ビニロン，ビロン			

ポリエステル			アクリル		アクリル系
ステープル	フィラメント 普通	強力	フィラメント	ステープル	ステープル
4.7〜6.5	4.3〜6.0	6.3〜9.0	3.5〜5.0	2.5〜5.0	2.2〜4.0
4.7〜6.5	4.3〜6.0	6.3〜9.0	3.5〜5.0	2.0〜4.5	2.0〜4.0
100			100	80〜100	90〜100
6.8〜10.0	7.0〜10.0	9.0〜11.0	3.0〜8.0	2.4〜6.0	2.0〜4.5
4.0〜5.0	3.8〜4.4	4.3〜4.8	2.0〜4.0		1.7〜4.0
20〜50	20〜32	7〜17	12〜20	25〜50	25〜45
20〜50	20〜32	7〜17	12〜20	25〜60	25〜45
90〜99	95〜100		70〜95	90〜95	85〜95
25〜70	90〜160		38〜85	25〜62	20〜55
310〜870	1,100〜2,000		400〜900	260〜650	250〜600
1.38			1.14〜1.17		1.28
0.4			2.0		2.0
0.4〜0.5			1.2〜2.0		0.6〜1.0
20%RH：0.1〜0.3 95%RH：0.6〜0.7			20%RH：0.3〜0.5 90%RH：1.5〜3.0		20%RH：0.1〜0.3 95%RH：0.1〜1.5
軟化点：238〜240℃ 溶融点：255〜260℃ 溶融しながら徐々に燃焼。自然性なし。			軟化点：190〜240℃ 溶融点：不明瞭 収縮溶融しながら燃焼する。黒い塊状で固い。		軟化点：150℃ 溶融点：不明瞭 溶解しながら分解。自然性なし。
強度ほとんど低下なし。					
濃塩酸，75%硫酸，濃硝酸で強度ほとんど低下なし。			濃塩酸，65%硫酸，45%硝酸で強度ほとんど低下なし。		濃塩酸，70%硫酸，40%硝酸で強度ほとんど低下なし。
10%水酸化ナトリウム水溶液，濃アンモニア水で強度ほとんど低下なし。			濃水酸化ナトリウム水溶液，濃アンモニア水で強度ほとんど低下なし。		濃水酸化ナトリウム水溶液，濃アンモニア水で強度ほとんど低下なし。
一般に良好な抵抗性あり。					
一般溶剤に不溶。熱m−クレゾール，熱o−クロロフェノール，熱ニトロベンゼン，熱ジメチルホルムアミド，40℃フェノール・四塩化エタン混合液に溶解。			一般溶剤に不溶。ジメチルホルムアミド，ジメチルスルホキサイド，熱飽和塩化亜鉛，チオシアン酸カリ溶液に溶解。		アセトンを除く一般溶剤には不溶。アセトン，ジメチルホルムアミド，ジメチルスルホキサイド，ジクロロヘキサノンに溶解。
分散，ナフトール，バット，可溶性バット各染料でキャリヤー染色か高温染色。			一般に用いられる染料：分散，カチオン，塩基性，酸性		一般に用いられる染料：分散，カチオン，塩基性，顔料
完全に抵抗性あり。					
○○テトロン，○○エステル，○○ポリエステル			エクスラン，ボンネル，カシミロン，ピューロン，ベスロン，トレロン，ニトロン		カネカロン

4. 繊維の性能表

5. 繊維鑑別のための各種繊維の性質表

資料) JIS L 1030-1

繊 維 名	燃 焼 試 験				
	炎に近づけるとき	炎の中	炎から離れたとき	におい	灰
綿	炎に触れると直ちに燃える。	燃える。	燃焼を続け, 非常に速やかに燃える。残照がある。	紙の燃えるにおい。	非常に小さく柔らかくて灰色。
麻(亜麻およびラミー)					
絹	縮れて炎から離れる。	縮れて燃える。	羊毛に似ているが, やや輝いて燃える。	毛髪の燃えるにおい。	黒く膨れあがり, もろく容易につぶれる。
羊　　毛			困難ながら燃焼を続け, 燃えるに先立って縮れる。		
レ ー ヨ ン(ポリノジック)	炎に触れると直ちに燃える。	燃える。	燃焼を続け, 非常に速やかに燃える。残照はない。	紙の燃えるにおい。	ダルでなければ灰はほとんど残らない。
キュプラ					
アセテート	溶融し炎から離れる。	溶融して燃える。	溶融しながら燃焼を続ける。	酢酸臭。	黒く硬くてもろい不規則な形。
トリアセテート					
プロミックス	収縮しながら炎を上げて燃える。	燃える。	燃焼を続ける。	毛髪の燃えるにおい。	黒色のややもろい灰。
ビ ニ ロ ン	縮んで溶融する。	溶融して燃える。		特有の甘いにおい。	硬くて焦茶色の不整形の塊状。
ナ イ ロ ン	溶融する。			アミド特有のにおい。	硬く焦茶色から灰色のビーズ。
ビニリデン	縮れて炎から離れる。	溶融して煙を上げて燃える。基部は緑色を呈す。	燃焼を続けない。	ぴりっとした刺激臭。	もろい不規則な黒塊。
ポリ塩化ビニル		溶融して黒煙を上げて燃える。		ビニリデンに似ているが弱い。	
ポリエステル	溶融する。	溶融して燃える。	燃焼を続ける。	非常に甘いにおい(弱い)。	硬く丸い黒色。
ア ク リ ル	溶融して着火する。		速やかに燃える。	肉を焼いたときのにおい。	硬く黒く不ぞろい。
アクリル系	縮れて炎から離れる。	溶融し黒煙を上げて燃える。	燃焼を続けない。	せっけんを焼いたにおい。	もろい不規則な黒塊。
ポリプロプレン		溶融し煙を上げながら緩やかに燃える。	緩やかに溶融しながら燃える。	パラフィンの燃えるにおい。	硬く灰色のビーズ。
ポリウレタン	溶融する。	溶融して燃える。	燃焼を続けない。	特異臭。	粘着性をもつゴム状の塊。
ポリクラール	縮れて炎から離れる。	溶融して黒煙を上げて燃える。		甘い刺激臭。	黒いまわりに焦茶色。
ア ラ ミ ド(Aタイプ)	赤熱するが, 有炎燃焼しない。	赤熱する。	赤熱が消える。		繊維状のまま, 黒い灰が残る。
ア ラ ミ ド(Bタイプ)	縮れて, 炎から離れる。	縮れて, 燃える。	燃焼を続けない。	甘いにおい。	黒く, 硬く, もろい。
ア ラ ミ ド(Cタイプ)	赤熱し, 炎を上げて燃える。	燃える。	しばらく燃えるがやがて自消する。	甘ずっぱいにおい。	

注　① レーヨン以下の繊維の顕微鏡的外観は, 標準品質についての性質であり, 改質された繊維にあっては異
　　② ( )は, タイプによって異なる場合がある。
　　③ リトマス紙の変色反応がわずかであり, 注意が必要である。

塩素の有無	窒素の有無	顕微鏡的外観① 側面	顕微鏡的外観① 断面	ヨウ素－ヨウ化カリウム溶液による着色	キサントプロテイン反応
無	無	へん平なリボン状で全長にわたり天然よりがみられる（マーセル化綿では少ない）。	そら豆形，馬てい形など種々のものがあり中空部分がある（マーセル化綿は丸くなる）。	着色せず（マーセル化綿は淡い青色）。	無
無	無	繊維軸方向に線条が走り，所々に節をもつ。先端は亜麻が鋭く，ラミーは鈍角である。	亜麻は多角形で中空部分あり。ラミーはへん平なだ円形で中空部分がある。	着色せず。	無
無	有	表面は滑らかで変化がない。	三角形	淡黄色	有
無	有	うろこ片がみられる。	円形のものが多い。	淡黄色	有
無	無	繊維軸方向に数本の線条が走っている。	輪郭は不規則な花弁状。	黒青緑色	無
無	無	表面は滑らかである。	円形	黒青緑色	無
無	無	繊維軸方向に1～2本の線条が走っている。	クローバーの葉状	焦茶色	無
無	有	繊維軸方向に細い線状が走っている。	周辺には不規則な凹凸のあるだ円形または繭形。		有
無	無	中央部に繊維軸方向に走る白い線がみられる。	繭状コアー層の存在が認められる。円形のものもある。	薄い暗青色	
無	有			焦茶色	
有	無	表面は滑らかである。	円形のものが多い。	着色せず	
無					
(無)②	有	種類が多く一様ではないが表面が滑らかなものが多い。	円形のものが多いがハート形のものもある。	焦茶色	無
(有)②	有	繊維軸方向に1本の太い線が走っている。	馬てい形	焦茶色	無
無	無	表面は滑らかである。	円形	着色せず	
無	有	表面は滑らかである。	種類が多く一様でない。	焦茶色	
有	無	繊維軸方向に太い線条が走っている。	繭状	うすい暗青色	
無	有③	表面は滑らかで変化がない。節状のものが見られる場合もある。	円形	無	
無	有③	表面は滑らかで，繊維方向に1本の線条が走っている。	ハート形に近い。	無	
無	有③	表面は滑らかである。	円形	無	

なる場合が多い。

6. 繊維の系統的鑑別法

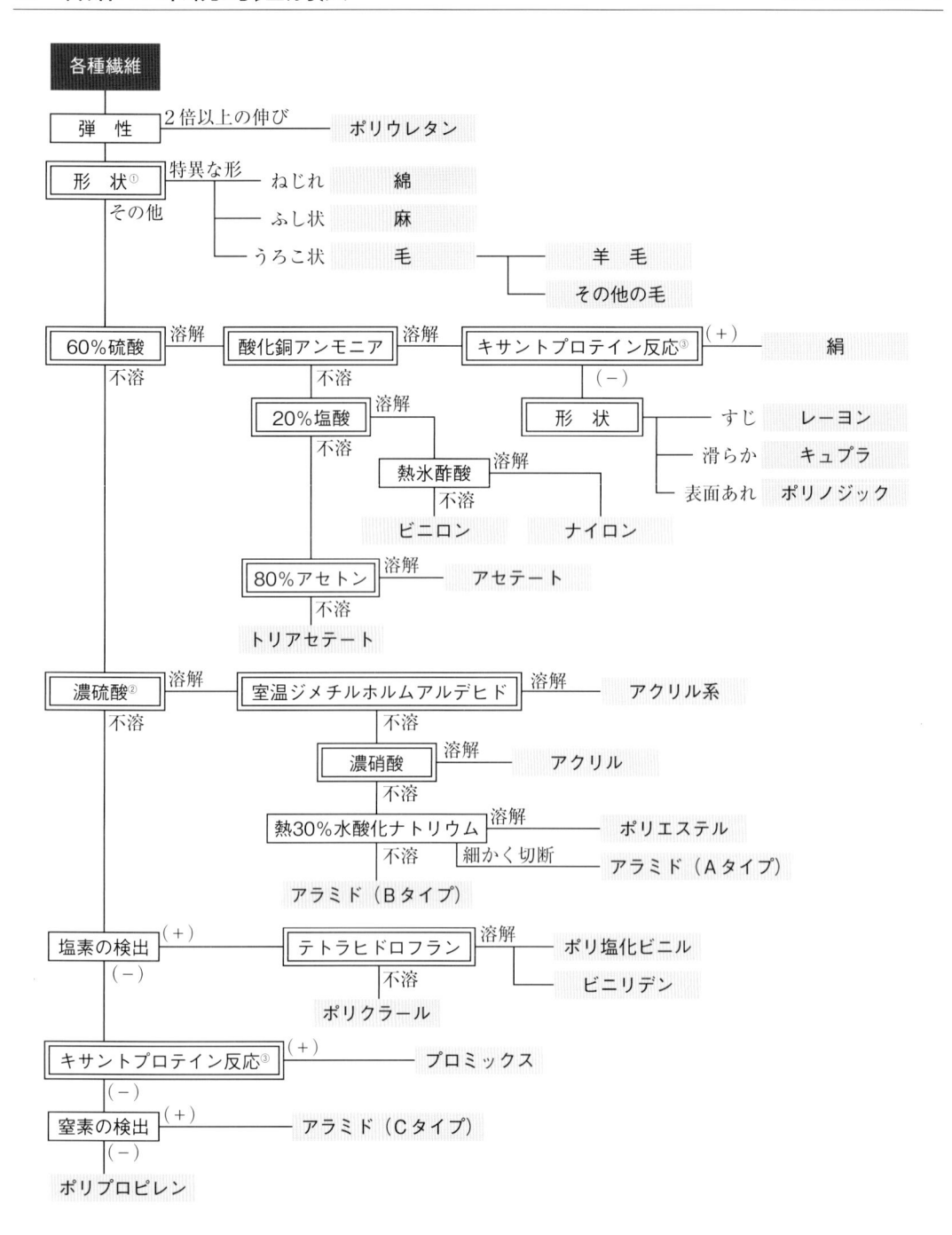

資料) JIS L 1030-1

```
各種繊維
 │
 ├─ 弾 性 ──2倍以上の伸び── ポリウレタン
 │    │
 ├─ 形 状① ──特異な形─┬─ ねじれ ── 綿
 │    │その他        ├─ ふし状 ── 麻
 │    │              └─ うろこ状 ── 毛 ─┬─ 羊毛
 │    │                                  └─ その他の毛
 │    │
 ├─ 60%硫酸 ─溶解─ 酸化銅アンモニア ─溶解─ キサントプロテイン反応③ ─(+)─ 絹
 │    │不溶              │不溶                    │(−)
 │    │                  │                        │
 │    │                  20%塩酸 ─溶解─┐          形 状 ─┬─ すじ ── レーヨン
 │    │                  │不溶        │                  ├─ 滑らか ── キュプラ
 │    │                  熱氷酢酸 ─溶解┤                  └─ 表面あれ ── ポリノジック
 │    │                  │不溶        │
 │    │                  ビニロン      ナイロン
 │    │                  │
 │    │                  80%アセトン ─溶解─ アセテート
 │    │                  │不溶
 │    │                  トリアセテート
 │    │
 ├─ 濃硫酸② ─溶解─ 室温ジメチルホルムアルデヒド ─溶解─ アクリル系
 │    │不溶                  │不溶
 │    │                      濃硝酸 ─溶解─ アクリル
 │    │                      │不溶
 │    │                      熱30%水酸化ナトリウム ─溶解─ ポリエステル
 │    │                      │不溶            │細かく切断─ アラミド(Aタイプ)
 │    │                      アラミド(Bタイプ)
 │    │
 ├─ 塩素の検出 ─(+)─ テトラヒドロフラン ─溶解─ ポリ塩化ビニル
 │    │(−)              │不溶                  ビニリデン
 │    │                  ポリクラール
 │    │
 ├─ キサントプロテイン反応③ ─(+)─ プロミックス
 │    │(−)
 ├─ 窒素の検出 ─(+)─ アラミド(Cタイプ)
 │    │(−)
 └─ ポリプロピレン
```

注 ① ▭ は顕微鏡下で行う。
　② アラミド (Aタイプ) は,濃硫酸によって塊状になる。
　③ キサントプロテイン反応は,顕微鏡下でスライドグラスに試料を載せ,硝酸を滴下したときに繊維が黄色になり,次いでアンモニア水で中和したときに橙色になれば,繊維中にタンパク質が存在する。

●資 料 編

索引

欧文

3R	171
ASTM	133
C.I.名称	140
C.I.番号	140
FAST	134
ISO	1, 27, 50
JIS	1
KES風合い計測システム	134
KES－F計測システム	132
LOI	137
POY	28
PP加工	154
SI単位記号	179
SR加工	157
Sより	52
W&W加工	154
W&W性	27
Zより	52

あ

アイソタクチック	32
アクリル	29
――（性能表）	189
――（性質表）	190
アクリル系	29, 30
――（性能表）	189
――（性質表）	190
アクリル繊維	29, 30
麻	14, 15
――（性質表）	190
麻糸	44
アストラカン	181
アスペクト比	7
畦編	75
アセタール化処理	31
アセテート	23, 24
――（性能表）	186
――（性質表）	190
アゾイック染料	143
後キュア	155
アポトーシス	166, 177
亜麻	15
――（性能表）	184
網	60
編機の分類（図）	72
アミノ酸	20
編目	70
編目記号	73
編物	59, 70
編物組織	73
編レース	87
アムンゼン	181
綾織	62
綾絽	69
アラニン	20
アラミド	25, 27
――（性能表）	190
アルカリ減量加工	152
アルパカ	18
アンゴラ	19

い

イオン結合	145
異型断面繊維	159, 161
異収縮混繊糸	160, 161
意匠紙	62
イタリアンクロス	181
一列針床	74
五越絽	69
一般加工	147
糸	37
――の分類	37
糸密度	63, 88
衣服	1
――を着用する理由	2
易リサイクル衣服	172
衣料用繊維	7
――の特徴	10
インターロック編	76
インテリジェント繊維	166

う

ウェール	70
ウェブ	81
ウェルト	76
ウォータージェット織機	61
ウォッシュ アンド ウェア加工	154
ウォッシュ アンド ウェア性	27
畝織	64
海島型構造	163
羽毛	35

裏目	70
上より	54

え

エアージェット織機	61
永久変形	105, 107
永久変形率	105
エイトロック	78
液晶状態	28
液体アンモニア処理	151
エメリー起毛	149
塩基性染料	141
エンブロイダリーレース	87
エンボス加工	148

お

黄変	20
応力	11
応力－ひずみ曲線	11
オーガンジー	181
送り出し運動	61
遅れ弾性回復率	105, 106
筬	73
筬打ち運動	61
押し込み法	47
オックスフォード	181
オットマン	181
オパール加工	152
お召	181
表目	70
織縮み	88
織密度	63
織物	59
――の生産量	180
織物組織	62

か

ガータ編	75
カード糸	39
ガーメントレングス編機	73
カイコ	19
開口運動	61
解舒糸	45
快適性	123
界面張力	156
化学繊維	20
――の生産量	180

化学繊維原料 … 170	——の黄変 … 20, 101	けん化 … 31
化学的加工 … 150	絹鳴り … 20, 159	捲縮 … 16
花崗織 … 65	基本組織 … 62, 74, 79	絹紬 … 181
加工糸 … 45, 46	擬麻加工 … 153	絹紡糸 … 44
化合繊紙 … 82	起毛加工 … 149	
かさ高糸 … 46	逆ハーフ編 … 80	こ
かさ高加工糸の生産量 … 180	ギャバジン … 181	コアスパンヤーン … 33, 48, 99
かさ高紡績糸 … 30	キャメル … 18	コア層 … 22
重ね朱子 … 65	キャラコ … 181	硬化加工 … 153
重ね組織 … 66	キャンブリック … 181	抗菌防臭加工 … 158
飾り糸 … 49	キュア … 155	合糸 … 54
カシミヤ … 18	吸湿 … 12	恒重式番手 … 49
荷重－除重曲線 … 105	吸湿性 … 123, 124	合成繊維 … 25
荷重－伸長曲線 … 11, 94	急斜文織 … 64	合成繊維比率 … 5
ガスバリヤー性 … 32	吸水 … 12	合成染料 … 140
片畦編 … 76, 77	吸水性 … 123, 125	合成皮革 … 86
片面タオル … 68	吸着 … 125	構造発色繊維 … 165
家庭用品品質表示法 … 13	キュプラ … 22	高速紡糸 … 28
金巾 … 181	——（性能表）… 185	恒長式番手 … 49
加ねん－ヒートセット－解ねん法	——（性質表）… 190	公定水分率 … 12, 124
… 46	共重合体 … 25	剛軟性 … 110
鹿の子編 … 76	凝着説 … 132	降伏点 … 106
カバードヤーン … 33, 49	強ねん糸 … 20	鉱物染料 … 139
カバーファクター … 89, 90	共有結合 … 146	高分子 … 7
可縫性 … 118	均一溶液重合 … 29	高分子配列体繊維 … 86, 163
カラーインデックス … 140	ギンガム … 181	高密度ポリエチレン … 32
ガラス繊維 … 34	金属繊維 … 35	コース … 70
ガラス転移温度 … 9		コーマ糸 … 39
ガラス転移点 … 9, 12	く	コール天 … 68
からみ組織 … 69	空気噴射法 … 48	国際標準化機構 … 1, 27, 50
仮より法 … 46	クチクル … 16	極細繊維 … 160, 162
カルゼ … 181	組物 … 60, 88	コットン式編機 … 72
カレンダー … 148	クラッシュ … 181	琥珀 … 181
環境問題 … 171	グラフト共重合 … 25	五本絽 … 69
含気率 … 44, 89	クリース … 118	ゴム編 … 75, 76
乾式紙 … 82	繰返し単位 … 7	コラーゲン繊維 … 85
乾式不織布 … 82	グリシン … 20	コルテックス … 16
乾式紡糸 … 21, 24	グリッパー織機 … 61	コンジュゲート繊維 … 162
緩斜文織 … 64	クリンプ … 16, 94	混織 … 161
完全組織 … 62	クレープ … 181	混織糸 … 54
完全防水加工 … 155	クレトン … 181	
カンチレバー法 … 111	クロスカバーファクター … 89	さ
乾熱セット … 116	クロム染料 … 142	サージ … 181
緩和収縮 … 113, 114		サーマルボンド … 82
	け	サーマルリカバリー … 173
き	毛 … 16	サーマルリサイクル … 173
生糸 … 19, 45	——の黄変 … 101	サーモクロミック繊維 … 167
機械レース … 87	毛糸 … 40	再汚染 … 157
擬革 … 86	結晶化 … 9	再生繊維 … 21
規則朱子 … 65	結晶性高分子 … 9	裁断性 … 118
キトサン … 158	毛羽立ち … 120	細布 … 181
絹 … 19, 20	ケミカルボンド … 82	サイロフィル糸 … 49
——（性能表）… 184	ケミカルリサイクル … 171	座屈 … 108
——（性質表）… 190	ケミカルレース … 87	鎖状高分子 … 8

サッカー … 181	自由水 … 125	ステッチボンド … 82
擦過法 … 48	収着 … 12	スナッグ … 122
サテントリコット編 … 81	充填率 … 44, 89	スパン糸 … 37
酸化染料 … 143	柔軟加工 … 152	スパンデックス … 33
産業革命 … 4	縮充 … 17, 149	スパンボンド法 … 83
産業資材用繊維 … 7	手工レース … 87	スパンレース … 83
サンクロス … 182	朱子織 … 63	スプリットフィルム法 … 83
三原組織 … 62	シュライナー加工 … 148	スムース … 182
酸性染料 … 141	瞬間弾性回復率 … 105, 106	スムーズ仕上げ … 85
酸性媒染染料 … 142	上布 … 182	スモールフェザー … 36
酸素指数 … 137	ジョーゼット … 182	スライバー … 39
三大合成繊維 … 29, 170	殖産興業 … 4	寸法安定性 … 113
サンフォライズ加工 … 150	植物繊維 … 14	
三本絽 … 69	植物染料 … 139	**せ**
	植毛加工 … 149	成型 … 72
し	助色団 … 140, 145	成型編機 … 72
ジアセテート … 24	織機 … 60	製糸 … 19, 45
シームパッカリング … 118, 154	シリンダー … 74	正則朱子 … 65
シール … 182	シルクライク化 … 160	静電気 … 135, 136
ジェットパンチ … 83	シルケット加工 … 22, 150	静電気フロック加工 … 149
ジェットボンド … 83	しわ … 118	製服性 … 117
塩瀬 … 182	――の要因 … 120	セグメント化
紫外線劣化 … 101	しわ回復性 … 118	ブロック共重合体 … 33
時間－ひずみ曲線 … 105	しわ回復率 … 119	接着布 … 60, 88
色素 … 139	シングルアトラス編 … 79	セリシン … 19
資源評価調査 … 171	シングルサテン編 … 81	セリン … 20
資源問題 … 171	シングルコード編 … 79	セル … 182
指向性摩擦効果 … 115	シングルタング法 … 96, 97	セルフィル糸 … 49
シシカバブモデル … 10	シングルデンビ編 … 79	セルロース … 14
刺繍レース … 87	シングルトリコット編 … 79	繊維 … 3, 7
仕立て映え … 117	シングルニット … 72	――の系統的識別法 … 192
下より … 54	シングルバンダイク編 … 79	――の自給比率 … 5
湿式不織布 … 82	新合繊 … 160	――の分類 … 13
湿式紡糸 … 21	人工皮革 … 86	繊維構造 … 10
湿潤収縮 … 114	ジンス … 182	繊維高分子 … 7
湿潤熱 … 125	親水性繊維 … 124	繊維消費量（1人当たり） … 6
湿熱セット … 116	人造繊維 … 20	繊維素系繊維 … 23
指定外繊維 … 15	人造皮革 … 86	せん断剛性 … 108
シホン … 182	伸長弾性回復率 … 106	せん断特性 … 108
紗 … 69	真皮 … 85	せん断変形 … 108
シャークスキン … 182	人平 … 182	せん断摩擦項 … 108
ジャージー … 182		せん断臨界角 … 108
ジャカード … 61	**す**	せん毛 … 122
ジャカード織機 … 69	水系懸濁重合 … 29	染料 … 145
シャットル … 61	水素結合 … 146	――の分類 … 139, 140
シャットル織機 … 61	水分の蒸発 … 129	
ジャム織物 … 90	水分率 … 12, 124	**そ**
斜文織 … 62	水分率曲線 … 124	ソイルリペレント加工 … 157
シャルムーズ編 … 80	スエード … 85	ソイルレリース加工 … 157
シャンタン … 182	スエード調人工皮革 … 86	ソイルレリース性 … 157
シャンブレー … 182	杉綾 … 64	綜絖 … 61
重合 … 7, 8	スキン層 … 22	双糸 … 54
重合度 … 8	スケール … 16	組織図 … 62
重縮合 … 8	ステープルファイバー … 21, 34	疎水結合 … 147

索 引

疎水性繊維 …… 124	長繊維 …… 21	トリコット編機 …… 72
梳毛糸 …… 40, 43	直接染料 …… 140	ドリル …… 183
	縮緬 …… 182	トロピカル …… 183
た		どんす …… 183
ダイオキシン …… 171	**つ**	
大気汚染 …… 171	ツィード …… 182	**な**
耐久性 …… 93	ツーウェイトリコット …… 33	内部ひずみ …… 113
耐光性 …… 101	通気性防水加工 …… 156	ナイロン …… 25, 172
耐候性 …… 101	つむぎ …… 182	──（性能表） …… 187
耐スナッグ性 …… 122		──（性質表） …… 190
帯電性 …… 135	**て**	ナイロン6 …… 25, 172
耐ピリング性 …… 120, 122	低密度ポリエチレン …… 32	ナイロン66 …… 26, 172
耐薬品性 …… 102	テーララビリティ …… 117	流し編機 …… 72
──（表） …… 104	てかり …… 100	梨地織 …… 65
ダイヤモンド斜文織 …… 64	テクスチャード加工 …… 46	ナップ仕上げ …… 85
ダイヤル …… 74	テクスチャードヤーン …… 45	斜子織 …… 64
対流 …… 129	テックス …… 50, 179	ナフトール染料 …… 143
ダウン …… 35	デニール …… 11, 50, 179	なめし …… 85
ダウンファイバー …… 36	デニム …… 182	難燃化 …… 137
タオル …… 67	テレコ …… 182	
タオル組織 …… 67	天竺 …… 182	**に**
タック …… 76	天竺編 …… 74	ニードルパンチ …… 82
タッサー …… 182	電着加工 …… 149	二酸化炭素排出 …… 171
たて編 …… 59, 70	伝導 …… 129	2次曲面 …… 109
たて編組織 …… 78	天然繊維 …… 13	二重織 …… 66
たて糸 …… 59	天然染料 …… 139	日光暴露試験 …… 102
たて畝織 …… 64	天然皮革 …… 84	ニット …… 59, 70, 76
たて朱子 …… 63	添毛組織 …… 67	ニット生地の生産量 …… 180
建染め染料 …… 142		日本工業規格 …… 1
たて二重織 …… 66	**と**	乳頭層 …… 85
たてパイル組織 …… 67	銅アンモニア法 …… 22	二列針床 …… 74
タフタ …… 182	銅アンモニアレーヨン …… 22	
ダブルコード編 …… 80	導液性 …… 126	**ぬ・ね・の**
ダブルデンビ編 …… 80	透湿係数 …… 128	縫い糸 …… 56
ダブルニット …… 72	透湿性 …… 127	布 …… 59
ダブルバーコード編 …… 80	透湿抵抗 …… 127	──の分類（図） …… 59
ダブルバンダイク編 …… 80	透湿度 …… 127	ねじり曲面 …… 110
タペット …… 61	透湿防水加工 …… 156	熱収縮 …… 114
タング法 …… 96	透湿防水布 …… 88	熱処理 …… 155
単糸 …… 54	導糸針 …… 73	熱水セット …… 116
弾性 …… 11	導電性繊維 …… 136	熱絶縁体 …… 130
弾性回復率 …… 105, 107	動物繊維 …… 16	熱セット性 …… 115
短繊維 …… 21	動物染料 …… 139	熱伝導率 …… 130
炭素繊維 …… 34	トウ紡績 …… 44	練糸 …… 20, 45
タンパク繊維 …… 16	特殊加工 …… 147	ネル …… 183
断面2次モーメント …… 111	特殊断面繊維 …… 159	燃焼性 …… 137
単量体 …… 7	特別組織 …… 65	燃焼速度 …… 137
	閉じ目 …… 70, 78	ノックオーバー …… 71
ち	ドスキン …… 182	
中空繊維 …… 161	トップ …… 41	**は**
ちゅう糸 …… 44	ドビー …… 61	ハートループ法 …… 111
昼夜朱子織 …… 65	トリアセテート …… 24	ハーフトリコット編 …… 80, 95
超快適衣料 …… 167	──（性能表） …… 186	パーマネントプレス加工 …… 154
超極細繊維 …… 163	──（性質表） …… 190	パール編 …… 75

配位結合	146
バイオミメティクス	164
ハイグラルエキスパンジョン	115
配向	10
媒染染料	142
パイナップル繊維	15
バイラテラル構造	16, 162
パイル組織	67
バイレック法	126
バスケット織	64
蜂巣織	65
発色団	140
はっ水加工	155, 156
バット染料	142
発泡フィルム法	83
羽二重	183
針床	72
バルキーヤーン	30, 46
破裂強さ	98
パワースペクトル	132
半合成繊維	23
番手	14, 49
番手間の換算	50
反応染料	144
反毛	42, 176

ひ

杼	61
ヒートセット加工	150
ヒートセット性	115
皮革	60, 84
引き裂き強さ	96, 155
引き揃え糸	54
ビキューナ	19
ひげ針	71
非晶性高分子	9
非晶領域	9
ビスコース法	21
ヒステリシス	105
ひずみ	11
左より	52
ピッケ	66
引張り強さ	93
ビニリデン（性質表）	190
ビニロン	30
——（性能表）	188
——（性質表）	190
被服	1
標準状態（公定水分率）	12
氷状構造	145
表面粗さの平均偏差	132
表面摩擦特性	131
平編	74
平打組物	88
平織	62
開き目	70, 78
平絽	69
ピリング性	120
ピル	120
——の発生数	121
ビロード	67

ふ

ファンデルワールス力	146
フィブリル	20
フィブリル化	99
フィブロイン	19
フィラメント	21, 34
フィラメント加工糸	46
フィラメント糸	37, 44
フィリングパワー	35
風合い	133
風通織	66
ブーレット	44
フェザー	36
フェザーファイバー	36
フェルティング	153
フェルト化	17, 115
フェルト収縮	115, 153
フォトクロミック繊維	167
付加重合	8
不感蒸泄	123
不規則朱子	65
複合糸	48
複合針	71
複合紡糸法	162
副蚕糸	44
ふくれ織	66
袋織	66
賦型法	47
ふさ状ミセルモデル	10
不織布	59, 81, 86
——の分類（図）	81
——の用途（表）	84
二子糸	54
部分延伸糸	28
フライス編	75
フライス生地	183
プラッシュ	183
フラッシュ紡糸法	83
フラノ	183
プリーツ加工	148
プリーツ保持性	115
プレーントリコット編	80
プレキュア	155
ブロード	183
フロック加工	149

プロミックス	24, 25
——（性質表）	190
分散染料	144
分子量	8

へ

平均摩擦係数	132
別珍	68
ベネシャン	183
ペプチド結合	16
べら針	71
変化斜子織	64
変化組織	63, 76, 79
編成記号	73, 78, 79

ほ

ボイル	183
ポイントペーパー	78
防汚加工	157
紡糸	21
放射	129
防縮加工	153
膨潤収縮	114
防しわ加工	154
防しわ性	118
防水加工	155
紡績	38
紡績糸	37, 38
——の生産量	180
紡毛糸	40, 42, 43
飽和より	53
ポーラ	183
ボールバースト法	98
保温性	129, 130
ポストキュア	155
ホップサック	183
ポバール	30
ポプリン	183
ポリアミノ酸	16
ポリウレタン	33
——（性質表）	190
ポリエステル	28, 172
——（性能表）	189
——（性質表）	190
ポリエチレン	32
ポリエチレンテレフタレート	28
ポリ塩化ビニリデン	32
ポリ塩化ビニル	32
——（性質表）	190
ポリクラール	33
——（性質表）	190
ポリ乳酸	34, 171
ポリノジック	21, 22
——（性能表）	185

――（性質表） 190	目よれ 69	よこパイル組織 68
ポリビニルアルコール 31	メリヤス編 74	呼び（縫い糸） 56
ポリプロピレン 32	メルトブロー法 83	より 51
――（性質表） 190	メルトン 183	より係数 52
ポリマー 7, 8	綿 14	より方向 52
ポンジー 183	――（性能表） 184	
	――（性質表） 190	ら
ま	綿糸 38	ラウジネス 20
マーセル化 22, 150, 151	綿紡績工程 38	ラジカル重合 29
前キュア 155		ラッシェル編機 72
巻取り運動 61	も	ラッピング 73
曲げこわさ 110, 111	モアレ加工 148	ラミー 14, 15
曲げ摩擦項 112	毛管現象 126	――（性能表） 184
摩擦係数 131	網状層 85	
――の平均偏差 132	モケット 183	り
摩擦帯電列 32, 135	模紗織 65	リサイクル 171
摩擦の法則 131	もじり組織 69	リサイクル技術 171
ます織 65	モスリン 183	リップル加工 151
マット織 64	モックミラノリブ 78	リネン 15
マテリアルリサイクル 173	モノフィラメント糸 37	リブ編 75
マトラッセ 66	モノマー 7, 8	硫化染料 143
マトリックス 17	モヘヤ 19	粒子添加 161
摩耗強さ 98, 99	モルフォテックス 165	両畦編 76, 77
繭糸 19	諸より糸 54	両頭針 71, 75
丸編機 72	紋織組織 69	両面編 76, 77
丸打組物 88		両面タオル 68
マルチフィラメント糸 37, 44	や・ゆ	リヨセル 23
	山形斜文織 64	リンクル 118
み・む	ヤング率 11, 111	綸子 183
未延伸糸 28	融点 10	リンター 22
御影織 65	誘導組織 63	
見掛け比重 88	ユニバーサル	る・れ・ろ
右より 52	ウェアテスター 100	ルーメン 14
ミクロフィブリル 10, 17		レース 60, 87
三子糸 54	よ	レーヨン 21
三越絽 69	要素技術 160	――（性能表） 185
ミス 76	羊毛 16	――（性質表） 190
ミューレン型試験機 98	――（性能表） 184	レジンボンド 82
ミラニーズ編機 72	――（性質表） 190	レピア織機 61
ミラノリブ 76, 77	溶融紡糸 21, 26	絽 69
実綿 22	揚柳縮緬 183	ロイヤルインターロック 78
無機繊維 34	よこ編 59, 70	ロープーマー 15
無定形高分子 9	横編機 72	ローン 183
無ねん糸 20	よこ編組織 73	
	よこ糸 59	わ
め	よこ入れ運動 61	輪奈 67
銘仙 183	よこ畝織 64	輪奈天 67
メカニカルリサイクル 173	よこ朱子 63	
目付 88, 137	よこ二重織 66	

〔執筆者〕（執筆担当）

〔編著者〕

島崎 恒藏　日本女子大学　名誉教授・工学博士
（序章，第2章，第3章，第4章 1，第7章）

〔執筆者〕

團野 哲也　大妻女子大学家政学部　教授・工学博士
（第1章，第6章）

林　正之　川村学園女子大学　名誉教授・工学博士
（第3章）

森　俊夫　東京家政大学家政学部・短期大学部　教授・工学博士
（第4章 2，3，4，第5章）

衣の科学シリーズ

衣服材料の科学〔第3版〕

1999年（平成11年）11月10日　初版発行～第5刷
2005年（平成17年）4月20日　第2版発行～第3刷
2009年（平成21年）9月1日　第3版発行
2021年（令和3年）2月10日　第3版第9刷発行

編著者　島　崎　恒　藏
発行者　筑　紫　和　男
発行所　株式会社 建帛社 KENPAKUSHA

〒112-0011 東京都文京区千石4丁目2番15号
電　話　(03)3944－2611
FAX　(03)3946－4377
https://www.kenpakusha.co.jp/

ISBN978-4-7679-1049-9 C3077　　幸和印刷/常川製本
©島崎恒藏ほか，1999，2005，2009.
定価はカバーに表示してあります。　　Printed in Japan.

本書の複製権・翻訳権・上映権・公衆送信権等は株式会社建帛社が保有します。
JCOPY〈出版者著作権管理機構　委託出版物〉
本書の無断複製は著作権法上での例外を除き禁じられています。複製される場合は，そのつど事前に，出版者著作権管理機構（TEL 03-5244-5088，FAX 03-5244-5089，e-mail:info@jcopy.or.jp）の許諾を得て下さい。